DAOLU JIAOTONG YU LUJI LUMIA

最新规范

全国大学版协优秀畅销书

道路交通与路基路面工程

主　编　朴志海　赵龙海　郑慧君

主　审　马世雄

重庆大学出版社

内容提要

本书介绍了道路工程发展概况和道路的特点及功能等基本内容，并从路基的强度和稳定性、一般路基设计、路基防护工程、路基排水设计、路基施工、路面基层与施工、路基路面养护与管理等多方面详细展开讲解。本书适用于高等院校公路工程造价专业教学用书，也可作为道路与桥梁施工技术、公路工程监理、高等级公路维护与管理等专业和相关工程技术人员参考用书。

图书在版编目(CIP)数据

道路交通与路基路面工程/朴志海，赵龙海，郑慧君主编. --重庆：重庆大学出版社，2020.6

高等学校土木工程本科系列教材

ISBN 978-7-5689-2140-4

Ⅰ.①道… Ⅱ.①朴… ②赵… ③郑… Ⅲ.①道路工程—交通工程—高等学校—教材 ②路基工程—高等学校—教材 ③路面—道路工程—高等学校—教材 Ⅳ.①U491 ②U416

中国版本图书馆 CIP 数据核字(2020)第 084432 号

道路交通与路基路面工程

主 编 朴志海 赵龙海 郑慧君

主 审 马世雄

策划编辑：鲁 黎

责任编辑：杨育彪 版式设计：鲁 黎

责任校对：刘志刚 责任印制：张 策

*

重庆大学出版社出版发行

出版人：饶帮华

社址：重庆市沙坪坝区大学城西路 21 号

邮编：401331

电话：(023)88617190 88617185(中小学)

传真：(023)88617186 88617166

网址：http://www.cqup.com.cn

邮箱：fxk@cqup.com.cn (营销中心)

全国新华书店经销

重庆华林天美印务有限公司印刷

*

开本：787mm×1092mm 1/16 印张：10.5 字数：272 千

2020 年 6 月第 1 版 2020 年 6 月第 1 次印刷

ISBN 978-7-5689-2140-4 定价：38.00 元

前言

到目前为止,我国公路交通建设取得了举世瞩目的新成就,高速公路通车总里程位居世界第一,交通科技也取得了很多重大突破性成果,新的技术标准和规范(细则)陆续重新修订和颁布实施,2015 年我国道路交通建设与运营管理进入了发展的新常态。

本书是在编写过程中力争满足新时代高校教学的最新要求,实现传承与创新,与时代同步前进。书中着重基本概念的讲述,并以解决工作中的实际问题为主,注重施工技术,重视理论联系实际,并力求做到叙述简明、文字简练。

本书由朴志海、赵龙海、郑慧君主编,马世雄主审。全书共 8 章。首先总体介绍了道路工程发展概况和道路的特点及功能等基本内容,然后从路基的强度和稳定性、一般路基设计、路基防护工程、路基排水设计、路基施工、路面基层与施工、路基路面养护与管理等多方面展开详细讲解。

由于编者水平有限,书中错漏之处在所难免,望广大读者及各位专家学者不吝批评指正。

编　者

2019 年 12 月

目录

第一章 总 论

第一节 道路工程发展概况和道路的特点及功能

一、道路工程发展概况

道路是供各种车辆和行人等通行的工程设施。道路工程则是以道路为对象而进行的规划、设计、施工、养护与管理工作的全过程及其工程实体的总称。

自从有人类开始,就有了道路。路是人走出来的,原始人活动于自然界的山河之间,进行打猎、捕鱼、采集食物,其惯行的足迹就形成了"路"。因此,可以说道路的历史就是人类发展的历史。人类在社会、经济生活中创造了道路,而道路的产生和发展又为推动社会的发展和人类的进步做出了巨大的贡献。后来,人类转入定居生活,以驻地为中心的步行交通就开始了。随着经济的发展,生产力的进步,人们从自给自足的生活状态发展到物物交换的商品经济,与之相适应的通商、货物运输开始发展起来。起初,原始人在陆路和水上的运输都是利用天然的运输工具,如在太古时期,陆路运输以人力搬运为主。随后从饲养动物开始,陆路运输转为以动物驮载来进行(如马、驴、牛、骆驼等)。当时的道路主要供人行和驮载运行。

大约公元前4000年,出现了车轮,这是人类物质文化发展史中的大事。用车轮代替滑木,以滚动代替滑动,减小了行车阻力,提高了运输效率。随着车辆的出现,以动物为牵引的轮式车辆开始使用。轮式车辆的使用对道路提出了更高的要求,于是宽度和质量都较好的马车道路开始出现。车的发明改变了运输完全依靠人背、肩挑、棒抬、头顶的原始运输方式,是运输史上新的里程碑。

中国古代传说中就有黄帝"劈山通路"和"黄帝造车"之说,故号轩辕氏,轩是古代一种有围棚的车,辕则是车的构件。夏代就有制造车辆的确切记载,在考古中还发现夏代的陶器上画有车轮花纹,这些都是夏代使用过车的佐证。

马车时代的道路虽然有很大的进步,但是由于马的运力有限,车速较低、爬坡能力弱,因此,它远远不能适应经济发展的需要和人们生活水平提高对陆路交通的要求。于是,陆路交通运输正酝酿着一场新的变革。

从1886年汽车出现到第一次世界大战结束，是公路发展的早期阶段。这一时期，汽车数量不多，多数公路由原来的马车道改造而成。一方面，由于车辆少、交通密度小、速度低，汽车与马车在车道上混合行驶，因此公路的技术标准很低；另一方面，由于铁路的迅速发展，当时，世界铁路总里程已达127万km，因此，铁路成为当时陆上交通的主体，公路运输仅是铁路、水路运输的辅助手段。世界铁路大发展的局面，使这一时期在交通运输史上被称为“铁路运输时代”。

第一次世界大战后，公路建设发展迅速，其主要原因有：第一，第一次世界大战结束，一些资本主义国家把军事工业转向民用工业，使汽车工业得以迅速发展。同时，由于工业机械化生产的发达，市场劳动力过剩，有更多的劳动力投入公路建设。第二，一些国家出于军事目的，对公路建设投入较大，使公路得以发展。这一时期公路运输开始普及，干线公路标准有很大提高，欧美各国已初步形成了国家的公路干线网，兽力车相继被淘汰。在整个交通运输体系中，汽车的优越性得以发挥，在各种运输方式的竞争中，公路运输的地位日益提高和作用扩大。公路运输不仅是短途运输的主力军，而且在中、长途运输中开始崭露头角，与铁路运输、水路运输竞争抗衡。铁路运输的垄断地位开始改变，铁路运输的比重开始大幅度下降，在美、英、法等国，出现了拆铁路改修公路的现象。

该阶段，道路发展史上有两件大事：一是高速公路的出现；二是一门新兴的学科——交通工程的产生。高速公路和交通工程的出现把公路发展推向了现代道路的新阶段。

1932年8月6日，德国建成了西部城市科隆和波恩之间全长约18 km的世界上第一条高速公路，设计时速120 km，1958年被命名为A555号高速公路。高速公路是一种新型的交通设施，它的修建从根本上保证了汽车行驶的快速、安全、舒适，为公路事业的进一步发展开辟了广阔的前景。

交通工程这一新兴学科的出现对道路交通规划、提高道路的通行能力、减少交通事故和交通公害有着十分重要的作用，为现代高速公路的发展奠定了理论基础。

这一时期公路发展较快的国家主要是美国、德国和其他一些经济发达国家。公路发展的主要特征有两点：一是路面铺装率大大提高。1915年路面铺装率只有10%，而到这一时期铺装率已达到70%。二是公路运输在交通运输中的比重大大提高。公路运输已在各种交通运输中开始起着主导的作用。

现代道路的发展速度很快，特别是20世纪70年代以来，国外道路运输进入大发展时期，现在发达国家的公路网体系，包括其中的高速公路网骨架已基本建成。这些国家的道路部门除继续将部分精力放在道路建设上外，更将相当精力放在研究道路的使用功能与车流安全和行车舒适性上，以及改善道路对周围环境、人文景观等方面。可以说，发达国家大规模的公路建设时期已经结束或即将结束，已全面进入道路的运营管理阶段，道路网和汽车流已渗透社会生活各个方面，在社会中产生巨大影响。

20世纪初，汽车开始进入我国，于是通行汽车的公路便发展起来。但在半殖民地半封建的旧中国，公路建设缓慢，到1949年全国通车的公路里程仅为8.07万km，而且大多是在东南沿海地区。中华人民共和国成立以来，前30年由于国民经济处于恢复期，发展较慢。但从1978年起，国家实行改革开放政策，我国的交通运输业取得跨越式发展。按照发展经济学理论，公路交通等基础设施作为社会先行资本，对工业化进程起着决定性作用，是一国“起飞”的必要条件。伴随着公路基础设施的飞速发展，我国国民经济的发展速度同样是史无前例的。

在改革开放的大背景下,我国公路交通基础设施的跨越式发展,促进了人和货物的移动,从而支持贸易增长,促进产业升级,为文化技能传播、生产率提高创造条件;交通便利性的提高,还提升了城市的宜居水平和经济潜力,从而增加了城市的吸引力,并使城乡居民能够公平获取更多基本商品、服务、活动(如工作、教育、医疗等)的机会,缩小了城乡之间的差距,对促进城镇化发展与社会和谐进步产生了重要而深远的影响。

二、道路的特点及功能

(一)特点

近百年来,汽车运输之所以能得以迅速发展,是与道路及其运输所具有的一系列特点分不开的,与其他交通运输相比,它具有以下基本属性及经济特征。

1. 道路的基本属性

道路建设与道路运输是物质生产,因而它必然具有物质生产的基本属性,即有生产资料、劳动手段和劳动力以及作为物质产品而存在的道路。同时,它又有其本身特有的基本属性。

(1)公益性。道路分布广、涉及面宽,能使全社会受益,同时也受到社会各方面的关注和支持。特别是近年来,由于道路运输在促进社会商品经济发展方面发挥了巨大的作用,使得道路建设受到社会的更多关注与重视。

(2)商品性。道路建设是物质生产,道路是产品,必然具备商品的基本属性,它既具有商品价值,又具有使用价值。这一属性是目前发展商品化道路(又称收费道路)的基本依据。

(3)超前性。道路的超前性主要是指道路的先行作用。道路是为国民经济和社会发展服务的,它作为国家联结工农业生产的链条和经济腾飞的跑道,其发展速度应高于其他部门的发展速度。这就是通常所说的"先行官"作用。

(4)储备性。道路运输是资金密集型和技术密集型产业,属于国家基本建设项目,道路的建设不仅要满足其现行通行能力的要求,还要考虑今后一段时间内通行能力增长的要求,即要有一定的储备能力。这就要求道路建设之前,必须要有统一的规划、可行性论证、周密的经济和交通调查、加强交通预测以及精心设计等工作,以满足远景发展的需要。

2. 道路的经济特征

道路作为一种特殊的物质产品,它还具有以下经济特征。

(1)道路产品是固定在广阔地域上的线形建筑物,不能移动。这不同于一般的工业生产和建筑业。工业生产一般是生产设备固定,而产品从原材料到成品在生产过程中流动,而道路却与此相反。建筑业虽然也是这样,但其产品分布在各点上,而不是线形工程。因此,道路建设的流动空间更大,工作地点更不固定,受社会和自然环境影响更大,具有更强的专业性。

(2)道路的生产周期和使用周期长。通常一条上百千米的道路建成要花两三年的时间,高等级道路更长,在实施过程中需耗用大量的人力、物力和财力。投入使用后一般使用年限为10~20年。在使用过程中还需进行经常性的养护、维修和管理。

(3)道路虽是物质产品,但不具有商品的形式。在商品经济中,一般的产品,都采取商品交换形式,出售后进入消费。而道路建成后,不能作为商品出售,也不存在等价交换的买卖形式,只提供给社会使用。其投资费用以收费形式来补偿。

(4)具有特殊的消费过程和消费方式。一般的商品生产与消费在时间和空间上都是分离的，即商品必须成型后，才能运送到市场进行交换和消费。而道路则可边建设、边使用，并在使用过程中边养护、边维修与边改造。生产与消费不可分割，在时间和空间上是重复的。道路在消费形式上，不是一次性，而是多次消费。这就对道路的质量提出了特别高的要求，以确保其多次重复性使用（消费）中车辆行驶的安全、快速、经济和舒适。

（5）道路作为一个完整的系统，发挥其作用，为社会和经济服务。一条道路是由路线、路基、路面、桥涵、隧道等各部分组成完整的系统。而一个区域的道路网，则是由许多条道路组成一个有机的网络系统。而这个系统又成为交通运输系统中的一个子系统，这就要求各条道路的修建要统筹规划、相互协调、密切配合，从整体的角度为社会和经济服务。

另外，道路运输与其他运输相比，也存在一些缺点，如运量小、运输成本高、油耗和环境污染较大等。

（二）功能

1. 公路的功能

（1）主要承担中、短途运输任务（短途运输为 50 km 以内，中途运输为 50 ~ 200 km）。

（2）补充和衔接其他运输方式，担任大运量（如火车及轮船）的集散运输任务。

（3）在特殊条件下，也可独立担负长途运输任务。特别是随着高速公路的发展，中、长途运输的任务将逐步增大。

2. 城市道路功能

（1）联系城市各部分，为城市各种交通服务，并承担城市对外交通中转集散任务。

（2）构成城市结构布局的骨架，确定城市的格局。

（3）为防空、防火、防地震以及绿化提供场地。

（4）是城市铺设各种公用设施的主要通道。

（5）为城市提供通风、采光，改善城市生活环境。

（6）划分街区，组织沿街建筑，表现城市建设风貌。

第二节　路基路面工程的特点

一、路基路面必需的基本性能

为了保证道路最大限度地满足车辆运行的要求，提高车速，增强行车安全性和舒适性，降低运输成本和延长道路使用寿命，要求路基路面具备下述一系列基本性能。

（1）足够的承载能力。行驶在路面上的车辆，通过车轮把荷载传给路面，再由路面将荷载传给路基，在路基路面结构内部会产生各种应力、应变及位移。在此综合作用下，路基路面结构会出现断裂、沉陷，路面表面会出现波浪或车辙，使路况恶化，服务水平下降。因此要求路基路面结构整体及其各组成部分都具有与行车荷载相适应的承载能力。承载能力包括强度与刚度两方面。路基路面结构应具有足够的强度以抵抗车轮荷载引起的各个部位的各种应力，如压应力、拉应力、剪应力等，保证不发生压碎、拉断、剪切等各种破坏。路基路面结构还应具有足够的刚度，使其在车轮荷载作用下不发生过量的变形，保证不产生车辙、沉陷或波浪等各种病害。

(2)足够的稳定性。在天然地表面建造的道路结构物改变了地表自然的平衡,在达到新的平衡状态之前,道路结构物处于一种暂时的不稳定状态。新建的路基路面结构袒露在大气之中,经受着降水、大气温度与湿度变化的影响,结构物的物理力学性质将随之发生变化,处于另外一种不稳定状态。路基路面结构能经受住这种不稳定状态,而保持工程设计所要求的几何形态及物理力学性质,称为路基路面结构的稳定性。

在地表上开挖或填筑路基,应尽量避免填挖筑路而引起不平衡,导致路基失稳,避免出现路堤沉落或坡体坍塌破坏。因此在选线、勘测、设计、施工中应密切注意,并采取必要的工程措施,以确保路基有足够的稳定性。

大气降水使路基路面结构内部的湿度状态发生变化。如果排水不良,长期积水,则会使矮路堤软化,失去承载能力;山坡路基引发滑坡或边坡滑塌;水泥混凝土路面会发生唧泥现象,冲刷基层,导致结构层提前破坏;沥青混凝土路面中水分的侵蚀会引起沥青结构层剥落,结构松散;砂石路面会因雨水冲刷和渗入结构层导致其强度下降,产生沉陷、松散等病害。因此,防水、排水是确保路基路面稳定的重要措施。

大气温度周期性的变化对路面结构的稳定性有重要影响。高温季节沥青路面软化,在车轮荷载作用下产生车辙和推移;水泥混凝土结构会因结构变形产生过大的内应力,导致路面压曲破坏。在低温冰冻季节,水泥混凝土路面、沥青路面、半刚性基层都会因低温收缩产生大量裂缝,最终失去承载能力。在严重冰冻地区,低温引起路基的不稳定是多方面的,低温会引起路基收缩裂缝;地下水源丰富的地区,低温会引起冻胀,路基上面的路面结构也随之发生断裂。春天融冻季节,在交通繁重的路段,有时会出现翻浆,路基路面发生严重的破坏。所以,要求路基路面具备足够的温度稳定性。

(3)足够的耐久性。路基路面工程投资大,从规划、设计、施工至建成通车需要较长的时间,对这样的大型工程都应有较长的使用年限,一般的道路工程使用年限至少数十年。承重并经受车辆直接碾压的路面部分要求使用年限在20年以上。因此,路基路面工程应具有足够的耐久性。

在车辆荷载与冷热干湿周期性的反复作用下,路面使用性能将逐年下降,强度与刚度将逐年衰变,路面材料的各项性能也可能因老化衰变而引起路面结构的损坏。至于路基的稳定性,也可能在长期经受自然因素的侵袭后,逐年减弱。因此,提高路基路面的耐久性,保持其强度、刚度,几何形态经久不变,除了精心设计、精心施工、精心选材之外,要把长年的养护、维修、恢复路用性能的工作放在重要的位置。

(4)足够的路面平整度。路面平整度是影响行车安全、行车舒适性及运输效益的重要使用性能。特别是高速公路,对路面平整度的要求更高。不平整的路面会增大行车阻力,并使车辆产生附加的振动作用。这种振动作用会造成行车颠簸,影响行车的速度和安全,以及驾驶的平稳性和乘客的舒适性。同时,振动作用还会对路面施加冲击力,从而加剧路面和汽车机件的损坏和轮胎的磨损,并增大油料的消耗。此外,不平整的路面还会积滞雨水,加速路面的破坏。因此,为了减少车辆对路面的冲击力,提高行车速度,增进行车舒适性、安全性,路面应保持一定的平整度,公路等级越高,对平整度的要求也越高。

优良的路面平整度,要依靠优良的施工装备,精细的施工工艺,严格的施工质量控制程序,以及经常和及时的养护来保证。同时,路面平整度也要求整个路面结构和路基顶面具有足够的强度和抗变形能力,能经受车轮荷载的反复作用,不易出现沉陷、车辙和推挤破坏。

(5)足够的表面抗滑性。汽车在光滑的路面上行驶时,车轮与路面之间缺乏足够的附着力或摩擦力。雨天高速行车、紧急制动、突然启动、爬坡和转弯时,车轮易空转或打滑,致使行车速度降低,油料消耗增多,甚至引起严重的交通事故。通常用摩擦系数表征抗滑性能,摩擦系数小,则抗滑能力低,容易引起滑溜交通事故。对于高速公路高速行车道,要求具有较高的抗滑能力。

路面表面的抗滑能力可以通过采用坚硬、耐磨、表面粗糙的粒料作为路面表层材料来实现,有时也可以采用一些工艺措施来实现,如在水泥混凝土路面刷毛或刻槽等。此外,路面上的积雪、浮冰或污泥等,也会降低路面的抗滑能力,必须及时予以清除。

(6)尽可能低的扬尘性。汽车在砂石路面行驶时,车身后产生的真空吸力会将面层表面或其中的细粒料吸起造成尘土飞扬,甚至产生路面松散、脱落和坑洞等病害。此外,扬尘还会加速汽车机件损坏,影响行车视距和产生环境污染。因此,路基路面应具有尽可能低的扬尘性。

二、影响路基路面稳定的因素

路基路面结构直接暴露在大气之中,经受着自然环境因素的影响,当地的自然条件在很大程度上决定了路基路面的稳定性。因此,按照从总体到局部,从大区域到具体路段的方法深入调查公路沿线的自然条件,分析研究并掌握其对路基路面稳定性影响的内在规律,因地制宜地采取有效的工程措施,以确保路基路面结构具有足够的强度和稳定性。

路基路面结构的稳定性与下列因素有关。

(1)地理条件。公路沿线的地形、地貌和海拔高度既影响路线的选定,又影响路基与路面的设计。平原、丘陵、山岭、重丘各区地势不同,路基的水温状况也不同。平原区地势平坦,排水困难,地表易积水,地下水位相应较高,因而路基需要保持一定的最小填土高度,路面结构层应选择水稳定性良好的材料,并采取一定的结构排水设施;丘陵区、山岭和重丘区,地势起伏较大,路基路面排水设计至关重要,否则会导致路基路面稳定性下降,甚至会出现破坏现象。

(2)地质条件。沿线的地质条件,如岩石的种类、成因、节理,风化程度和裂隙情况,岩石走向、倾向、倾角、层理和岩层厚度,有无遇水软化的夹层,以及有无断层或其他不良地质现象(岩溶、冰川、泥石流、地震等),都对路基路面的稳定性有一定的影响。

(3)气候条件。气候条件如气温、降水、湿度、冰冻深度、日照、蒸发量、风向、风力等都会影响公路沿线地面水和地下水的状况,并且影响路基路面的水温情况。

在一年之中,气候有季节性的变化,因此路基路面的水温情况也随之变化。气候还受地形的影响,例如山顶与山脚,山南坡与山北坡气候有很大的差别。这些因素都会严重影响路基路面的稳定性。

温度和湿度是对路基路面结构有重要影响的自然环境因素。路基路面结构的温度和湿度状况随周围环境的变化而变化,路基土和路面材料的强度与刚度随路面结构内部温度和湿度的变化有时会有大幅度的增减,路基路面结构的性质与状态也随之发生变化。

(4)水文条件和水文地质条件。水文条件(如公路沿线地表水的排泄,河流洪水位、常水位,有无地表积水和积水时间的长短,河岸的淤积情况等)和水文地质条件(如地下水位,地下水移动的规律,有无层间水、裂隙水、泉水等)都会影响路基路面的稳定性,如果处理不当,常会引起各种病害。

(5)土的类别。土是建筑路基和路面的基本材料,不同的土类具有不同的工程性质,因此会直接影响路基和路面的强度与稳定性。

不同的土类含有不同粒径的土颗粒。砂粒成分多的土,强度构成以内摩擦力为主,强度高,受水的影响小,但施工时不易压实。较细的砂,在渗流情况下,容易流动,形成流砂。黏粒成分多的土,强度形成以黏聚力为主,其强度随密实程度的不同,变化较大,并随湿度的增大而降低。粉土类土毛细现象强烈,路基路面的强度和承载力随着毛细水上升、湿度增大而下降,在负温度坡差作用下,水分通过毛细作用移动并积聚,使局部土层湿度大幅度增加,造成路基冻胀,最后导致路基翻浆、路面结构层断裂等各种破坏。

(6)养护措施。养护措施包括一般措施及在设计中、施工中未及时采用或在养护中由于情况变化而加以补充的改善措施。养护措施对维持路基路面的稳定性有重要作用。

上述因素中,地质条件和水文条件是影响路基工程质量和产生病害的基本因素,水是造成路基路面病害的主要因素。因此,设计前应详细进行地质与水文的勘察工作,针对具体条件及各种因素的综合作用,采取正确的设计方案与施工方法,确保路基路面的工程质量。

第三节 路面结构、层次划分

一、路面横断面

在路基顶面铺筑的面层结构,沿横断面方向由行车道、硬路肩和土路肩组成。路面横断面的形式随道路等级的不同而有所差别,通常分为槽式和全铺式两类,如图 1.1 所示。

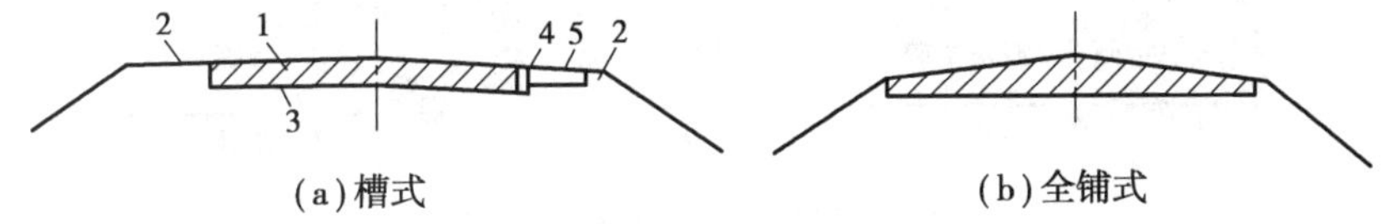

图 1.1 路面横断面的类型

1—路面;2—土路肩;3—路基;4—路缘石;5—加固路肩

(1)槽式横断面。在路基上按路面行车道及硬路肩设计宽度开挖路槽,保留土路肩,形成浅槽,在槽内铺筑路面。

(2)全铺式横断面。在路基宽度范围内全幅铺筑路面。在高等级公路建设中,有时为了将路面结构内部的水分迅速排出,在全宽范围内铺筑基层材料,保证水分由横向排入边沟。有时考虑到道路交通的迅速增长,为适应扩建的需要,将硬路肩及土路肩的位置全部按行车道标准铺筑面层。在盛产石料的山区或较窄的路基上,可全宽铺筑中、低级路面。

路面的标准构造横断面如图 1.2 所示。

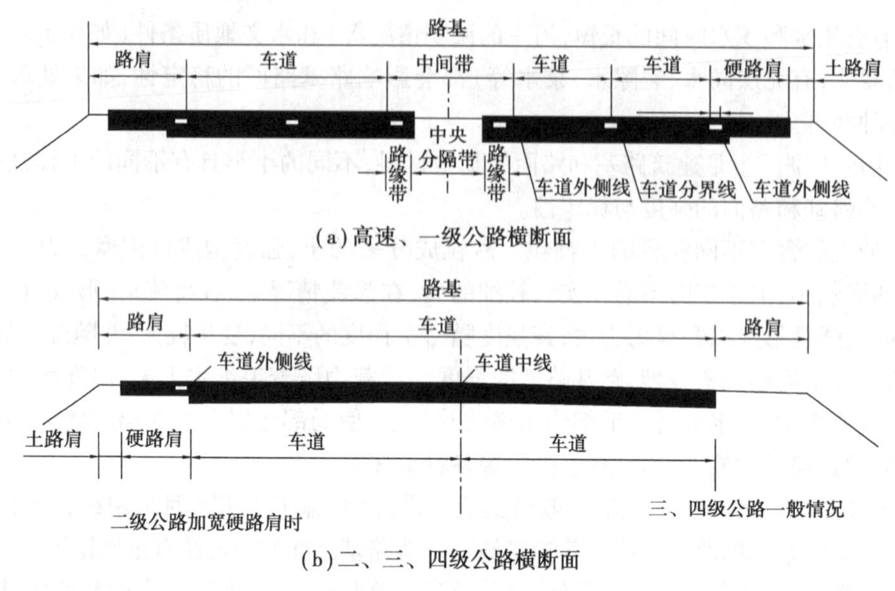

图 1.2　路面横断面

二、路面层位功能

行车荷载和自然因素对路面的影响,随路面结构深度的增加而逐渐减弱。为适应这一特点,路面结构通常是分层铺筑的,按照使用要求、受力状况、土基支承条件和自然因素影响程度的不同,分成若干层次。通常按照层位功能的不同,将路面结构划分为 3 个层次,即面层、基层和垫层。以沥青类路面为例,路面结构层如图 1.3 所示。

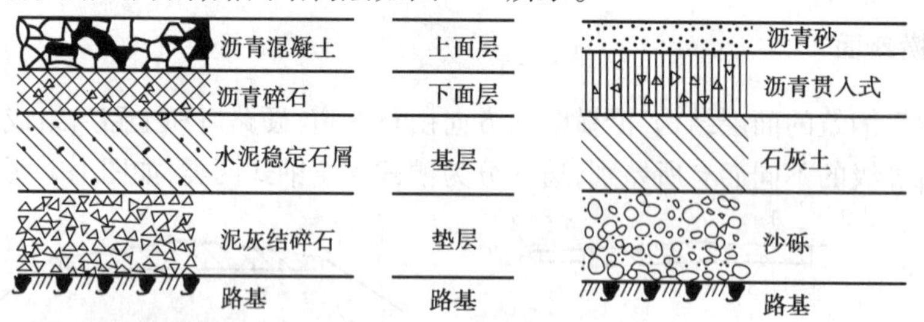

图 1.3　沥青类路面结构层示意图

(1)面层。面层包括最表面的磨耗层,是直接同行车和大气接触的表面层,它承受较大的行车荷载的垂直力、水平力和冲击力的作用,也直接经受降水和气温变化的影响。因此,同其他层相比,面层应具备较高的结构强度、抗变形能力,以及较好的水稳定性和温度稳定性,而且应当耐磨,不透水;其表面还应有良好的抗滑性和平整度。

修筑面层所用的材料主要有沥青混凝土、水泥混凝土、沥青碎石混合料、沙砾或碎石掺土的混合料及块料等。

面层可分两层或三层铺筑,如高速公路沥青面层总厚度为 18 ~ 20 cm,可分为上、中、下三层铺筑,并根据各分层的要求采用不同的级配等级。水泥混凝土路面也可分上下两层铺筑,分别采用不同强度等级的水泥混凝土材料。水泥混凝土路面上加铺 4 cm 厚的沥青混凝土,这样的复合式结构也是常见的。但是砂石路面上所铺的 2 ~ 3 cm 厚的磨耗层或 1 cm 厚的保护层,以及厚度不超过 1 cm 的简易沥青表面处治,不能作为一个独立的层次,应将其看作面层的一部分。

(2)基层。基层主要承受由面层传来的车辆荷载的垂直力,并将其扩散到下面的垫层和土基中去,它是路面结构中的承重层,应具有足够的强度和刚度,并具有良好的扩散应力的能力。基层仍然有可能经受地下水和通过面层渗入的雨水的侵蚀,所以基层还应具有足够的水稳定性。基层表面虽不直接供车辆行驶,但仍然要求有较好的平整度,这是保证面层平整度的基本条件。

基层主要由半刚性材料(石灰土、水泥、沙砾等)和砾石材料做成,基层太厚时,为保证工程质量可分为两层或三层铺筑。当采用不同材料修筑基层时,基层的最下层称为底基层。对底基层材料质量的要求较低,可使用当地材料。

(3)垫层。垫层介于土基与基层之间,它一方面的功能是改善土基的湿度和温度状况,即隔离路基土中水的上冒或防止路面下的冰冻深度深入至土基引起春融翻浆,从而保证面层和基层的强度、刚度和稳定性不受土基水温变化所造成的不良影响。另一方面的功能是将基层传递的车辆荷载应力加以扩散,以减小土基产生的应力和变形。同时,也阻止路基土挤入基层,以免影响基层结构的性能。

修筑垫层的材料,强度要求不一定高,但水稳定性和隔热性能要好。常用的垫层材料分为两类:一类是由松散粒料,如砂、砾石、炉渣等组成的透水型垫层;另一类是用水泥或石灰稳定土等修筑的稳定型垫层。

三、路面的分类与选用

(一)路面的分类

路面类型可以从不同角度来划分,但是一般都按面层所用的材料划分,如水泥混凝土路面、沥青路面、砂石路面等。但是在工程设计中,主要从路面结构的力学特性和设计方法的相似性出发,将路面划分为柔性路面、刚性路面和半刚性路面 3 类。

(1)柔性路面。柔性路面的总体结构刚度较小,在车辆荷载作用之下产生较大的弯沉变形,路面结构本身的抗弯拉强度较低,它通过各结构层将车辆荷载传递给土基,使土基承受较大的单位压力。柔性路面主要包括各种未经处理的粒料基层和各类沥青面层组成的路面结构。

(2)刚性路面。刚性路面主要是指用水泥混凝土做面层或基层的路面结构。水泥混凝土的强度高,与其他筑路材料比较,它的抗弯拉强度高,并且有较高的弹性模量,故呈现出较大的刚性。在车辆荷载作用下,水泥混凝土结构层处于板体工作状态,竖向弯沉较小,路面结构主要靠水泥混凝土板的抗弯拉强度承受车辆荷载,通过板体的扩散分布作用,传递给基础上的单位压力较柔性路面小得多。

(3)半刚性路面。用水泥、石灰等无机结合料处治的土或碎(砾)石及含有水硬性结合料的工业废渣修筑的基层,在前期具有柔性路面的力学性质,后期的强度和刚度均有较大幅度的增长,但是最终的强度和刚度仍远小于水泥混凝土基层。由于这种材料的刚性处于柔性路面与刚性路面之间,因此把这种基层和铺筑在它上面的沥青面层统称为半刚性路面,这种基层称为半刚性基层。

刚性路面、柔性路面和半刚性路面,这种以力学特性为标准的分类方法主要是为了便于从功能原理和设计方法出发进行定性区分,并没有绝对的定量界限。近年来材料科学的发展正在逐步改变这种属性,如水泥混凝土的增塑研究,正在使它的刚性降低而保留它的高强性质;沥青的改性研究使得沥青混凝土随气候而变化的力学性质趋于稳定,大幅度提高其刚度。

(二)路面的选用

《公路工程技术标准》(JTG B01—2014)列出了各类型路面适用的公路等级范围,见表1.1。

表1.1　路面面层类型及适用范围

面层类型	适用范围
沥青混凝土	高速、一级、二级、三级、四级公路
水泥混凝土	高速、一级、二级、三级、四级公路
沥青贯入、沥青碎石、沥青表面处治	三级、四级公路
砂石路面	四级公路

注:砂石路面是以砂、石等为骨料,以土、水、灰为结合料,通过一定的配比铺筑而成的路面的统称,包括级配碎(砾)石路面、泥结碎(砾)石路面、水结碎石路面、填隙碎石路面及其他粒料路面。

第四节　道路的分级与技术标准

一、公路的分级与技术标准

(一)公路的分级

按交通运输部颁布的《公路工程技术标准》(JTG B01—2014),公路根据交通量及其使用任务、性质分为5个等级。

(1)高速公路为专供汽车分向、分车道行驶并应全部控制出入的多车道公路。高速公路的年平均日设计交通量宜在15 000辆小客车以上。

(2)一级公路为供汽车分向、分车道行驶,可根据需要控制出入的多车道公路。一级公路的年平均日设计交通量宜在15 000辆小客车以上。

(3)二级公路为供汽车行驶的双车道公路。二级公路的年平均日设计交通量宜为5 000~15 000辆小客车。

(4)三级公路为供汽车、非汽车交通混合行驶的双车道公路。三级公路的年平均日设计交通量宜为2 000~6 000辆小客车。

(5)四级公路为供汽车、非汽车交通混合行驶的双车道或单车道公路。双车道四级公路年平均日设计交通量宜在2 000辆小客车以下;单车道四级公路年平均日设计交通量宜在400辆小客车以下。

各型汽车的折算系数可参考表1.2的规定。

表 1.2 各型汽车的折算系数

汽车代表车型	车辆折算系数	说明
小客车	1.0	座位≤19 座的客车和载质量≤2 t 的货车
中型车	1.5	座位 > 19 座的客车和 2 t < 载质量≤7 t 的货车
大型车	2.5	7 t < 载质量≤20 t 的货车
汽车列车	4.0	载质量 > 20 t 的货车

注:①畜力车、人力车、自行车等非机动车按路侧干扰因素计。

②公路上行驶的拖拉机每辆折算为 4 辆小客车。

③公路通行能力分析所要求的车辆折算系数应针对路段、交叉口等形式,按不同的地形条件和交通需求,采用相应的折算系数。

高速公路和一级公路的设计交通量预测年限为 20 年,二、三级公路的设计交通量预测年限为 15 年,四级公路可根据实际情况确定。设计交通量预测年限的起算年为该项目可行性研究报告中的计划通车年。

(二)公路等级选用的基本原则

公路等级的选用应根据公路功能、路网规划、交通量,并充分考虑项目所在地区的综合运输体系、远期发展等,经论证后确定。一条公路,可分段选用不同的公路等级或同一公路等级不同的设计速度、路基宽度,但不同公路等级、设计速度、路基宽度间的衔接应协调,过渡应顺适。预测的设计交通量介于一级公路与高速公路之间时,拟建公路为干线公路,宜选用高速公路;拟建公路为集散公路,宜选用一级公路。干线公路宜选用二级及二级以上公路。

(三)公路的技术标准

公路的技术标准是法定的技术准则,它是指公路线形和构造物的设计、施工在技术性能、几何尺寸、结构组成方面的具体规定和要求。它是在根据汽车行驶性能、数量、荷载等方面的要求和设计、施工及使用的经验基础上,经过调查研究和理论分析制订出来的。各级公路主要技术指标汇总,见表 1.3 及表 1.4。高速公路和一级公路整体式断面必须设置中间带,中间带由中央分隔带和两条左侧路缘带组成。

表 1.3 各级公路主要技术指标汇总

公路等级		高速公路			一级公路			二级公路		三级公路		四级公路	
设计速度/(km·h^{-1})		120	100	80	100	80	60	80	60	40	30	30	20
行车道宽度/m		3.75	3.75	3.75	3.75	3.75	3.50	3.75	3.50	3.50	3.25	3.25	3.00
车道数(条)		≥4						2				2 或 1	
中间带宽度/m	一般值	4.5	3.5	3.0	3.5	3.5	3.0	—	—	—	—	—	
	最小值	3.5	3.0	2.0	3.0	2.0	2.0	—	—	—	—	—	
左侧路缘带宽度/m		0.75	0.75	0.50	0.75	0.50	0.50	—	—	—	—	—	

续表

公路等级		高速公路			一级公路			二级公路		三级公路		四级公路	
右侧硬路肩宽度/m	一般值	3.0 (2.5)	3.0 (2.5)	3.0 (2.5)	3.0 (2.5)	3.0 (2.5)	0.75	1.50	0.75	—	—	—	
	最小值	1.50	1.50	1.50	1.50	1.50	0.25	0.75	0.25	—	—	—	
土路肩宽度/m	一般值	0.75	0.75	0.75	0.75	0.75	0.75	0.75	0.75	0.75	0.50	0.25(双车道) 0.50(单车道)	
	最小值	0.75	0.75	0.75	0.75	0.75	0.50	0.50	0.50	0.75	0.50	0.25(双车道) 0.50(单车道)	
不设超高最小半径/m	路拱≤2.0%	5 500	4 000	2 500	4 000	2 500	1 500	2 500	1 500	600	350	350	150
	路拱>2.0%	7 500	5 250	3 350	5 250	3 350	1 900	3 350	1 900	800	450	450	200
一般最小半径/m		1 000	700	400	700	400	200	400	200	100	65	65	30
停车视距/m		210	160	110	160	110	75	110	75	40	30	30	20
最小坡长/m		300	250	200	250	200	150	200	150	120	100	100	60
最大纵坡/%		3	4	5	4	5	6	5	6	7	8	8	9
桥涵设计车辆荷载		公路—Ⅰ级			公路—Ⅰ级			公路—Ⅰ级		公路—Ⅱ级		公路—Ⅱ级	

注:①设计速度 80 km/h 条件下为集散功能的一级公路,其土路肩宽度最小值应采用 0.50 m。

②高速公路和一级公路,应在右侧硬路肩宽度内设 0.50 m 宽的右侧路缘带。

③二级公路作为集散公路且交通量小、重型车辆少时,其桥涵设计可采用公路—Ⅱ级荷载。

表 1.4　各级公路路基宽度

公路等级		高速公路、一级公路								
设计速度/($km \cdot h^{-1}$)		120			100			80		60
车道数/条		8	6	4	8	6	4	6	4	—
路基宽度/m	一般值	42.0	34.5	28.0	44.0	33.5	26.0	32.0	24.5	23.0
	最小值	38.0	—	26.0	41.0	—	24.5	—	21.5	20.0

公路等级		二级公路、三级公路、四级公路					
设计速度/($km \cdot h^{-1}$)		80	60	40	30	20	
车道数/条		2	2	2	2	2 或 1	
路基宽度/m	一般值	12.0	10.0	8.5	7.5	6.5 (双车道)	4.5 (单车道)
	最小值	10.0	8.5	—	—	—	

注:①"一般值"为正常情况下的采用值;最小值为条件受限制时可采用的值。

②八车道高速公路路基宽度"一般值"为设置左侧硬路肩,内侧车道采用 3.50 m 时的宽度;八车道高速公路路基宽度"最小值"为不设硬路肩,内侧车道采用 3.75 m 时的宽度。

二、城市道路的分类与分级

《城市道路工程设计规范》(CJJ 37—2012)(2016 年版)按城市道路在道路网中的地位、交通功能和对沿线建筑物的服务功能分为以下 4 级。

(一)快速路

快速路主要为城市中的大量、长距离快速交通服务,其技术要求为:

(1)至少要有 4 条车道,中间设中央分车带,有自行车通过时应在两侧加设自行车道。

(2)进出口采用全控制或部分控制。

(3)大部分交叉口采用立体交叉,与次干道可采用平面交叉,与支路不能直接相交。过路行人集中点要设置过街人行天桥或地道。

(二)主干路

主干路是城市道路网的骨架,它联系城市各主要分区、港口与车站等。自行车多时可采用机动车和非机动车分流的断面形式,如三幅路或四幅路,如图 1.4 所示。

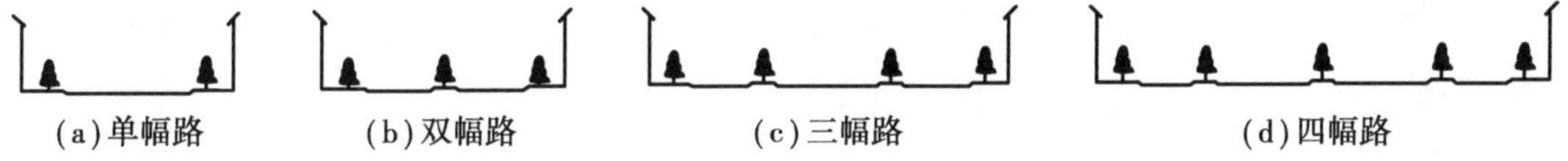

图 1.4 城市道路横断面布置形式

(三)次干路

次干路配合主干路组成城市道路网,连接城市各部分和集散交通。它是城市交通干路,兼有服务功能,可设置停车场。

(四)支路

支路是一个地区内(如居住区)的道路,也是与干路的联系道路,它解决局部地区交通,以服务功能为主。部分支路可用以补充干道网的不足。

城市道路的分类和分级及主要技术指标,可参考表 1.5。

表 1.5 城市道路各类(级)道路主要技术指标

等级	项目				
	设计速度/$(km \cdot h^{-1})$	双向机动车车道数/条	机动车道宽度/m	分隔带设置	横断面采用形式
快速路	60、80	≥4	3.75	必须设	双、四幅路
主干路	50、60	≥4	3.75	应设	单、双、三、四幅路
	40、50	≥4	3.75	应设	单、双、三幅路
	30、40	2~4	3.50~3.75	可设	单、双、三幅路
次干路	40、50	2~4	3.75	可设	单、双、三幅路
	30、40	2~4	3.50~3.75	不设	单幅路
	20、30	2	3.50	不设	单幅路

续表

等级	项目				
	设计速度 /(km·h^{-1})	双向机动车车道数/条	机动车道宽度/m	分隔带设置	横断面采用形式
支路	30、40	2	3.50～3.75	不设	单幅路
	20、30	2	3.50	不设	单幅路
	20	2	3.50	不设	单幅路

注:①设计速度在条件许可时,宜采用大值。

②改建道路根据地形、地物限制、拆迁占地等具体困难,可选用表中适当等级。

③城市文化街、商业街可参照表中次干路及支路的技术指标。

第二章
路基的强度和稳定性

第一节　路基土的分类及工程性质

一、路基土的分类

世界各国公路用土的分类方法虽然不尽相同，但是分类的依据大致相近，一般都根据土颗粒的粒径组成、土颗粒的矿物成分或其余物质的含量及土的塑性指标进行区划。我国公路用土依据土的颗粒组成特征、土的塑性指标和土中有机质存在的情况，分为巨粒土、粗粒土、细粒土和特殊土4类，并进一步细分为12种。土的颗粒组成特征用不同粒径粒组在土中的百分含量表示。表2.1所列为不同粒组的划分界限及范围。

表2.1　粒组划分界限及范围

粒径/mm	200	60	20	5	2	0.5	0.25	0.075	0.02
巨粒组		粗粒组						细粒组	
漂石（块石）	卵石（小块石）	砾（角砾）			砂			粉粒	黏粒
		粗	中	细	粗	中	细		

土的分类总体系包括4类并且细分为12种，如图2.1所示。

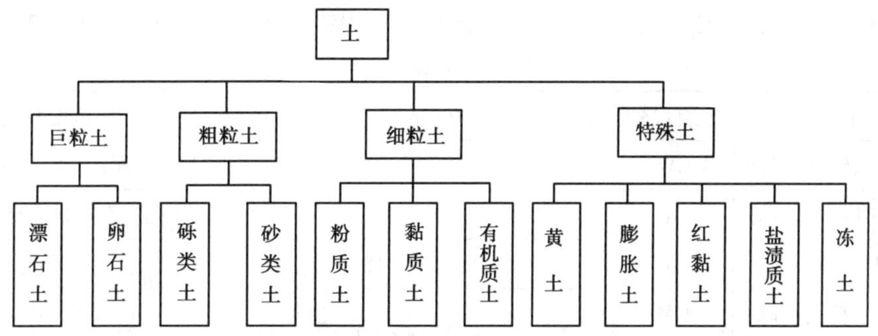

图2.1　土的分类总体系

公路用土分类的基本代号见表2.2。

表2.2 公路用土分类的基本代号

土类	巨粒土		粗粒土		细粒土		有机土
成分代号	漂石	B	砾	G	粉土	M	有机质土 O
	块石	Ba	角砾	Ga	黏土	C	
	卵石	Cb	砂	S	细粒土(C和M合称)	F	
	小块石	Cb_a			粗细粒土合称	Sl	
级配和液限高低代号	级配良好				W		
	级配不良				P		
	高液限				H		
	低液限				L		

注:①土类名称可用一个基本代号表示;当由两个基本代号构成时,第一个代号表示土的主成分,第二个代号表示副成分(级配或液限);当由三个基本代号构成时,第一个代号表示土的主成分,第二个代号表示液限(或级配),第三个代号表示土中所含次要成分。

②液限的高低以50划分;级配以不均匀系数(C_u)和曲率系数(C_c)表示,详见《公路土工试验规程》(JTG E40—2007)。

①巨粒组(大于60 mm的颗粒)质量多于总质量50%的土称为巨粒土。巨粒土分类见表2.3。

表2.3 巨粒土分类

土组		土组代号	漂石粒(>200 mm颗粒)含量/%
漂(卵)石 (大于60 mm颗粒>75%)	漂石	B	>50
	卵石	Cb	≤50
漂(卵)石夹土 (大于60 mm颗粒占50%~75%)	漂石夹土	BSl	>50
	卵石夹土	CbSl	≤50
漂(卵)石质土 (大于60 mm颗粒占15%~50%)	漂石质土	SlB	>卵石粒含量
	卵石质土	SlCb	<卵石粒含量

②粗粒土分砾类土和砂类土两种,砾粒组(2~60 mm的颗粒)质量多于总质量50%的土称为砾类土,见表2.4所列。砾粒组质量小于或等于50%的土称为砂类土,见表2.5。

表2.4 砾类土分类

土组		土组代号	细粒组(<0.075 mm颗粒)含量 F/%	级配状况
砾	级配良好砾	GW	≤5	级配:$C_u \geq 5, 1 \leq C_c \leq 3$
	级配不良砾	GP		级配:不同时满足上述要求
含细粒土砾		GF	$5 < F \leq 15$	同上
细粒土质砾	粉土质砾	GM	$15 < F \leq 50$	同上
	黏土质砾	GC		

表 2.5　砂类土分类

土组		土组代号	细粒组(<0.075 mm 颗粒)含量 F/%	级配状况
砂	级配良好砂	SW	≤5	级配:$C_u \geqslant 5, 1 \leqslant C_c \leqslant 3$
	级配不良砂	SP		级配:不同时满足上述要求
含细粒土砂		SF	$5 < F \leqslant 15$	同上
细粒土质砂	粉土质砂	SM	$15 < F \leqslant 50$	同上
	黏土质砂	SC		

③细粒组(小于0.075 mm 的颗粒)质量多于或等于总质量50%的土总称为细粒土。细粒土中粗粒组(2~60 mm 颗粒)质量小于或等于总质量25%的土称为细粒土,粗粒组质量为总质量25%~50%(含50%)的土称为含粗料的细粒土,含有机质的细粒土称为有机质土。

细粒土的分类及性质很大程度与土的塑性指标相关联。图2.2为土的塑性图,表明土的塑性指数(I_P)与液限(ω_L)的相关关系。图中以 A 线[$I_P=0.73(\omega_L-20)$]和 B 线[$\omega_L=50\%$]将坐标空间划分为4个区,大致区分了细粒土的塑性性质。细粒土的分类如图2.3所示。

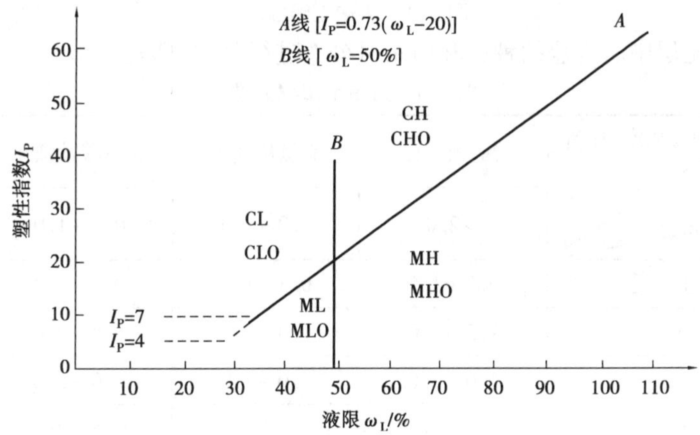

图2.2　土的塑性图

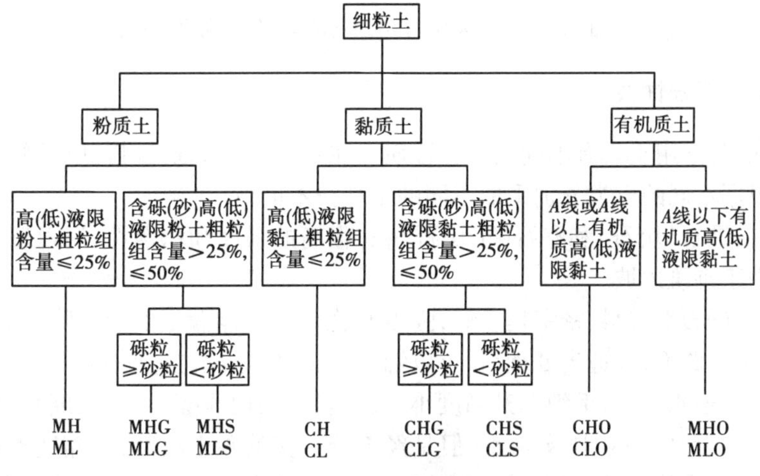

图2.3　细粒土的分类

④特殊土主要包括黄土、膨胀土、红黏土和盐渍土。黄土、膨胀土、红黏土按图2.4所示的特殊塑性图上的位置定名。黄土属低液限黏土(CLY),分布范围大部分在 A 线以上,且 $\omega_L<40\%$;膨胀土属高液限黏土(CHE),分布范围大部分在 A 线以上,且 $\omega_L>50\%$;红黏土属高液限粉土(MHR),分布范围大部分在 A 线以下,且 $\omega_L>55\%$。

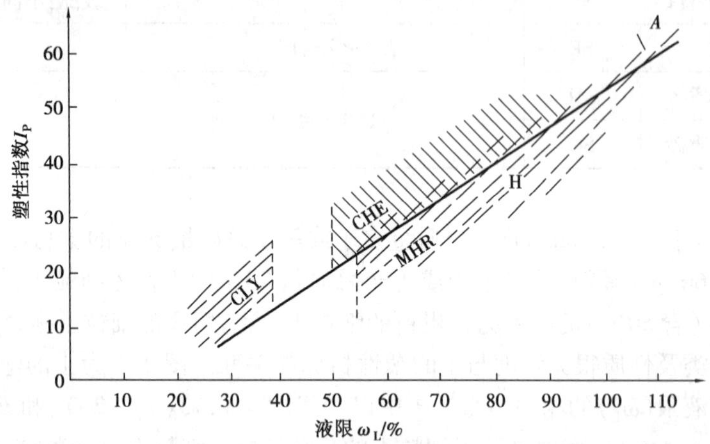

图2.4　特殊土塑性图

盐渍土按照土层中所含盐的种类和质量百分率进行分类,见表2.6。

表2.6　盐渍土工程分类

土层中平均总盐量(质量,%) Cl^-/SO_4^{2-} 比值 名称	氯盐渍土	亚氯盐渍土	亚硫酸盐渍土	硫酸盐渍土
	>2.0	1.0~2.0	0.3~1.0	<0.3
弱盐渍土	0.3~1.5	0.3~1.0	0.3~0.8	0.3~0.5
中盐渍土	1.5~5.0	1.0~4.0	0.8~2.0	0.5~1.5
强盐渍土	5.0~8.0	4.0~7.0	2.0~5.0	1.5~4.0
过盐渍土	>8.0	>7.0	>5.0	>4.0

冻土按照冻结状态持续时间,可分为多年冻土、隔年冻土和季节冻土3类。

二、各类土的工程性质

不同类别的公路用土具有不同的工程性质。在选择路基填筑材料,以及修筑稳定土路面结构层时,应根据不同的土类分别采取不同的工程技术措施。

巨粒土包括漂石(块石)和卵石(小块石),有很高的强度和稳定性,用以填筑路基是良好的材料,也可用于砌筑边坡。

级配良好的砾石混合料,密实程度好,强度和稳定性均能满足要求。除了填筑路基之外,可以用于铺筑中级路面,经适当处理后,可以铺筑高级路面的基层、底基层。

砂土无塑性,透水性强,毛细上升高度小,具有较大的内摩擦系数,强度和水稳定性均好,但砂土黏结性小,易于松散,压实困难,但是经充分压实的砂土路基,压缩变形小,稳定性好。为了加强压实和提高稳定性,可以采用振动法压实,并可掺加少量黏土,以改善级配组成。

砂性土含有一定数量的粗颗粒，又含有一定数量的细颗粒，级配适宜，强度、稳定性等都能满足要求，是理想的路基填筑材料。如细粒土质砂土，其粒径组成接近最佳级配，遇水不黏着，不膨胀，雨天不泥泞，晴天不扬尘，便于施工。

粉性土含有较多的粉土颗粒，干时虽有黏性，但易于破碎，浸水时容易成为流动状态。粉性土毛细作用强烈，毛细上升高度大（可达1.5 m），在季节性冰冻地区容易造成冻胀、翻浆等病害。粉性土属于不良的公路用土，如必须用粉性土填筑路基，则应采取技术措施改良土质，并加强排水、采取隔离水等措施。

黏性土中细颗粒含量多，土的内摩擦系数小而黏聚力大，透水性小而吸水能力强，毛细现象显著，有较大的可塑性。黏性土干燥时较坚硬，施工时不易破碎，浸湿后能长期保持水分，不易挥发，因而承载力小。对于黏性土如在适当含水量时加以充分压实和设置良好的排水设施，筑成的路基也能获得稳定。

重黏土工程性质与黏性土相似，但其含黏土矿物成分不同时，性质有很大差别。黏土矿物主要包括蒙脱土、高岭土、伊利土。蒙脱土主要分布在东北地区，其塑性大，吸湿后膨胀强烈，干燥时收缩大，透水性极低，压缩性大，抗剪强度低。高岭土分布在南方地区，其塑性较低，有较高的抗剪强度和透水性，吸水和膨胀量较小。伊利土分布在华中和华北地区，其性质介于上述两者之间。重黏土不透水，黏聚力特强，塑性很大，干燥时很坚硬，施工时难以挖掘与破碎。

总之，土作为路基建筑材料，砂性土最优，黏性土次之，粉性土属不良材料，最容易引起路基病害。重黏土，特别是蒙脱土也是不良的路基土。此外，还有一些特殊土类，如有特殊结构的土（黄土）、含有机质的土（腐殖土）及含易溶盐的土（盐渍土）等，用以填筑路基时必须采取相应技术措施。

第二节　路基水温状况及干湿类型

一、路基湿度的来源

路基的强度与稳定性在很大程度上与路基的湿度及大气温度引起的路基的水温状况有密切的关系。路基在使用过程中，受到各种外界因素的影响，使湿度发生变化。路基湿度的水源可分为以下几方面。

（1）大气降水。大气降水通过路面、路肩边坡和边沟渗入路基。

（2）地面水。边沟的流水、地表径流因排水不良，形成积水，渗入路基。

（3）地下水。路基下面一定范围内的地下水浸入路基。

（4）毛细水。路基下的地下水，通过毛细管作用，上升到路基。

（5）水蒸气凝结水。在土的空隙中流动的水蒸气，遇冷凝结成水。

（6）薄膜移动水。在土的结构中水以薄膜的形式从含水量较高处向较低处流动，或由温度较高处向冻结中心周围流动。

上述各种导致路基湿度变化的水源，其影响程度随当地自然条件和气候特点以及所采取的工程措施等的变化而不同。

二、大气温度对路基水温状况的影响

路基湿度除了水的来源之外,另一个重要因素是受当地大地温度的影响。由于湿度与温度变化对路基产生的共同影响称为路基的水温状况。沿路基深度出现较大的温度梯度时,水分在温差的影响下以液态或气态由热处向冷处移动,并积聚在该处。这种现象特别是在季节性冰冻地区尤为严重。

三、路基干湿类型

路基的强度与稳定性同路基的干湿状态有密切关系,并在很大程度上影响路面结构设计。

路基按其干湿状态不同,分为干燥、中湿、潮湿和过湿 4 类。为了保证路基路面结构的稳定性,一般要求路基处于干燥或中湿状态。过湿状态的路基必须经处理后方可铺筑路面。上述 4 种干湿类型以分界稠度 ω_{c1}、ω_{c2}和 ω_{c3}来划分。稠度 ω_c 定义为土的含水率 ω 与土的液限 ω_L 之差与土的塑限 ω_p 与液限 ω_L 之差的比值,即

$$\omega_c = \frac{\omega_L - \omega}{\omega_L - \omega_p} \tag{2.1}$$

式中 ω_c——土的稠度;

ω_L——土的液限,%;

ω——土的含水率,%;

ω_p——土的塑限,%。

土的稠度较准确地表示了土的各种形态与湿度的关系,稠度指标综合了土的塑性特性,包含了液限与塑限,全面直观地反映了土的硬软程度,物理概念明确。

①当 $\omega_c = 1.0$,即 $\omega = \omega_p$,为半固体与硬塑状的分界值。

②当 $\omega_c = 0$,即 $\omega = \omega_L$,为流塑与流动状的分界值。

③当 $1.0 > \omega_c > 0$,即 $\omega_p > \omega > \omega_L$,土处于可塑状态。

以稠度作为路基干湿类型的划分标准是合理的,但是不同的自然区划、不同的土组的分界稠度是不同的。

在公路勘测设计中,确定路基的干湿类型需要在现场进行勘查,对于原有公路,按不利季节路槽底面以下 80 cm 深度内土的平均稠度确定。于路槽底面以下 80 cm 内,每 10 cm 取土样测定其天然含水率、塑限含水率和液限含水率,以下式求算

$$\omega_{ci} = \frac{\omega_{Li} - \omega_i}{\omega_{Li} - \omega_{pi}}$$

$$\overline{\omega}_c = \frac{\sum_{i=1}^{8} \omega_{ci}}{8} \tag{2.2}$$

式中 ω_i——路槽底面以下 80 cm 内,每 10 cm 为一层,第 i 层上的天然含水率,%;

ω_{Li}——第 i 层土的液限含水率(76 g 平衡锥),%;

ω_{pi}——第 i 层土的塑限含水率,%;

ω_{ci}——第 i 层的稠度;

$\overline{\omega}_c$——路槽以下 80 cm 内土的算术平均稠度。

根据 ω_c 判别路基的干湿类型，要按照道路所在的自然区划和路基土的类别，与分界稠度作比较，并按表 2.7 所列区划界限确定道路所属的路基干湿类型。

表 2.7 路基干湿类型

路基干湿类型	路基平均稠度 $\overline{\omega}_c$ 与分界相对稠度的关系	一般特性
干燥	$\overline{\omega}_c \geqslant \omega_{c1}$	路基干燥稳定，路面强度和稳定性不受地下水和地表积水影响。路基高度 $H > H_1$
中湿	$\omega_{c1} > \overline{\omega}_c \geqslant \omega_{c2}$	路基上部土层处于地下水或地表积水影响的过渡带区内，路基高度 $H_2 < H \leqslant H_1$
潮湿	$\omega_{c2} > \overline{\omega}_c \geqslant \omega_{c3}$	路基上部土层处于地下水或地表积水毛细影响区内，路基高度 $H_3 < H \leqslant H_2$
过湿	$\overline{\omega}_c < \omega_{c3}$	路基极不稳定、冰冻区春融翻浆，非冰冻区弹性，路基经处理后方可铺筑路面，路基高度 $H < H_3$

对于新建公路，路基尚未建成，无法按上述方法现场勘查路基的湿度状况，可以用路基临界高度作为判别标准。在路基的地下水位或地表积水水位一定的情况下，路基的湿度由下而上逐渐减小，如图 2.5 所示。与分界稠度相对应的路基离地下水位或地表积水水位的高度称为路基临界高度 H，即：

H_1 相对应于 ω_{c1}，为干燥和中湿状态的分界标准。

H_2 相对应于 ω_{c2}，为中湿与潮湿状态的分界标准。

H_3 相对应于 ω_{c3}，为潮湿和过湿状态的分界标准。

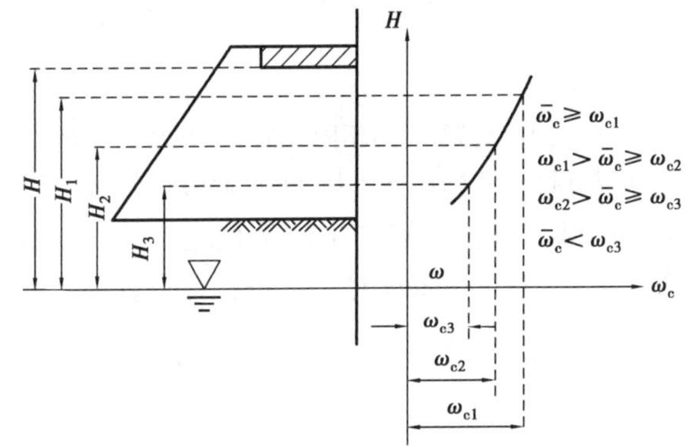

图 2.5 路基临界高度与路基干湿类型

在设计新建道路时，如能确定路基临界高度值，则可以此作为判别标准，与路基设计高度作比较，由此确定路基的干湿类型，见表 2.7。

为了保证路基的强度和稳定性不受地下水及地表积水的影响，在设计路基时，要求路基保持干燥或中湿状态，路槽底距地下水或地表积水的距离，要大于或等于干燥、中湿状态所对应的临界高度。

第三节　路基的强度与稳定性

一、路基的受力状况与路基工作区

(一)路基的受力状况

路基在工作过程中,同时受到由路面上传递下来的车辆荷载,以及路基和路面的自重作用,图2.6为土质路基受力时不同深度 Z 范围内的应力分布图。

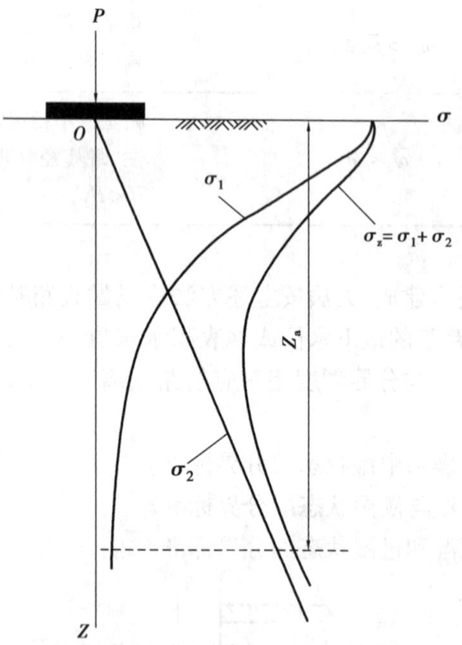

图2.6　土质路基受力时不同 Z 范围内的应力分布图

σ_1—车辆荷载引起的应力;σ_2—土基自重引起的应力;σ_Z—应力之和

其中,σ_1 为车轮荷载在土基内部任一点产生的垂直应力,把车轮荷载简化为一圆形均布垂直荷载时,σ_1 可按布辛奈斯克(J. Boussinesq)公式进行计算,即

$$\sigma_1 = \frac{P}{Z^2} \cdot \frac{3}{2\pi\left[1 + \left(\frac{\gamma}{Z}\right)^2\right]^{5/2}} \tag{2.3}$$

为使用方便,式(2.3)可简化为

$$\sigma_1 = K \cdot \frac{P}{Z^2} \tag{2.4}$$

式中　P——车轮轴荷载,kN;

Z——圆形均布荷载中心下应力作用点的深度,m;

K——应力系数,$K = \frac{3}{2\pi\left[1 + \left(\frac{\gamma}{Z}\right)^2\right]^{5/2}}$,一般取 $K=0.5$。

路基土自重引起的压应力 σ_2 用式(2.5)计算

$$\sigma_2 = \gamma Z \tag{2.5}$$

式中　γ——土的重度,(kN/m^3)。

因此,土基中任一点受到的垂直应力 σ_z 为

$$\sigma_z = \sigma_1 + \sigma_2 = K \cdot \frac{P}{Z^2} + \gamma Z$$

(二)路基工作区

由式(2.4)、式(2.5)可见,车辆荷载产生的垂直应力 σ_1 随深度的增加而减小,自重应力 σ_2 则随深度的增加而增大,因此,车轮荷载在土基中产生的应力 σ_1 与土基自重应力 σ_2 之比 $\frac{\sigma_1}{\sigma_2}$ 亦随之急剧变小。如果此比值减小到一定数值,例如 $\frac{\sigma_1}{\sigma_2} = 0.1 \sim 0.2$,即在某一深度 Z_a 处,行车荷载在土基中产生的应力仅为路基土自重应力的 1/10 ~ 1/5,与土基自重引起的应力 σ_2 相比,车辆荷载在 Z_a 以下土基中产生的应力已经很小,可忽略不计。把车辆荷载在土基中产生应力作用的这一深度范围称为路基工作区。

据此可以得到路基工作区深度 Z_a 的计算式为

$$\sigma_1 = \frac{1}{n}\sigma_2 \tag{2.6}$$

或

$$K \cdot \frac{P}{Z_a^2} = \frac{1}{n}\gamma Z_a$$

$$Z_a = \sqrt[3]{\frac{KnP}{\gamma}} \tag{2.7}$$

表 2.8 是用式(2.7)计算的几种国产车型的 Z_a 值,其中 γ 通常取 18 kN/m^3,$n=5$ 或 10。

表 2.8　路基工作区深度

车型	$P=1/2$(后轴重)/kN	作用深度 Z_a/m	
		$n=5$	$n=10$
黄河 JN-150	1/2(101.60)	1.9	2.4
解放 CA-10 B	1/2(60.85)	1.6	2.0
交通 SH-141	1/2(55.1)	1.6	2.0
跃进 NJ-130	1/2(38.3)	1.4	1.7
北京 BJ-130	1/2(27.18)	1.2	1.6
上海 SH-130	1/2(23.00)	1.2	1.5
红旗 CA-773	1/2(15.75)	1.0	1.3
天津 TJ-620	1/2(12.5)	1.0	1.2

由于路基路面材料不同,不是均质体,路面材料的强度和重度比土基大,路基工作区的实际深度随路面强度和厚度的增加而减小。因此,要精确计算 Z_a,须将路面折算为与路基同性质的当量厚度的整体后,再进行计算。

根据上述路基工作区的概念，当路堤填筑高度 $H > Z_a$［图 2.7(a)］时，车辆荷载作用深度位于填筑高度内，路堤应按规定要求分层填筑与压实，Z_a 内尤其应注意填筑质量；对 $H < Z_a$［图 2.7 (b)］的矮路堤，此时不但要对填土充分压实，而且要保证工作区内原地面下部土层具有足够的强度和稳定性，采取必要的措施，使天然地基下部土层和路堤同时满足路基工作区的设计要求。

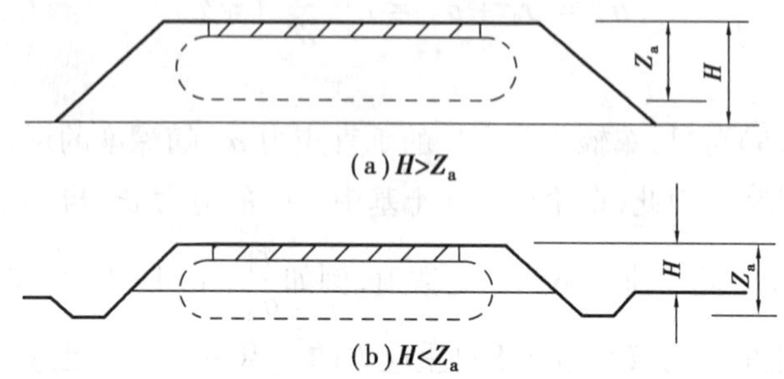

图 2.7　路堤高度与工作区深度关系示意图

二、路基土的强度指标

路基是路面结构的支撑体，车轮荷载通过路面传到路基。因此路基的强度和变形特性对路面结构的整体强度和刚度有很大影响。在路面结构的总变形中，土基的变形占很大部分，为 70% ~95%。路面结构的破坏，除其本身原因外，也主要是路基过大变形所引起的。因此，研究路基的强度和变形特性对路面设计具有重要意义。

（一）土基的应力-应变特性

在一定应力范围内，理想线弹性体的应力与应变关系呈线性特性。当应力消失时，应变也随之消失，恢复到初始状态。由于路基土的内部结构非常复杂，包括固相、液相和气相，固相又由不同成分、不同粒径的颗粒组成，因此路基土在应力作用下的变形特性同理想线弹性体有很大区别。

压入承载板试验是研究路基土应力-应变特性最常用的一种方法。图 2.8 是用压入承载板试验所得的土基竖向变形 l 与压力 p 之间的关系曲线，图中的曲线变化大致可分为 3 个阶段。

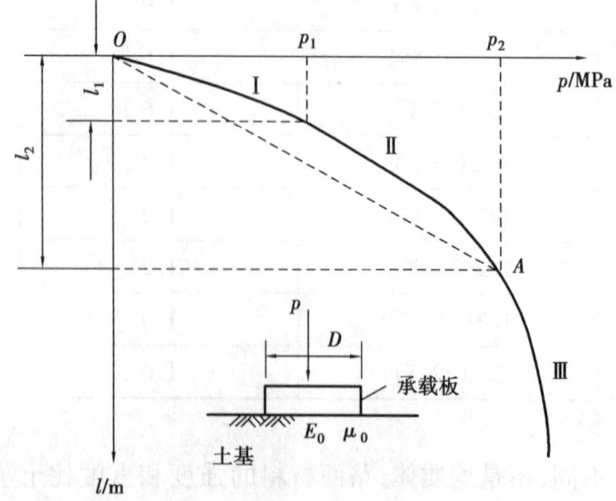

图 2.8　土基的应力-应变关系曲线

①阶段Ⅰ——弹性变形阶段。在此阶段内,卸载后,变形可以恢复,土基受到弹性压缩,应力与应变的关系曲线呈近似直线。

②阶段Ⅱ——塑性变形阶段。在此阶段内,外力增大,变形发展较快,卸载后,变形不能完全恢复。其中,能够恢复的变形,称为弹性变形;不能恢复的变形,称为塑性变形(或残余变形)。在此阶段范围内,应力应变关系曲线呈曲线。

③阶段Ⅲ——破坏阶段。在此阶段内,应力继续增大,变形急剧增大,土体已失去抵抗变形的能力,表明土体已破坏。

土基在外力作用下表现出的这种应力应变特性称为土基的非线性弹性。非线弹性体的土基的弹性模量 E 并不是一个常数。在重复荷载作用下土基将产生变形累积,使路面产生变形和破坏。

(二)表征路基土强度的指标

路基在外力作用下,将产生变形,路基强度是指路基抵抗外力作用的能力,亦即抵抗变形的能力。在一定应力作用下,变形越大,土基强度越低;反之,则表明路基强度越高。根据土基简化的力学模型以及土体破坏的原因不同,国内外表征路基强度的指标主要有以下几种。

1. 弹性模量 E_0

把路基简化为一弹性半空间体,用弹性模量 E_0 表征其应力应变特性,并作为路基的强度指标。为模拟车轮印迹的作用,通常以圆形承载板压入路基的方法测定其弹性模量 E_0(图2.8)。

根据弹性力学原理,用圆形承载板测试计算路基回弹模量的公式为

$$E_0 = \frac{\pi}{4}\frac{pD}{l}\cdot(1-\mu_0^2) \tag{2.8}$$

式中　E_0——土体的回弹模量,MPa;

l——承载板的回弹变形,m;

D——承载板的直径,m;

μ_0——土的泊松比,一般取0.35;

p——承载板压强,MPa。

由于承载板测试弹性模量的野外测试速度较慢,因此工程中常用标准汽车作卸载试验,根据测得的回弹变形(回弹弯沉 l_0)计算路基回弹模量值,公式为

$$E_0 = \frac{pd}{l_0}(1-\mu_0^2)\times 0.712 \tag{2.9}$$

式中　p——标准试验车的轮胎压强,kPa;

d——试验车轮迹当量圆直径,cm;

μ_0——土基的泊松比,取0.35;

l_0——土基不利季节的计算弯沉值,cm。

与用承载板作加载测试相比,两者结果相差不大,但后者测试工作大为简化。

2. 路基反应模量 K(Reaction Modulus of Subgrade)

在刚性路面设计中,除用弹性模量表征土基强度外,也常用路基反应模量 K 作为指标。

该力学模型假设地基上任一点的反力与该点的挠度成正比,而与其他点无关,即土基相当于由互不联系的弹簧组成。这种地基力学模型首先由捷克工程师温克勒(E. Winkler)提出

(图 2.9),因此,又称为温克勒地基。土基反应模量 K 为压力 p 与沉降 l 之比,即

$$K = \frac{p}{l} \tag{2.10}$$

式中 K——路基反应模量,MPa/m 或 MN/m^3;

p——单位压力,MPa;

l——弯沉值,m。

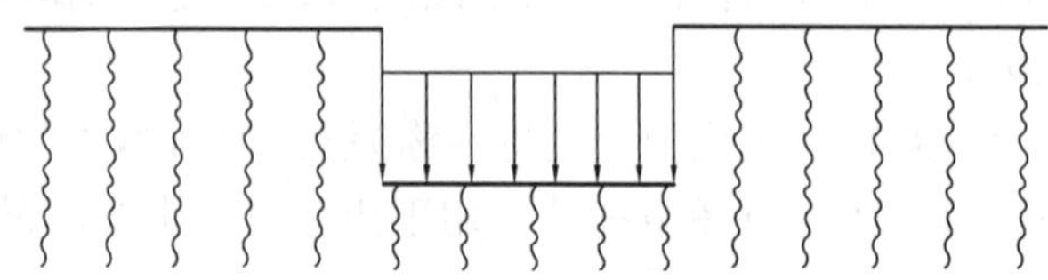

图 2.9 温克勒地基模型

地基反应模量 K 值用承载板试验确定。承载板的直径规定为 76 cm。测试方法与回弹模量测试方法类似,但采用一次加载到位的方法。施加的荷载由两种方法控制:当地基较为软弱时,用 0.127 cm 的沉降控制承载板的荷载;若地基较为坚硬,沉降难以达到 0.127 cm 时,以单位压力 $p=0.07$ MPa 控制承载板的荷载。这是考虑到混凝土路面下路基承受的压力通常不会超过这一范围。

3. 加州承载比 CBR(California Bearing Ratio)

加州承载比是早年由美国加利福尼亚州提出的一种评定路基及其他路面材料承载力的指标。承载能力以材料抵抗局部荷载压入变形的能力表征,并采用高质量标准碎石为标准,它们的相对比值即为 CBR 值。

试验时,用一个端部面积为 19.35 cm^2 的标准压头,以 0.127 cm/min 的速度压入土中。记录每贯入 0.254 cm 时的单位压力,直到总深度达到 1.27 cm 为止,此时的贯入单位压力与达到该贯入深度时的标准压力之比即得土基的 CBR 值,即

$$\text{CBR} = \frac{p}{p_s} \times 100\% \tag{2.11}$$

式中 p——对应于某一贯入度的路基单位压力,kPa;

p_s——与路基贯入度相同的标准压力,kPa,见表 2.9。

表 2.9 标准压力值

贯入度/cm	0.254	0.508	0.762	1.016	1.270
标准压力/kPa	7.03	10.55	13.36	16.17	18.23

CBR 试验设备有室内试验设备与室外试验设备两种。室内 CBR 试验装置如图 2.10 所示。试件按路基施工时的含水率及压实度要求在试筒内制备,并在加载前浸泡在水中 4 d。为模拟路面结构对土基的附加应力,在浸水过程中及压入试验时,在试件顶面施加环形砝码,其重力根据预计的路面结构质量确定。试件浸水至少淹没顶部 2.54 cm。CBR 值的野外试验方法基本与室内试验相同,但其压入试验直接在路基顶面进行。

以上 3 项指标,都表征特定力学模型下路基的应力与应变关系。但由于路基是非线弹性体,其强度还随土质、密实度、水温状况及自然条件而变,因此,在应用各项指标进行路面设计和对路基强度进行评价时,必须与路面结构设计方法相配合,把路基路面的设计力学模型与具

体条件和要求联系起来。

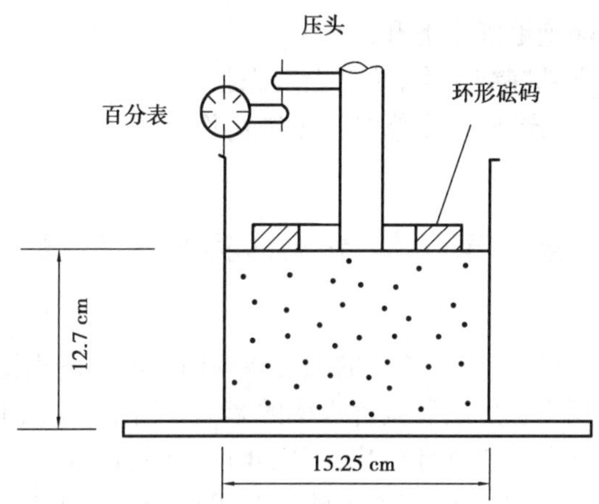

图 2.10　室内 CBR 试验装置示意图

4. 抗剪强度

抗剪强度指土体抵抗剪切破坏的能力。土的抗剪强度对分析土坡稳定以及挡土墙后土压力计算具有十分重要的意义。

土的抗剪强度通常用库仑公式表示为

$$\tau = c + \sigma \tan \varphi \tag{2.12}$$

式中　τ——土的抗剪强度,kPa;

σ——剪切破坏面上的法向总应力,kPa;

c——土的单位黏聚力,kPa;

φ——土体的内摩阻角。

c、φ 值即为土的抗剪强度指标,它反映了土体抗剪强度的大小,是土体非常重要的力学指标。

土的抗剪强度测试有多种方法。若用三轴压缩试验测定,在一定围压下进行轴向加载,可以模拟土体受荷时发生的应力情况。如果试验时可以完全控制排水,水分可以从孔隙流出或排出,则土的性质完全可以按库仑公式(2.12)表示。

三、保证路基强度与稳定性的措施

路基的强度与稳定性受水、温度、土质等的影响,在一年内出现显著的季节性变化。在季节性冰冻地区,由于负温差的影响,土基下层较暖的水分向上层较冷的土层移动,产生水分积聚和冻结,引起冻胀;春融时,土基又因过湿而发生翻浆。在非冰冻地区,雨季时,会造成土基过分湿软,强度与稳定性降低。因此,为保证路基的强度与稳定性,必须深入进行调查研究,仔细分析各种自然因素与路基的关系,抓住主要问题,采取有效措施。保证路基稳定性的措施一般有下列几种:

①正确设计路基横断面;

②选用工程性质良好的土填筑路基;

③适当提高路基高度,保证要求的最小填土高度;

④充分压实土基,保证达到规定的压实度;

⑤正确地进行地面和地下的排水设计；

⑥设置隔离层，用以隔绝毛细水上升；

⑦设置防冻层，减小土基冻结深度，减轻土基冻胀；

⑧采取边坡加固与防护措施，以及修筑挡土结构物。

第四节 路基土的回弹模量值

综合以上各节的内容，可以看到，路基的强度指标值按不同的土质类别主要取决于土的密实度。对黏性土来说，在相当程度上受其含水率的影响。路基含水率随所处的地区条件不同，受各种自然因素的影响，常发生年循环变化，不同年度又略有不同。因此，在确定路基的强度指标值时，应考虑不利季节和不利年度的影响。常采用的方法主要有现场实测法、室内实验法、换算法和查表法等。

一、现场实测法

现场实测法是在已成路基上，在不利季节用大型承载板测定路基0 ~0.5 mm(路基软弱时测至1 mm)的变形压力曲线，并按下式计算回弹模量值为

$$E_0 = 1\,000 \cdot \frac{\pi D}{4} \cdot \frac{\sum P_i}{\sum L_i}(1 - \mu_0^2) \tag{2.13}$$

式中 E_0，μ_0——路基回弹模量(MPa)和泊松比(取0.35)；

D——承载板直径(30 cm)；

P_i，L_i——承载板各级压强(MPa)及其对应的回弹变形(0.01 mm)。

也可采用弯沉仪测定土基弯沉值，并按下式计算路基回弹模量值 E_0：

$$E_0 = 1\,000 \cdot \frac{2P\delta}{L_0}(1 - \mu_0^2) \cdot \alpha_0 \tag{2.14}$$

式中 P，δ——测定车单轮轮胎接地压强(MPa)与当量圆半径(cm)；

L_0——轮隙中心处回弹弯沉(0.01 mm)；

α_0——均匀体弯沉系数，取0.712。

在实测某路段土基回弹模量后，可通过下式确定该路段路基回弹模量设计值 E_{0s}：

$$E_{0s} = \frac{\overline{E}_0 - Z_\alpha S}{K_1} \tag{2.15}$$

式中 $\overline{E}_0$，S——某路段实测路基回弹模量平均值与标准差；

Z_α——保证率系数，高速公路、一级公路为2.0；二、三级公路为1.648；四级公路为1.5；

K_1——不利季节影响系数，若在非不利季节测定应考虑季节影响系数，并根据当地经验选用。

二、室内试验法

取代表性土样在室内根据最佳含水率条件下求得承载板的回弹模量 E_0 值试验结果，并考

虑不利季节和不利年份的影响,乘以折减系数 λ。根据设计路段的路基临界高度及相应的路基干湿类型及路基含水率,确定代表不利季节路基的稠度值,当调查资料不足时,按路基土的干湿类型,由表 2.7 确定路基稠度值,根据路基稠度值参考表 2.10 选定 λ 值。

表 2.10　折减系数

土基稠度值$\overline{w}_c$	$\overline{w}_c \geqslant w_{c0}$	$w_0 > \overline{w}_c \geqslant w_{c1}$	$\overline{w}_c < w_{c1}$
折减系数 λ	0.90	0.80	0.70

三、换算法

通过现场大型承载板试验测定土基回弹模量 E_0,并同时测定路基的压实度 K、路基稠度 w_c 以及室内 CBR 值,建立 E_0 与 CBR 之间可靠的换算关系,从而可以利用 K、w_c 和 CBR 值等推算现场路基回弹模量,表 2.11 为路基野外和室内 E_0 与压实度 K(重型 K_h,轻型 K_L)、w_c 的试验关系式。表 2.12 为路基野外室内 CBR 值与 E_0 的关系。表中各地的关系式均有所差异,这反映了地区性与土性的差异。

表 2.11　路基 E_0、K、w_c 关系式对比

资料来源	关系式	测点数 n	相关系数 r
广西红黏土:现场	$E_0 = 79.05K_h^{1.989}w_c^{1.748}$	16	0.77
广西红黏土:室内	$E_0 = 67.2K_h^{3.0}w_c^{4.84}$	39	0.75
黑龙江黏质土:现场	$E_0 = 48.81K_h^{3.218}w_c^{1.47}$	11	0.68
黑龙江黏质土:室内	$E_0 = 36.23K_h^{2.563}w_c^{1.556}$	11	0.89
山西黄土:现场	$E_0 = 52K_h^{0.61}w_c^{1.629}$	34	0.53
陕西黄土:现场	$E_0 = 64K_h^{3.88}w_c^{2.23}$	50	0.96
陕西黄土:室内	$E_0 = 12K_h^{1.49}w_c^{8.03}$	162	0.86
江苏黏质土:现场	$E_0 = 28.07K_L^{1.917}w_c^{1.932}$	28	0.88
上海黏质土:室内	$E_0 = 36.1K_L^{6.57}w_c^{2.05}$	10	0.92
内蒙古黏质土:现场	$E_0 = 39K_h^{2.244}w_c^{1.905}$	46	0.61
内蒙古黏质土:室内	$E_0 = 25.6K_h^{1.243}w_c^{5.12}$	10	0.90

表 2.12　路基 CBR、E_0 关系式对比

资料来源	关系式	测点数 n	相关系数 r
广西红黏土:现场	$E_0 = 15.55\text{CBR}^{0.582}$	44	0.792
广西红黏土:室内	$E_0 = 5.651\text{CBR}^{0.891}$	55	0.930
广西膨胀土:现场	$E_0 = 16.71\text{CBR}^{0.58}$	17	0.830
广西膨胀土:现场一年后	$E_0 = 17.62\text{CBR}^{0.50}$	29	0.780
广西膨胀土:室内	$E_0 = 9.18\text{CBR}^{0.741}$	41	0.877

续表

资料来源	关系式	测点数 n	相关系数 r
黑龙江黏质土:现场	$E_0=7.40\text{CBR}^{0.773}$	20	0.746
黑龙江黏质土:室内	$E_0=7.954\text{CBR}^{0.739}$	21	0.901
陕西黄土:现场	$E_0=13.0\text{CBR}^{0.42}$	40	0.620
陕西黄土:室内	$E_0=1.60\text{CBR}^{1.12}$	66	0.960
上海黏质土:室内	$E_0=15.86\text{CBR}^{0.59}$	17	0.853
上海黏质土:室内浸水	$E_0=7.90\text{CBR}^{0.91}$	17	0.871

第三章
一般路基设计

第一节 路基设计的一般规定

公路路基是按照路线位置和一定技术要求修筑的带状构造物，是路面的基础，承受由路面传来的行车荷载并将其扩散至地基，是公路的承重主体。一般路基是指在一般（正常）工程地质条件下修筑填挖高度不超过设计规范或技术手册所允许的范围，其设计可直接参照现行规范规定或标准图，结合当地实际条件进行，而不必个别论证和详细验算。而对超过规定范围的高填路堤或深挖路堑，以及特殊地质和水文等条件，例如泥石流、岩溶、冻土、雪害、滑坡、软土及地震等地区的路基，为保证路基具有足够的强度和稳定性，以及合理、经济的横断面形式，需进行个别特殊设计。为保证路基的强度和稳定，我国路基设计规范对一般路基设计作了如下规定。

（1）路基设计之前，应做好全面调查研究，充分收集沿线地质、水文、地形、地貌、气象、地震等设计资料。改建公路还应收集历年路况资料及当地路基的翻浆、崩塌、水毁等病害的防治经验。

（2）山岭、重丘区的路基设计，应根据当地自然条件，特别是工程地质条件，选择适当的路基横断面形式和边坡坡度。在地形陡峻和不良地质地段，不宜破坏天然植被和山体平衡；在狭窄的河谷地段不宜侵占河床，可视具体情况设置其他结构物和防护工程。

（3）陡坡上的半填半挖路基，可根据地形、地质条件，采用护肩、砌石或挡土墙；当山坡高陡或稳定性差，不宜多挖时，可采用旱桥、悬出路台等构造物；在悬崖陡壁地段，若山体岩石整体性好，可采用半山洞。

（4）沿河及受水浸淹路段的路基边缘高程，应高出路基设计洪水频率的设计水位加壅水高、波浪侵袭高，再加安全高度 0.5 m。

路基设计洪水频率见表 3.1。

表 3.1　路基设计洪水频率

公路等级	高速公路	一级公路	二级公路	三级公路	四级公路
设计洪水频率	1/100	1/100	1/50	1/25	按具体情况确定

沿河路基废方应妥善处理，以免造成河床堵塞、河流改道或冲毁沿线构造物、农田、房屋等不良后果。

(5)分离式路基应处理好与整体式路基的相互衔接和边坡的防护，设置完善的排水设施，并与自然景观相协调。

(6)季节性冰冻地区工程地质、水文地质不良地段，应采用水稳性好的材料填筑路堤或进行换填，对高速公路、一级公路应结合防治冻害和翻浆的具体措施，进行路基、路面及排水等综合设计。

第二节　路基的类型与构造

通常根据公路路线设计确定的路基高程与天然地面高程是不同的，路基设计高程低于天然地面高程时，需进行挖掘；路基设计高程高于天然地面高程时，需进行填筑。由于填挖情况的不同，路基横断面的典型形式可归纳为路堤、路堑和半填半挖路基 3 种类型。路堤是指全部用岩土填筑而成的路基；路堑是指全部在天然地面开挖而成的路基，此两者是路基的基本类型。当天然地面横坡较大，且路基较宽，需要一侧开挖而另一侧填筑时，为半填半挖路基，也称为填挖结合路基。在丘陵或山区公路上，填挖结合是路基横断面的主要形式。

一、路堤

图 3.1 为路堤的几种常见横断面形式，按路堤的填土高度不同，可分为矮路堤、高路堤和一般路堤。填土高度小于 1.5 m 者，属于矮路堤；填土高度大于 18 m(土质)或 20 m(石质)的路堤属于高路堤；填土高度在 1.5 ~ 18 m 的路堤为普通路堤。随其所处的条件和加固类型不同，还有浸水路堤、护脚路堤及挖沟填筑路堤等形式。

矮路堤常在平坦地区取土困难时选用。平坦地区地势低，水文条件较差，易受地表水和地下水的影响，设计时应注意满足最小填土高度的要求，力求不低于规定的临界高度，使路基处于干燥或中湿状态。路基两侧均应设边沟。

矮路堤的高度通常接近或小于路基工作区的深度，除填方路堤本身要求满足规定的施工要求外，天然地面也应按规定进行压实，达到规定的压实度，必要时进行换土或加固处理，以保证路基路面的强度和稳定性。

填方高度不大(h =2 ~ 3 m)时，填方数量较少，全部或部分填方可以在路基两侧设置取土坑，使之与排水沟渠结合。为保护填方坡脚不受流水侵害，保证边坡稳定，可在坡脚与沟渠之间预留 1 ~ 2 m 甚至大于 4 m 宽度的护坡道。地面横坡较陡时，为防止填方路堤沿山坡向下滑动，应将天然地面挖成台阶，或设置石砌护脚。

高路堤的填方数量大，占地多，为使路基稳定和横断面经济合理，须进行个别设计，高路堤

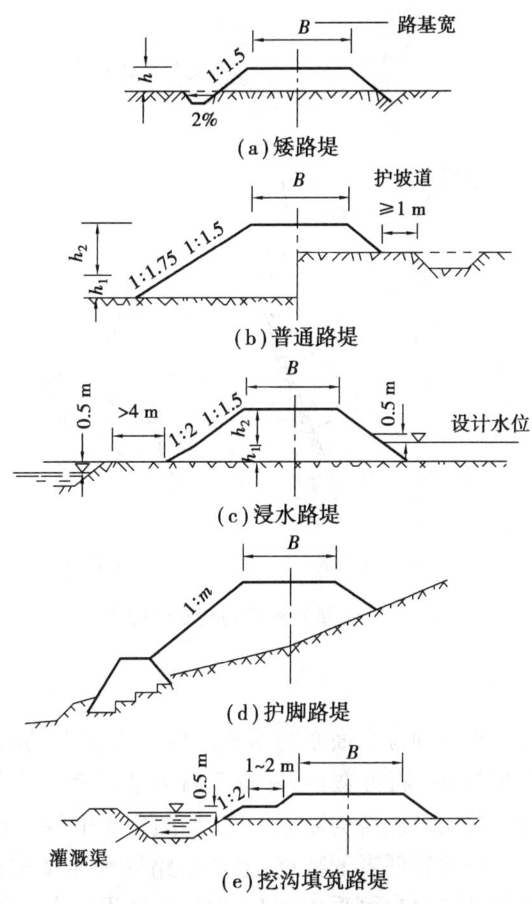

图 3.1 路堤的几种常见横断面形式

和浸水路堤的边坡可采用上陡下缓的折线形式或台阶形式,也可在边坡中部设置护坡道。为防止水流侵蚀和冲刷坡面及高路堤或浸水路堤的边坡,须采取适当的坡面防护和加固措施,如铺草皮、砌石等。

二、路堑

图 3.2 是路堑的几种常见横断面形式,有全挖路基、台口式路基及半山洞路基。挖方边坡可视高度和岩土层情况设置成直线或折线。挖方边坡的坡脚处设置边沟,以汇集和排除路基范围内的地表径流。路堑的上方应设置截水沟,以拦截和排除流向路基的地表径流[图 3.2(a)]。挖方弃土可堆放在路堑的下方。边坡坡面易风化时,在坡脚处设置 0.5 ~ 1.0 m 的碎落台,坡面可采用防护措施。

陡峻山坡上的半路堑,路中线宜向内侧移动,尽量采用台口式路基[图 3.2(b)],避免路基外侧的少量填方。遇有整体性的坚硬岩层,为节省石方工程,可采用半山洞路基[图 3.2(c)]。

挖方路基处土层地下水文状况不良时,可能导致路面的破坏,所以对路堑以下的天然地基,要人工压实至规定的压实度,必要时还应超挖,重新分层填筑、换土或进行加固处理,加铺隔离层,设置必要的排水设施。

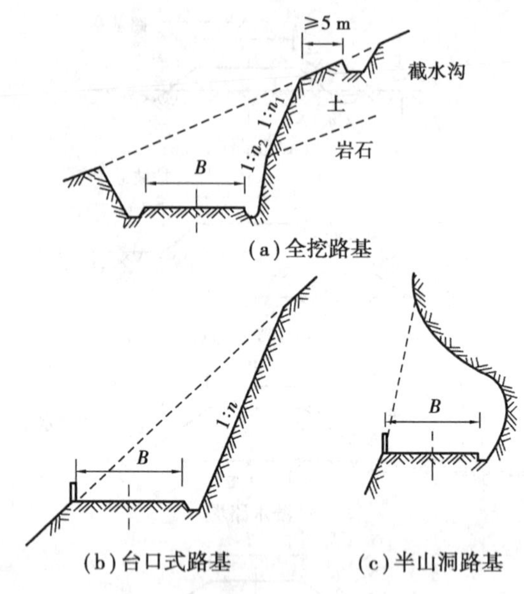

(a)全挖路基

(b)台口式路基　　(c)半山洞路基

图3.2　路堑几种常用横断面形式

三、半填半挖路基

图3.3是半填半挖路基的几种常见横断面形式。位于山坡上的路基,通常取路中心的标高接近原地面的标高,以便减少土石方数量,保持土石方数量横向平衡,形成半填半挖路基。若处理得当,路基稳定可靠,是比较经济的断面形式,如图3.3中(a)、(b)所示。

半填半挖路基兼有路堤和路堑两者的特点,上述对路堤和路堑的要求均应满足。填方部分的局部路段,如遇原地面的短缺口,可采用砌石、护肩。如果填方量较大,也可就近利用废石方,砌筑护坡或护墙,砌石护坡和护墙相当于简易式挡土墙,承受一定的侧向压力。有时填方部分需要设置路肩(或路堤)式挡土墙,以确保路基稳定,进一步压缩用地宽度。砌石、护肩、护坡与护墙,以及挡土墙支撑等路基,如图3.3中(c)—(f)所示。如果填方部分悬空,而纵向

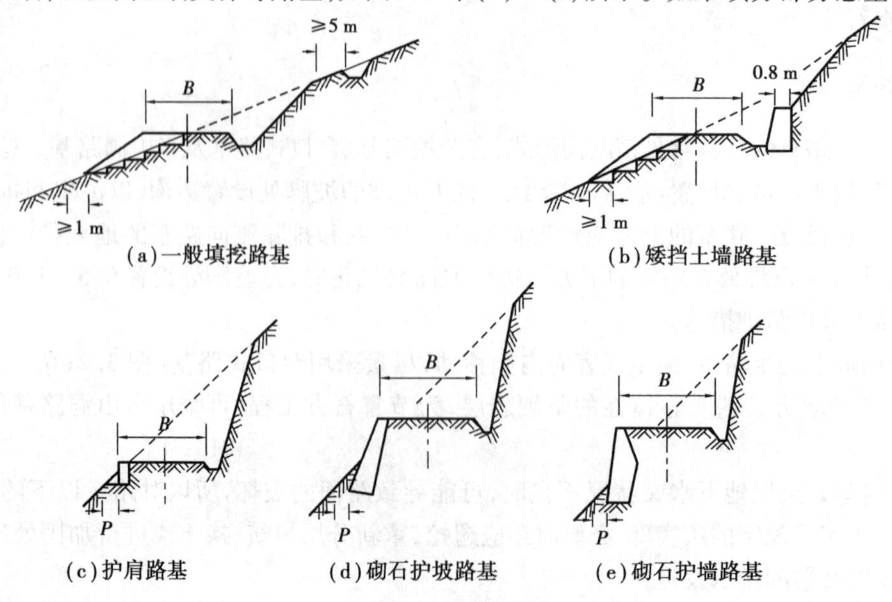

(a)一般填挖路基　　(b)矮挡土墙路基

(c)护肩路基　　(d)砌石护坡路基　　(e)砌石护墙路基

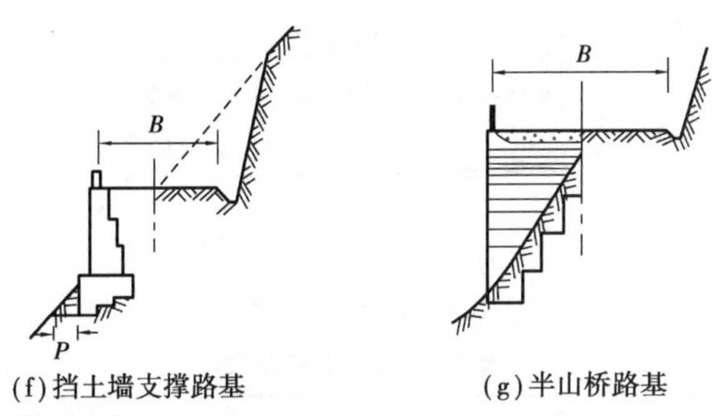

(f)挡土墙支撑路基　　(g)半山桥路基

图 3.3　半填半挖路基几种常见横断面形式

又有适当的基岩时,则可以沿路基纵向建成半山桥路基,如图 3.3(g)所示。

上述三类典型路基横断面形式,各具特点,分别在一定条件下也使用。由于地形、地质、水文等自然条件差异性很大,且路基位置、横断面尺寸及要求等也应服从于路线、路面及沿线结构物的要求,所以路基横断面类型的选择,必须因地制宜,综合设计。

第三节　路基设计

在工程地质和水文地质条件良好地段的路基设计包括以下内容:选择路基断面形式,确定路基宽度与路基高度;确定边坡形状与坡度;选择路堤填料与压实标准;路基排水系统布置和排水结构设计;坡面防护与加固设计;附属设施设计等。

路基尺寸由宽度、高度和边坡坡度三者构成。路基宽度取决于设计通行能力及交通量大小;路基高度取决于纵坡设计、地形、地质及水文等条件;路基的边坡坡度则取决于地质、水文条件、填料性质等,并由边坡稳定性及横断面经济性分析比较确定。

一、路基宽度

路基宽度为行车道路面及其两侧路肩宽度之和。技术等级高的公路,设有中间带、路缘带、变速车道、爬坡车道、紧急停车带等,这些均应包括在路基宽度范围内。路面宽度根据设计通行能力及交通量大小而定,一般每个车道宽度为 3.50 ~ 3.75 m,技术等级高的公路及城镇近郊的一般公路,路肩宽度尽可能增大,一般取 1 ~ 3 m,并铺筑硬质路肩,以保证路面行车不受干扰。各级公路路基宽度按《公路工程技术标准》(JTG B01—2014)的规定进行设计,如图 3.4 所示和表 3.2 所列。

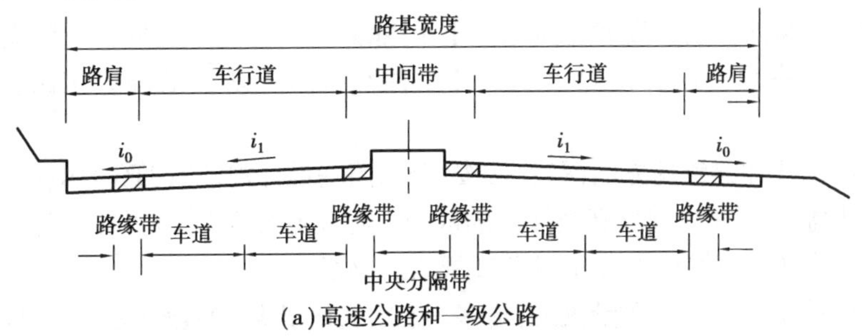

(a)高速公路和一级公路

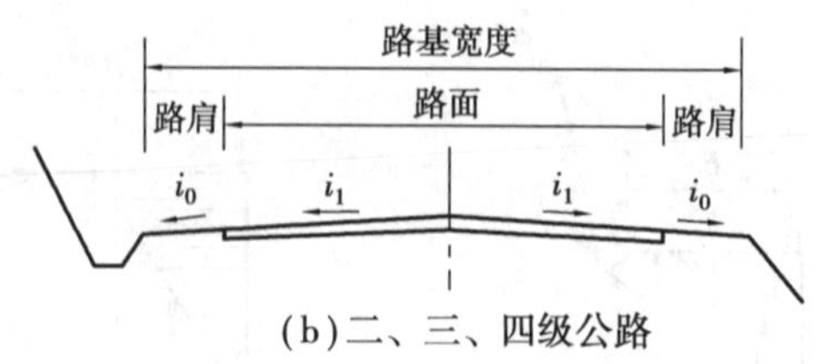

(b)二、三、四级公路

图 3.4 公路路基宽度图

表 3.2 公路路基宽度

公路等级		高速公路、一级公路									二级公路、三级公路、四级公路					
设计速度/($km\cdot h^{-1}$)		120			100			80		60	80	60	40	30	20	
车道数		8	6	4	8	6	4	6	4	4	2	2	2	2	2 或 1	
路基宽度/m	一般值	45.00	34.50	28.00	44.00	33.50	26.00	32.00	24.50	23.00	12.00	10.00	8.50	7.50	6.50(双车道)	4.50(单车道)
	最小值	42.00	—	26.00	41.5	—	24.50	—	21.50	20.00	10.00	8.50	—	—	—	

注:①“一般值”为正常情况下的采用值;“最小值”为条件受限制时可采用的值;

②八车道高速公路路基宽度“一般值”为设置左侧硬路肩、内侧车道采用 3.50 m 时的宽度。八车道高速公路路基宽度“最小值”为不设置左侧硬路肩、内侧车道采用 3.75 m 时的宽度。

路基占用土地是公路通过农田或用地受限制地区时的突出问题。建路占地必须综合规划,统筹兼顾,讲究经济效益,农业与交通相互促进。公路建设应尽可能利用非农业用地,少占农田。高速公路局部路段可选用高架道路,以桥代路。山坡路基应尽量使填挖平衡,扩大和改善林业用地,保护林区牧地,防止水土流失,维护生态平衡,减少高填深挖,利用植物防护,绿化与美化路基。所有这些在路基设计与施工过程中,也应予以综合考虑。

二、路基高度

路基高度是指路堤的填筑高度和路堑的开挖深度,是路基设计高程和地面高程之差。由于原地面沿横断面方向往往是倾斜的,因此在路基宽度范围内,两侧的高差常有差别。路基高度是指路基中心线处设计高程与原地面高程之差,而路基两侧边坡的高度是指填方坡脚或挖方坡顶与路基边缘的相对高差,所以路基高度有中心高度与边坡高度之分。

路基的填挖高度,是在路线纵断面设计时,综合考虑路线纵坡要求、路基稳定性和工程经济等因素确定的。从路基的强度和稳定性要求出发,路基上部土层应处于干燥或中湿状态,路基高度应根据临界高度并结合公路沿线具体条件和排水及防护措施确定路堤的最小填土高度。

路基填土的高矮和路堑挖方的深浅,可按《公路路基设计规范》(JTG D30—2015)的规定,使用常规的边坡高度值,作为划分高矮深浅的依据。通常将大于 18 m 的土质路堤和大于 20 m 的石质路堤视为高路堤,将大于 20 m 的路堑视为深路堑。

高路堤和深路堑的土石方数量大,占地多,施工困难,边坡稳定性差,行车不利,应尽量避免使用。当不得已而一定要用时,应进行个别特殊设计。

为保证路基稳定,应尽量满足路基最小填土高度的要求,若路基高度低于按地下水位或地面水位计算的最小填土高度,可视为矮路堤。矮路堤通常处于行车荷载应力作用区范围内,同时经受着地面和地下水不利水温状况的影响。有时为了增强路基路面的综合强度与稳定性,需要另外增加投资加强路面结构或增设地下排水设施。究竟如何合理确定路基的高度,需要进行综合比较后才可择优取用。

对于沿河及受水浸淹的路基,其高度应根据技术标准所规定的设计洪水频率(表3.1),求得设计水位,再增加0.5 m的余量。如果河道因设置路堤而压缩过水面积,致使上游有壅水,或河面宽阔而有风浪,就应增加壅水高度和波浪冲上路堤的高度(即波浪侵袭高度)。所以沿河浸水路堤的高度,应高出上述各值之和,以保证路基不致淹没,并据此进行路基的防护与加固。

三、路基边坡坡度

路基边坡坡度对路基稳定十分重要,确定路基边坡坡度是路基设计的重要任务。公路路基的边坡坡度,可用边坡高度 H 与边坡宽度 b 之比值表示,并取 $H=1$,如图3.5所示,$H:b=1:0.5$(路堑边坡)或 $1:1.5$(路堤边坡),通常用 $1:n$(路堑)或 $1:m$(路堤)表示其坡率,称为边坡坡率。

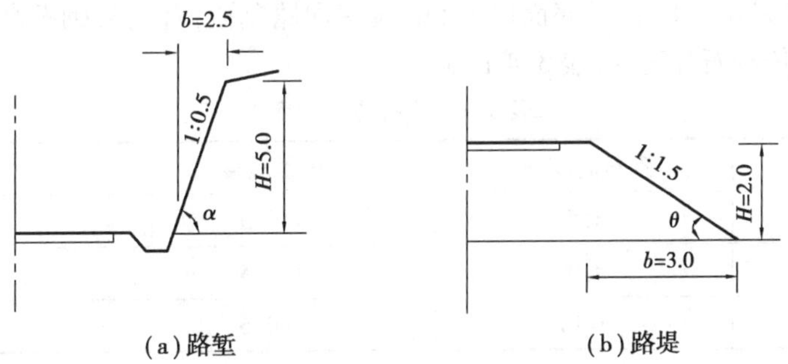

图3.5　路基边坡坡度示意图(尺寸单位:m)

路基边坡坡度的大小,取决于边坡的土质、岩石的性质及水文地质条件等自然因素和边坡的高度。在陡坡或填挖较大的路段,边坡坡度不仅影响到土石方工程量和施工的难易,而且是路基整体稳定性的关键。因此,确定边坡坡度对路基的稳定性和工程的经济合理性至关重要。一般路基的边坡坡度可根据多年工程实践经验和设计规范推荐的数值采用。

(一)路堤边坡

一般路堤边坡坡率可根据填料种类和边坡高度按表3.3所列的坡度选用。

表3.3　路堤边坡坡度

填料类别	边坡频率	
	上部高度(H≤8 m)	下部高度(H≤12 m)
细粒土	1:1.5	1:1.75
粗粒土	1:1.5	1:1.75
巨粒土	1:1.3	1:1.5

路堤边坡高度超过表列数值时，属于高路堤，应进行单独设计。

沿河浸水路堤的边坡坡度，在设计水位以下视填料情况可采用1∶2.0～1∶1.75，在常水位以下部分可采用1∶3.0～1∶2.0。

当公路沿线有大量天然石料或路堑开挖的废石方时，可用于填筑路堤。填石路堤应由不易风化的较大（大于25 cm）石块砌筑，边坡坡度一般可用1∶1。

陡坡上的路基填方可采用砌石护坡，如图3.6所示，砌石应用当地不易风化的开山片石砌筑。

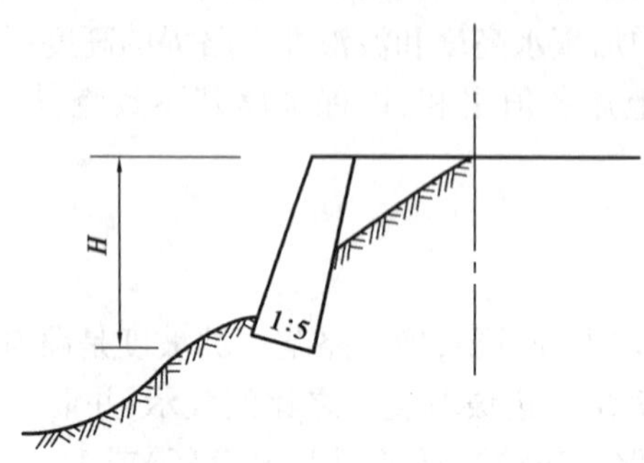

图3.6　砌石护坡示意图

砌石顶宽一律采用0.8 m，基底面以1∶5的坡率向路基内侧倾斜，砌石高度H一般为2～15 m，墙的内外坡依砌石高度，按表3.4选定。

表3.4　砌石边坡坡度

序号	砌石高度/m	内坡坡度	外坡坡度
1	≤5	1∶0.3	1∶0.5
2	≤10	1∶0.5	1∶0.67
3	≤15	1∶0.6	1∶0.75

在地震地区，应参照《公路工程抗震规范》（JTG B02—2013）的有关规定：公路路堤或路堑高度大于表3.5的规定时，应采取放缓边坡坡度或加固等措施。

表3.5　路基高度限值

填土类别	设计基本地震动峰值加速度				
	高速公路、一级公路		二级公路	三级公路、四级公路	
	0.20g(0.30g)	0.40g	0.40g	0.30g	0.40g
岩块和细粒土（粉土和有机质土除外）路基/m	15	10	15	—	
粗粒土（细砂、极细砂除外）路基/m	6	3	6	—	
黏性土路基/m	15	15	10	15	20

（二）路堑边坡

路堑是从天然地层中开挖出来的路基结构物，设计路堑边坡时，首先应从地貌和地质构造上判断其整体稳定性。当遇到工程地质或水文地质条件不良的地层时，应尽量使路线避绕它；而对于稳定的地层，则应考虑开挖后是否会由于减少支承及坡面风化加剧而引起失稳。

影响路堑边坡稳定的因素较为复杂，除了路堑深度和坡体土石的性质之外，地质构造特征、岩石的风化和破碎程度、土层的成因类型、地表水和地下水的影响、坡面的朝向及当地的气候条件等都会影响路堑边坡的稳定性，在边坡设计时必须综合考虑。

土质（包括粗粒土）路堑边坡，应根据边坡高度、土的密实程度、地下水和地面水的情况、土的成因及生成时代等因素，参照表3.6、表3.7选定。

表3.6　土质挖方边坡坡度

土的类别		边坡坡率
黏土、粉质黏土、塑性指数大于3的粉土		1:1
中密以上的中砂、粗砂、砾砂		1:1.5
卵石土、碎石土、圆砾土、角砾土	胶结和密度	1:0.75
	中密	1:1

表3.7　土的密实程度划分

分级	试坑开挖情况
较松	铁锹很容易铲入土中，试坑坑壁容易坍塌
中密	天然坡面不易陡立，试坑坑壁有掉块现象，部分需用镐开挖
密实	试坑坑壁稳定，开挖困难，土块用手使力才能破碎，从坑壁取出大颗粒处能保持凹面形状
胶结	细粒土密实度很高，粗颗粒之间呈弱胶结，试挖用镐开挖很困难，天然坡面可以陡立

岩石路堑边坡，一般根据地质构造与岩石特性，对照相似工程的成功经验选定边坡坡率。岩石的种类、风化程度及边坡的高度是决定坡率的主要因素，设计时可根据这些因素参照表3.8—表3.10选定。

表3.8　岩石挖方边坡坡度

边坡岩体类型	风化程度	边坡坡率	
		$H<15$ m	15 m $<H<$ 30m
Ⅰ类	未风化、微风化	1:0.3～1:0.1	1:0.3～1:0.1
	弱风化	1:0.3～1:0.1	1:0.5～1:0.3
Ⅱ类	未风化、微风化	1:0.3～1:0.1	1:0.5～1:0.3
	弱风化	1:0.5～1:0.3	1:0.75～1:0.5
Ⅲ类	未风化、微风化	1:0.5～1:0.3	—
	弱风化	1:0.75～1:0.5	—
Ⅳ类	弱风化	1:1～1:0.5	—
	弱风化	1:1～1:0.75	—

注：①有可靠的资料和经验时，可不受本表限制；

②Ⅳ类强风化包括各类风化程度的极软岩。

表 3.9　岩石边坡的岩体分类

判定条件 边坡岩体类型	岩体完整程度	结构面结合程度	结构面产状	直立边坡自稳能力
Ⅰ	完整	结构面结合良好或一般	外倾结构面或外倾不同结构面的组合线倾角大于 75°或小 35°	30 m 高边坡长期稳定，偶有掉块
Ⅱ	完整	结构面结合良好或一般	外倾结构面或外倾不同结构面的组合线倾角 35°~75°	15 m 高的边坡稳定，15~30 m 高的边坡欠稳定
	完整	结构面结合差	外倾结构面或外倾不同结构面的组合线倾角大于 75°或小 35°	
	较完整	结构面结合良好或一般或差	外倾结构面或外倾不同结构面的组合线倾角小于 35°，有内侧结构面	边坡出现局部塌落
Ⅲ	完整	结构面结合差	外倾结构面或外倾不同结构面的组合线倾角 35°~75°	8 m 高的边坡稳定，15 m 高的边坡欠稳定
	较完整	结构面结合良好或一般	外倾结构面或外倾不同结构面的组合线倾角 35°~75°	
	较完整	结构面结合差	外倾结构面或外倾不同结构面的组合线倾角大于 75°或小 35°	
	较完整 （碎裂镶嵌）	结构面结合良好或一般	结构面无明显规律	
Ⅳ	较完整	结构面结合差或很差	外倾结构面以层面为主，倾角多为 35°~75°	8 m 高的边坡不稳定
	不完整 （散体、碎裂）	结构面结合很差		

表 3.10　岩体完整程度划分

岩体完整程度	结构面发育程度	结构类型	完整性系数 K_V
完整	结构面 1 ~ 2 组,以构造节理或层面为主,密闭型	巨块状整体结构	>0.75
较完整	结构面 2 ~ 3 组,以构造节理或层面为主,裂隙多呈密闭型,部分为微张型,少有充填物	块状结构、层状结构、镶嵌碎裂结构	0.35 ~ 0.75
不完整	结构面大于 3 组,在断层附近受构造作用影响较大,裂隙以张开型为主,多有充填物,厚度较大	碎裂状结构、散体结构	<0.35

注:完整性系数 $K_V = \left(\frac{v_R}{v_P}\right)^2$,$v_R$—弹性纵波在岩体中的传播速度;$v_P$—弹性纵波在岩块中的传播速度。

由于地表岩层和自然条件,以及路基构造要求与形式变化极大,岩石路堑边坡率难以定型,表列数值为一般条件下的经验数值,运用时应结合当地的工程地质和水文条件,参考各地现有自然稳定的山坡和人工成型稳定的山坡,加以对比选用。必要时应进行个别设计和稳定性验算,还必须采用排水和护坡与加固等技术措施。

在地震地区的岩石路堑边坡坡率应参考《公路工程抗震规范》(JTG B02—2013)规定:当岩石路堑边坡高度超过 10 m 时,边坡坡度应按表 3.11 采用。

表 3.11　边坡高度超过 10 m 的岩石路堑参考边坡坡度

岩石种类	设计基本地震动峰值加速度	
	0.20g(0.30g)	0.40g
风化岩石	1:1.5 ~ 1:0.6	1:1.5 ~ 1:0.75
一般岩石	1:0.5 ~ 1:0.1	1:0.6 ~ 1:0.2
坚石	1:0.1 ~ 直立	1:0.1 ~ 直立

四、路基填料

填筑路基的理想材料应当是稳定性好、压缩性小、便于施工压实及运距短的土、石材料。

(一)填料的分类

根据填料的性质和适用性可分为如下几种。

(1)砾石、不易风化的石块。渗水性强,水稳定性极好,强度高,为良好的填料,石块空隙间用小石料充填密实并经充分压实后,路堤残余下沉量小,车辆荷载作用下的塑性变形小。

(2)碎石土、卵石土、砾石土、粗砂、中砂。渗水性强、水稳性好。属施工性能良好的填料,但其中黏性土含量过多时,水稳性能下降较多。

(3)砂性土。既含有一定数量的粗颗粒,使之具有足够的强度和水稳定性,又含有一定数量的细颗粒,从而把粗颗粒黏结在一起,为填筑路堤的良好材料。

(4)黏性土。渗水性很差,干燥时强度高而不易挖掘,浸水后水稳定性差,强度下降,变形大,在充分碾压和有良好排水设施情况下,筑成的路基也能获得稳定。

(5)粉性土。含有较多的粉土粒,干时有一定黏结性,但易被压碎,浸水时很快被湿透,毛细现象严重,在季节性冰冻地区易产生湿度积聚,造成冻胀翻浆,水饱和时有振动液化问题,是最差的一种筑路材料。

(6)重黏土。渗水性极差,塑性指数和液限都很高,干时坚硬,难挖掘,湿时膨胀性和塑性都很大,不宜用作路基填料。

(二)路基填料设计

在设计路基填料时,要注意以下事项。

(1)填方路基宜选用级配较好的粗粒土作为填料。

(2)砾(角砾)类土、砂类土应优先选作路床填料,土质较差的细粒土可填于路堤底部。用不同填料填筑路基时,应分层填筑,每一水平层均应采用同类填料。

(3)泥炭、淤泥、冻土、强膨胀土及易溶盐超过允许限量的土,不得直接用于填筑路基。

(4)冰冻地区路床及浸水部分的路堤不应直接采用粉质土填筑。

(5)强风化岩石及浸水后容易崩解的岩石不宜作为浸水部分路堤填料。

(6)细粒土作填料,当土的含量超过最佳含水率两个百分点以上时,应采取晾晒或掺入石灰、固化材料等技术措施进行处理。

(7)桥涵台背和挡土墙墙背填料,应优先选用内摩擦角值较大的砾(角砾)类土、砂类土填筑。

(8)适用于各级公路的以重型击实方法为标准的路床压实度和相应的路床土最小强度,见表3.12。

表3.12 路床土最小强度和压实度要求

项目分类	路面底面以下深度/m	路床土最小强度(CBR)/%			压实度/%		
		高速公路、一级公路	二级公路	三、四级公路	高速公路、一级公路	二级公路	三、四级公路
填方路基	0~0.3	8	6	5	≥96	≥95	≥94
	0.3~0.8	5	4	3	≥96	≥95	≥94
零填及挖方路基	0~0.3	8	6	5	≥96	≥95	≥94
	0.3~0.8	5	4	3	≥96	≥95	≥94

注:①表列压实度系按《公路土工试验规程》(JTG E40—2007)中重型击实试验法求得的最大干密度的压实度;

②当三、四级公路铺筑沥青混凝土和水泥混凝土路面时,其压实度应采用二级公路的规定值。

公路路堤除了80 cm深度的路床土之外,以下部分的路基一律按重型击实试验法求得的最大干密度控制压实度。各个等级公路上路堤和下路堤的压实度和路堤填土最小强度要求见表3.13。除了特殊气候区和选用特殊填料修筑的路堤之外,路堤压实应满足表列的要求。

表3.13 路堤压实度及路堤填土最小强度要求

类别	路床底以下深度/m	压实度/%			填土最小强度(CBR)/%		
		高速公路、一级公路	二级公路	三、四级公路	高速公路、一级公路	二级公路	三、四级公路
上路堤	0.8~1.50	≥94	≥94	≥93	4	3	3
下路堤	1.50以下	≥93	≥92	≥90	3	2	2

第四节　路基的附属设施

为了确保路基的强度、稳定性和行车安全，与一般路基工程有关的附属设施主要有取土坑、弃土堆、护坡道、碎落台、堆料坪及错车道等。这些设施是路基设计的组成部分，正确合理地设置是十分重要的。

一、取土坑与弃土堆

路基土石方的挖填平衡是公路路线设计的基本原则，但往往难以做到完全平衡。土石方数量经过合理调配后，仍然会有部分借方和弃方（又称废方），路基土石方的借弃，首先要合理选择地点，即确定取土坑或弃土堆的位置。选点时要兼顾土质、数量、用地及运输条件等因素，还必须结合沿线区域规划、因地制宜，综合考虑，维护自然平衡，防止水土流失，做到借之有利、弃之无害。借弃所形成的坑或堆，要求尽量结合当地地形，充分加以利用，并达到外形规整，弃堆稳固。对高等级公路或位于城郊附近的干线公路，尤应注意。

平坦地区，如果用土量较少，可以沿路两侧设置取土坑，与路基排水和农田灌溉相结合。路旁取土坑，大致如图 3.7 所示，深度约 1 m 或稍大一些，宽度依用土数量和用地允许而定。为防止坑内积水危害路基，当堤顶与坑底高差不足 2 m 时，在路基坡脚与坑之间需设宽度不大于 1 m 的护坡平台，坑底设纵横排水坡及相应设施。

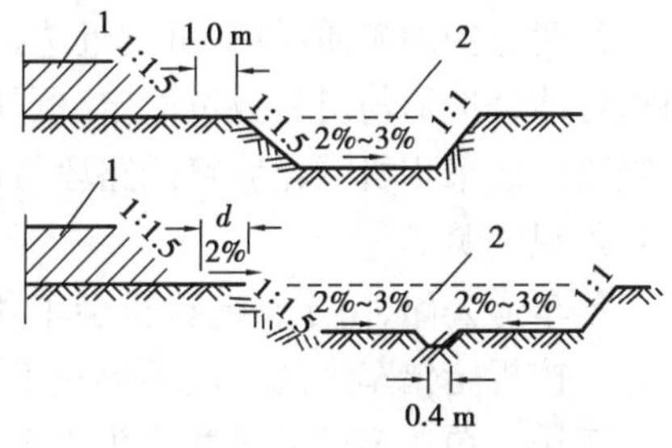

图 3.7　路旁取土坑示意图
1—路堤；2—取土坑

河水淹没地段的桥头引道近旁，一般不设取土坑，如设取土坑要距河流中水位边界 10 m 以外，并与导治结构物位置相适应。此类取土坑要求水流畅通，不得长期积水危及路基或构造物的稳定。

路基开挖的废方，应尽量加以利用，如用以加宽路基或加固路堤，填补坑洞或路旁洼地，也可兼顾农田水利或基建等所需，做到变废为用，弃而不乱。

废方一般应选择路旁低洼地，就近弃堆。原地面倾斜坡度小于 1∶5时，路旁两侧均可设弃土堆，地面较陡时，宜设在路基下方。沿河路基爆破后的废石方，往往难以远运，条件许可时可以部分占用河道，但要注意河道压缩后，不致壅水危及上游路基及附近农田等。

图 3.8 为路旁弃土堆一例，要求堆弃整平，顶面具有适当横坡，并设平台、三角土块及排水

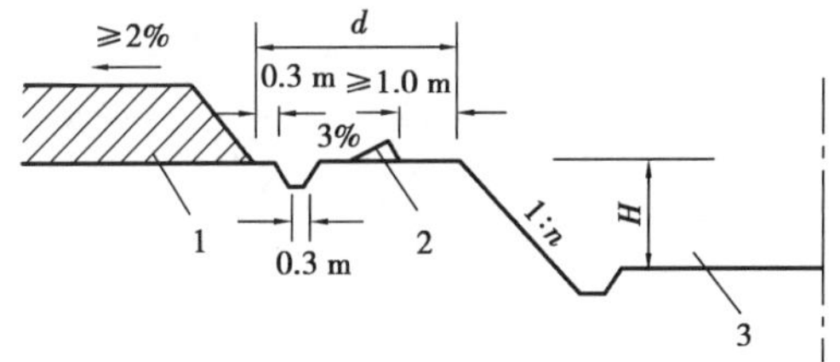

图 3.8　路旁弃土堆示意图
1—弃土堆；2—平台与三角土块；3—路堑

沟，宽度 d 与地面土质有关，最小 3 m，最大可按路堑深度加 5 m，即 $d \geqslant H+5$ m。积沙或积雪地段的弃土堆，宜有利于防沙防雪，可设在迎面一侧，并留有足够距离。

二、护坡道与碎落台

护坡道是保护路基边坡稳定性的措施之一，设置的目的是加宽边坡横向距离，减小边坡平均坡度。护坡越宽，越有利于边坡稳定，但最少为 1 m。宽度大，则工程数量也随之增加，要兼顾边坡稳定性与经济合理性。通常护坡道宽度 d 视边坡高度 H 而定。$H \leqslant 3$ m 时，$d=1$ m；3 m $< H \leqslant 6$ m 时，$d=2$ m；6 m $< H \leqslant 12$ m 时，2 m $< d \leqslant 4$ m。

护坡道一般设在挖方坡脚处，边坡较高时也可设在边坡上方及挖方边坡的变坡处。浸水路基的护坡道，可设在浸水线以上的边坡上。

碎落台设于土质或石质土的挖方边坡坡脚处，主要供零星土石碎块下落时临时堆积，以保护边沟不致阻塞，也有护坡道的作用。碎落台宽度一般为 1.0 ~ 1.5 m，如兼有护坡作用，可适当放宽。碎落台上的堆积物应定期清理。

三、堆料坪与错车道

路面养护用矿质材料，可就近选择路旁合适地点堆置备用，也可在路肩外缘设堆料坪，其面积可结合地形与材料数量而定，例如每隔 50 ~ 100 m 设一个堆料坪，长约 5 ~ 8 m，宽 2 m。高级路面或采用机械化养路的路段可以不设，或另设集中备用料场，以维护公路外形的视觉平顺和景观优美。

单车道公路，由于双向行车会车和相互避让的需要，通常应每隔 200 ~ 500 m 设置错车道一处。按规定错车道的长度不得短于 30 m，两端各有长度为 10 m 的出入过渡段，中间 10 m 供停车用。单车道的路基宽度为 4.5 m，而错车道地段的路基宽度为 6.5 m。错车道是单车道路基的一个组成部分，应与路基同时设计与施工。

第四章
路基防护工程

第一节　坡面防护

路基坡面防护主要是针对受自然因素作用易产生不利于稳定及环境保护等问题的边坡坡面采取适当的防护措施，达到保持边坡的长期稳定和安全，防止水土流失，保护环境的目的。

坡面变形的严重程度与边坡的岩土性质、地质构造、水文条件，当地的气候环境，边坡方位、坡度和高度等密切相关，必须综合考虑这些因素，选择适宜的防护类型。

一、植物防护

植物防护是一种简便、经济和有效的坡面防护措施。植物能覆盖表土，防止雨水冲刷；调节土壤湿度，防止裂缝产生；固结土壤，防止坡面风化剥落；同时还能起到绿化、美化环境的作用。为防止采用植物防护的路堑边坡坡脚因振动和雨水冲蚀作用首先被破坏，从而导致整个防护工程的垮塌或出现边坡坍塌，一般宜在坡脚处设 1 ~ 2 m 高的浆砌片石护坡或护墙。

(一)种草

边坡坡度不宜陡于1∶1的土质边坡，不浸水或短期浸水但地面径流速度不超过 0.6 m/s 的路基边坡可以选择种草防护。草的品种应适应当地土壤和气候条件，通常用易生长、根系发达、茎叶低矮或有匍匐茎的多年生长的草种，也可用几种草籽混种。对不宜种草的边坡，可以先铺 5 ~ 10 cm 厚的种植土层，土层与原坡面结合稳固。

(二)铺草皮

铺草皮的防护措施适用于需要快速绿化、边坡较陡、冲刷严重的土质边坡和严重风化的软质岩石边坡。草皮应选择根系发达、茎矮叶茂、耐旱草种，不宜采用喜水草种，严禁采用生长在沼泽地的草皮。草皮规格以不过于损坏根系，便于成活及运输而定，一般面积为 20 cm × 40 cm，厚 6 ~ 10 cm。铺草皮前应将坡面整平，必要时可加 6 ~ 10 cm 种植土层。草皮铺砌形式可根据边坡坡度与水流流速等，选用平铺、水平叠铺、方格式、卵石方格、垂直叠铺、倾斜叠铺和网格式铺砌等方式。常见的草皮铺砌形式如图 4.1 所示。铺砌时草皮端应斜切，形成平行四边形，自下而上用竹木小桩将草皮钉在坡面上，使其稳固。草皮应随挖随铺，注意相互贴紧。

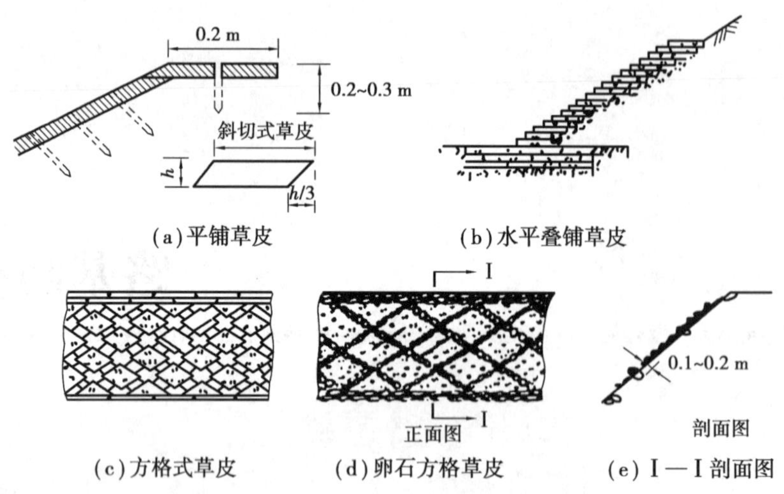

图4.1　草皮铺砌形式示意图

(三)植树

植树主要用在堤岸边的河滩上,用以降低流速,促使泥沙淤积,防止水直接冲刷路堤。把树栽种成多行并与水流方向斜交,还可起挑水、促进泥沙淤积作用。植树应以根系发达、枝叶茂盛、生长迅速的树种为主。当防冲刷时宜选用杨树、柳树或不怕水淹的灌木。城市或风景区的植物防护应与有关部门协调配合。公路弯道内侧为保证视距,边坡严禁种植高大树木。

二、砌石防护

为防止地面径流、雨雪水或河水冲刷、侵蚀路基,公路填方边坡、沿河路堤边坡、土质路堑边坡下部的局部,以及桥涵附近坡面,可采用砌石防护。砌石防护可分为干砌和浆砌两种,如图4.2所示。

干砌片石护坡适用于易遭受雨雪水侵蚀的较缓土质边坡,风化较重的软质岩石边坡,周期受水流冲刷但冲刷程度较轻、流速小于4 m/s的河岸和路基边坡。边坡应符合路基边坡稳定性要求,坡度一般为1∶2 ~1∶1.5。干砌片石防护一般有单层铺砌、双层铺砌两种,单层铺砌厚度为0.25 ~0.35 m;双层铺砌时,上层厚度为0.25 ~0.35 m,下层厚度为0.15 ~0.25 m。

当水流流速较大,波浪作用较强,有漂浮物等冲击,不适宜采用干砌片石护坡或护坡效果不好时,可采用浆砌片石护坡。浆砌片石护坡厚度一般为0.20 ~0.50 m,用于冲刷防护时最小厚度一般不小于0.35 m。浆砌片石防护较长时,应每隔10 ~15 m设置伸缩沉降缝,缝宽约2 cm,内填沥青麻筋或沥青木板;护坡的中、下部设10 cm×10 cm的方形或直径为10 cm的圆形泄水孔(其间距为2 ~3 m,孔后0.5 m范围内设反滤层)。

不论是干砌还是浆砌,都应先在片石下面设置0.10 ~0.15 m厚的碎(砾)石或沙砾混合物垫层,以起到整平、反滤的作用,并可增加抗冲击能力;然后由下而上平整铺砌片石,要错缝嵌紧,并用砂浆勾缝,以防渗水。石砌护坡坡脚处应设置墁石基础。在无河水冲刷时,基础埋置深度一般为护坡厚度的1.5倍;当受水流冲刷时,基础应埋置在冲刷线以下0.5 ~10 m处,或采用石砌深基础。

三、坡面处治

当不宜采用植物防护或考虑就地取材时,可采用碎(砾)石、沙、水泥、石灰、工业废渣等无

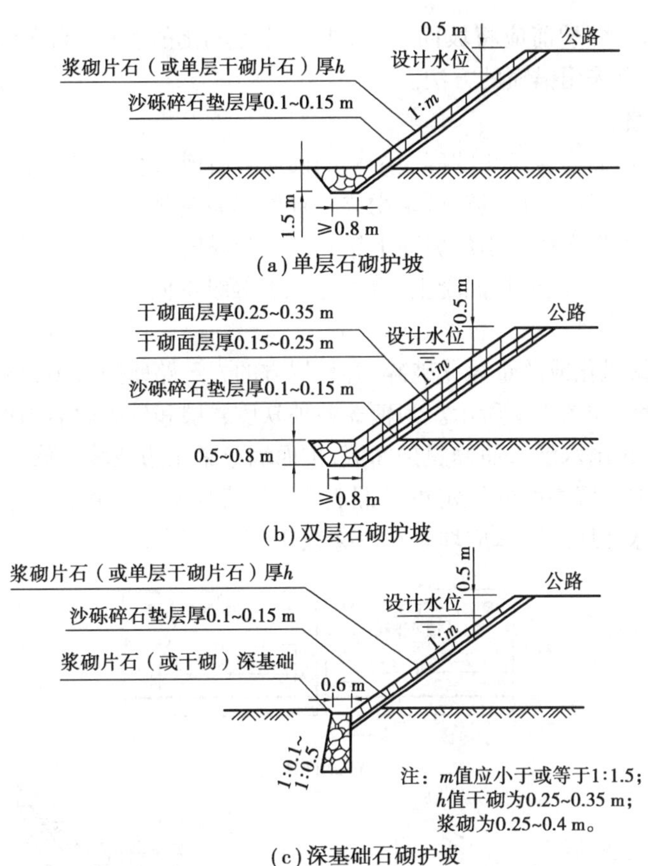

(a)单层石砌护坡

(b)双层石砌护坡

(c)深基础石砌护坡

图4.2　砌石防护示意图

机物或沥青类有机材料，进行坡面处治，将边坡上的岩石裂隙、缝穴、风化层及坡面予以堵塞或封闭，以防止进一步风化或地表水下渗。常用方法有圬工防护及封面、捶面等。圬工防护包括喷护、锚杆挂网喷浆（混凝土）护坡、护面墙等。

(一)抹面、捶面与勾缝

抹面适用于易风化而表面平整、尚未剥落的岩石边坡，如页岩、泥岩、泥灰岩、千枚岩等软质岩层。对易受冲刷的土质边坡和易风化岩石边坡可用捶面，一般选用三合土、四合土或水泥砂浆等复合材料。抹面、捶面的周边与未防护坡面衔接处应严格封闭，必要时坡顶设截水沟，并用相同材料对沟底、沟壁抹面。

勾缝适用于质地坚硬、不易风化但节理裂隙多而细的岩石边坡，以防止水分下渗进入岩层内造成坡面病害。

(二)灌浆与喷浆

灌浆适用于质地坚硬、局部有较大较深的缝隙或洞穴，并有扩展的趋势，从而影响边坡稳定性的岩石路堑边坡。主要是借助灌入浆液的黏结力，把不稳定的裂开的岩层黏成整体，防止进一步风化而引起更大破坏，保证路基边坡的稳定。

对边坡坡度小于1:0.5，易风化的新鲜平整的岩石边坡，可用喷浆的形式加以防护。通过喷涂厚度为5～10 cm的砂浆，在边坡表面形成保护层，达到阻止面层风化，防止边坡剥落与碎落的目的。砂浆可用水泥浆或水泥砂浆，也可用水泥石灰砂浆（其质量配合比为水泥∶石灰∶

河砂: 水 =1:1:6:3)。喷护前应将坡面整平,去除已经风化的表层,洒水湿润,一次喷成。为增加与坡面的黏结,可采用锚喷的方法。

(三)锚杆挂网喷护

对于岩层较陡、坡面为易风化的碎裂结构的硬质岩石或层状不连续地层,以及坡面岩石与基岩分开并有可能下滑的挖方边坡,可采用锚杆挂网喷浆的形式防护。为了防止碎裂的岩层脱落或剥落,施工时可先在清挖出的坡面上钻孔、安装锚杆,然后挂上纤维网柱或钢丝网柱,最后用高压泵喷射水泥砂浆或细石混凝土(混凝土强度等级不低于 C15)。

(四)护面墙

护面墙适用于易风化或严重风化破碎、容易塌方的岩石路堑边坡或易受冲刷、膨胀性较大的不良土质路堑边坡,如图 4.3 所示。为覆盖各种软质岩层和较破碎岩石的挖方边坡,使其免受自然因素影响,防止雨水渗入而修建护面墙,护面墙应紧贴边坡坡面修建,只承受自重,不承受墙背土侧压力。护面墙厚度的设定可参照表 4.1。墙基要求设置在可靠地基上,在底面做成向内斜的反坡。冰冻地区墙基应埋置在冰冻线 0.25 m 以下。

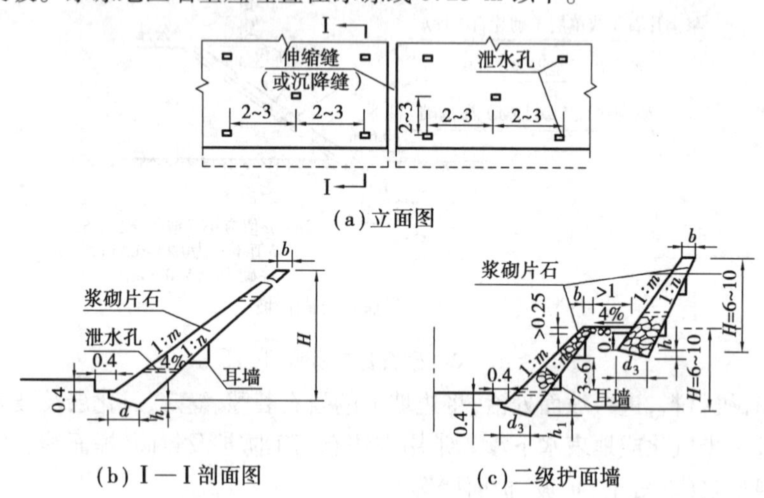

图 4.3 护面墙示意图(单位:m)

表 4.1 护面墙厚度

护面墙高 H/m	路堑边坡坡度	护面墙厚度/m	
		顶宽 b	底宽 d
≤2	1:0.5	0.40	0.04
≤6	>1:0.5	0.40	0.04 + H/10
6 < H≤10	1:0.75 ~ 1:0.5	0.40	0.40 + H/20
10 < H≤16	1:1 ~ 1:0.75	0.60	0.60 + H/20

护面墙较高时,应分级修筑,每级高 5 ~ 10 m,每一分级设宽度不小于 1 m 的平台,墙背每 3 ~ 6 m 高设耳墙,耳墙一般宽 0.5 ~ 10 m。沿墙长每 10 ~ 15 m 设一条伸缩缝,缝宽 2 cm,填以沥青麻筋。墙身应预留 6 cm × 6 cm 或 10 cm × 10 cm 的泄水孔,并在其后做反滤层。

第二节　冲刷防护

一、直接防护

直接防护是指直接加固稳定边坡的措施，其特点是很少干扰或不干扰原来水流的性质。直接防护包括植物防护、砌石防护或抛石与石笼防护，以及必要时设置的支挡结构（浸水挡土墙、驳岸等）。植物防护与砌石防护的措施，与坡面防护所述相近，只是要求更高。

（一）抛石防护

抛石防护是指为防止河岸或构造物受水流冲刷而抛填较大石块的防护措施。临河路基经常浸水但水流方向平顺且河床承载力较好，无严重冲刷时，在盛产石料的地区，宜采用抛石防护，如图4.4所示。抛石垛的边坡坡度，不应陡于抛石浸水后的天然休止角；石料粒径视水深与流速而定，一般为0.30～0.50 cm。抛石顶宽，不应小于所用最小石料粒径的两倍。

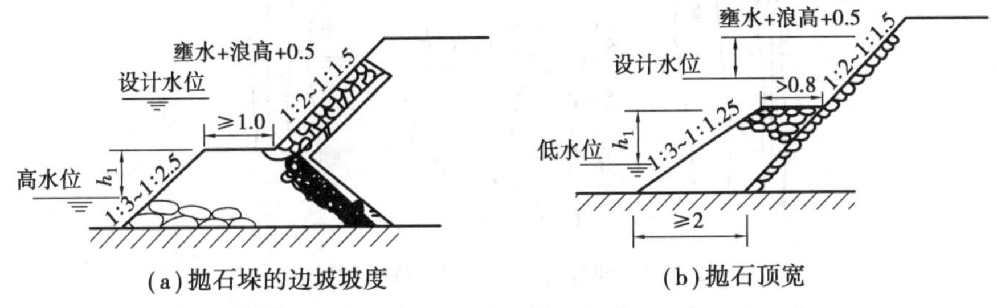

图4.4　抛石防护（单位：m）

（二）石笼防护

石笼防护是指为防止河岸或构造物受水流冲刷而设置的装填石块的笼子。石笼是用铁丝编织成的框架，内填石料，设在坡脚处，以防急流和大风浪破坏堤岸，也可用来加固河床，防止淘刷。铁丝框架可以是箱形或圆形，如图4.5所示。笼内填石最好为密度大、坚硬未风化的石块，最小粒径不小于4 cm，一般为5～20 cm。外层应用大石块并使棱角突出网孔，内层用较小石块填充。石笼应平铺并与坡脚线垂直，必要时底层各角应用钢棒固定于基底土中，如图4.6所示。

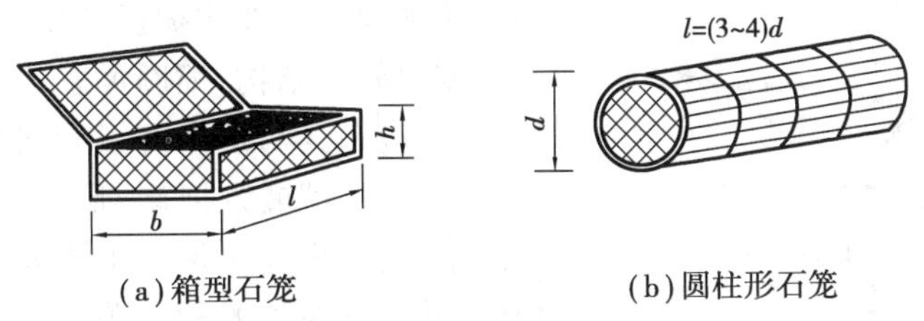

图4.5　石笼的形式

二、间接防护

间接防护主要是指设置导治结构物，如丁坝、顺坝、防洪堤、拦水坝等各种坝体，必要时进行疏浚河床、改变河道，以改变流水方向，消除或减缓水流对路基边坡的直接冲刷。图4.7所

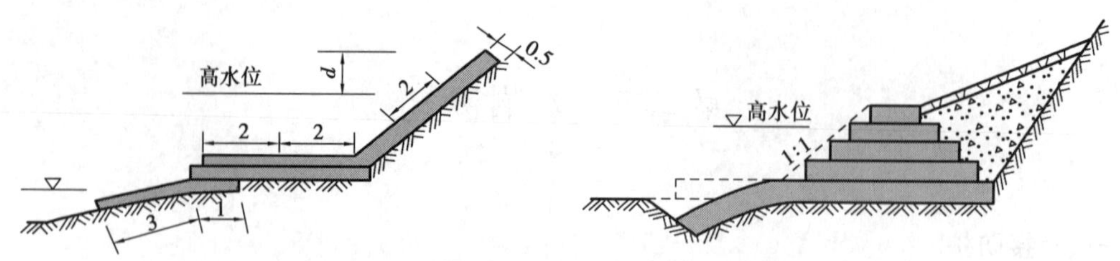

图 4.6 铁丝石笼防护(单位:m)

示为某河流导治构造物布置示意图。导治结构物是桥涵和路基的重要附属工程,由于涉及水流改向,影响范围较大,工程费用也较高,故应进行多方技术经济比较后使用。

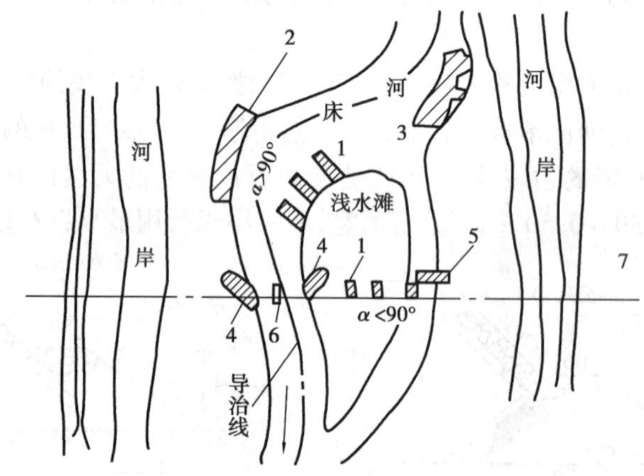

图 4.7 河流导治构造物布置示意图

1—丁坝;2—顺坝;3—格坝;4—导流坝;5—拦水坝;6—桥墩;7—路中线

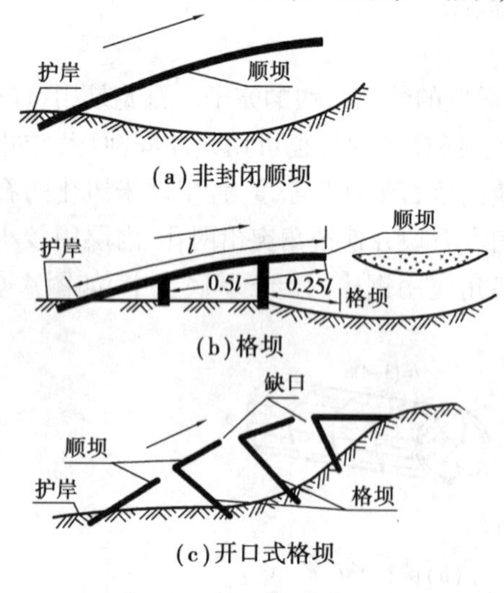

图 4.8 顺坝与格坝的布置形式

丁坝又称挑水坝,其轴线与导治线垂直或斜交,起到将水流挑离堤岸的作用。丁坝由坝头、坝身、坝根三部分组成。断面形状为梯形,坝身顶宽 2 ~3 m,坝头顶宽 3 ~4 m,迎面边坡坡度为 1:3 ~1:2,背面边坡坡度为 1:2 ~1:0.5。丁坝往往多个成群布置。

顺坝又称导流坝,坝轴线基本沿导治线边缘布置,使水流平缓地改变流向,主要起调整水流曲线作用。顺坝坝长与被防护段长度基本相同,一般采用石砌或混凝土结构,横断面多为梯形。当顺坝为漫溢式时,应在其与堤岸间设置格坝。格坝一端与顺坝相连,另一端嵌入河岸,形如勾头丁坝,在平面上成网格状,防止高水位时水流溢入冲刷坝内边坡和堤岸,并促进泥沙淤积。顺坝与格坝的布置形式如图 4.8 所示。

改移河道工程,一般限于小型工程,如裁弯取直、挖滩改道、清除孤石等,可在小河的局部段落上进行。

第三节　挡土墙构造与施工

一、挡土墙的分类、用途及使用条件

(一)挡土墙的分类及用途

挡土墙是为防止路基填土或山坡土体坍塌而修筑的承受土体侧压力的墙式构造物。在公路工程中,挡土墙广泛用于支撑路堤填土或路堑边坡以及桥台、隧道洞口和河流堤岸等处。

按照挡土墙设置的位置,挡土墙可分为路肩墙、路堤墙、路堑墙和山坡墙等类型,如图 4.9 所示。

按照挡土墙的结构形式,挡土墙可分为重力式挡土墙、加筋土挡土墙、锚定式挡土墙和薄壁式挡土墙等;按照挡土墙的墙体材料,挡土墙可分为石砌挡土墙、混凝土挡土墙、钢筋混凝土挡土墙和钢板挡土墙等。

挡土墙各部分名称如图 4.9(c)所示。靠回填土或山体的侧面称为墙背;外露的侧面称为墙面,也称墙胸;墙的顶面部分称为墙顶;墙的底面部分称为基底或墙底;墙面与墙底的交线称为墙趾;墙背与墙底的交线称为墙踵;墙背与铅垂线的夹角称为墙背倾角。

挡土墙设置位置不同,其用途也不相同。

路肩墙设置在路肩部位,墙顶是路肩的组成部分,其用途与路堤墙相同。它还可以保护临近路线的既有的重要建筑物,如图 4.9(a)所示。

路堤墙设置在高填土路堤或陡坡路堤的下方,可以防止路堤边坡或基底滑动,同时可以收缩路堤坡脚,减少填方数量,减少拆迁和占地面积,如图 4.9(b)所示。

路堑墙设置在路堑坡底部,主要用于支撑开挖后不能自行稳定的边坡,同时可减少挖方数量,降低挖方边坡的高度,如图 4.9(c)所示。

山坡墙设置在路堑或路堤上方,用于支撑山坡上可能坍滑的覆盖层、破碎岩层或山体滑坡,如图 4.9(d)所示。

(二)挡土墙的使用条件

挡土墙类型应综合考虑工程地质、水文地质、冲刷深度、荷载作用、环境条件、施工条件、工程造价等因素,经论证后选择使用。

(1)重力式挡土墙。重力式挡土墙依靠墙身自重支撑土压力维持其稳定。一般多用片(块)石砌筑,在缺乏石料的地区有时也用混凝土修建。重力式挡土墙形式简单,施工方便,可就地取材,适应性较强,故被广泛应用。但其圬工数量较大,对地基的承载能力要求较高。重力式挡土墙适用于一般地区、浸水地区和地震地区的路肩、路堤和路堑等支挡工程。墙高不宜超过 12 m,干砌高度不宜超过 6 m。

(2)加筋土挡土墙。加筋土挡土墙是填土、拉筋、面板三者的结合体,如图 4.10 所示。

填土和拉筋之间的摩擦力改善了土的物理力学性质,从而使填土与拉筋结合为一个整体。在这个整体中起控制作用的是填土与拉筋之间的摩擦力,面板的作用是阻挡填土坍落挤出,迫使填土与拉筋结合为整体。

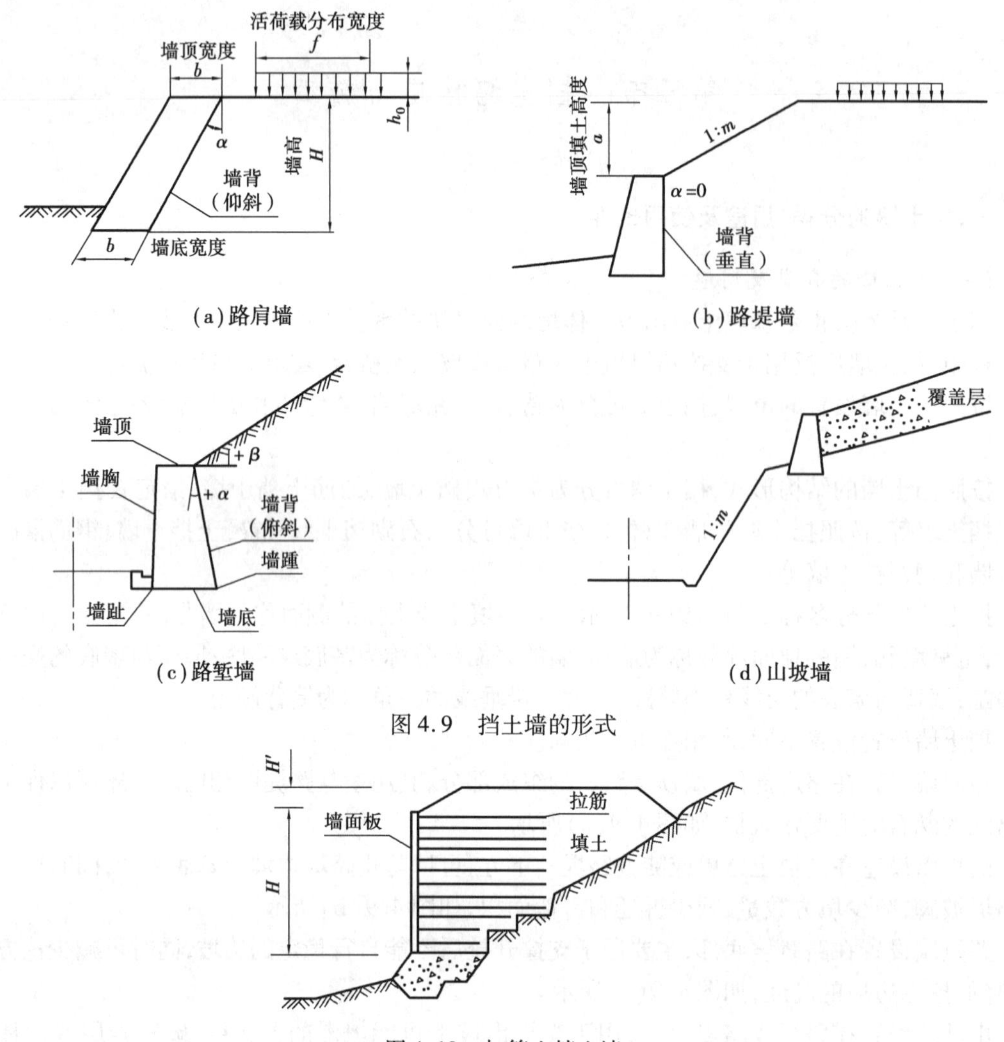

图 4.9　挡土墙的形式

图 4.10　加筋土挡土墙

加筋土挡土墙属于柔性结构，对地基变形适应性大，建筑高度大，具有省工、省料，施工方便、快速等优点，适用于一般地区的路肩式挡土墙、路堤式挡土墙，但不应修建在滑坡、水流冲刷崩塌等不良地段。对于高速公路、一级公路，墙高不宜大于 12 m；对于二级及二级以下公路，墙高不宜大于 20 m。

(3)锚定式挡土墙。锚定式挡土墙可分为锚杆式和锚定板式两种。锚杆式挡土墙是由预制的钢筋混凝土立柱、挡土板构成的墙面，与水平或倾斜的钢锚杆联合在一起组成的挡土结构，如图 4.11(a)所示。锚杆的一端与立柱连接，另一端被锚固在山坡深处的稳定岩层或土层中。墙后侧向土压力由挡土板传给立柱，由锚杆与稳定岩层或土层之间的锚固力来抵抗侧向土压力，使墙获得稳定。锚定式挡土墙适用于墙高较大的岩质路堑地段，可用作抗滑挡土墙。它可采用肋柱式或板壁层单级或多级墙，每级墙高不宜大于 8 m，且上下级间应设置宽度不小于 2 m 的平台。

锚定板式挡土墙是由钢筋混凝土墙面、钢拉杆、锚定板以及其间的填土共同形成的一种组合挡土结构，如图 4.11(b)所示。锚定板式挡土墙借助埋在填土内的锚定板的抗拔力抵抗侧

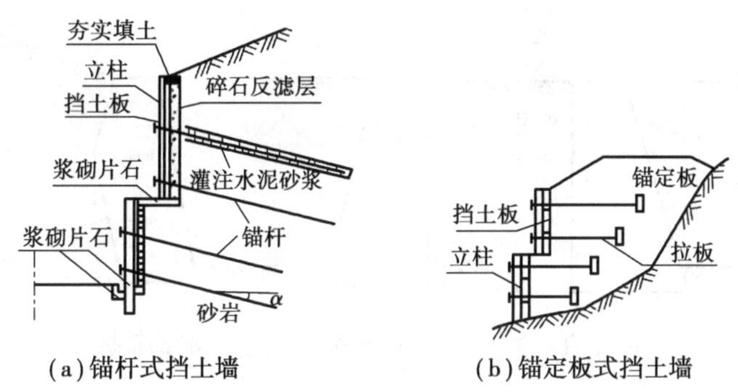

(a)锚杆式挡土墙　(b)锚定板式挡土墙

图 4.11　锚定式挡土墙

向土压力，以保持墙的稳定。锚定板式挡土墙的优点是构件断面小，工程量省，不受地基承载力的限制，构件可预制，有利于实现结构轻型化和施工机械化。它适用于缺乏石料的地区，但不应修建在滑坡、坍塌、软土及膨胀土地区。墙高不宜超过 10 m；双级或多级时，每级不宜超过 6 m，且上下级间应设不小于 2 m 的平台。

(4)薄壁式挡土墙。薄壁式挡土墙属于钢筋混凝土结构，可以分为悬臂式和扶壁式两种。悬臂式挡土墙由立壁、墙趾板和墙踵板三个部分组成，如图 4.12(a)所示。当墙身较高时，沿墙长每隔一定距离加设扶壁(肋板)连接墙面板及墙踵板，构成扶壁式挡土墙，如图 4.12(b)所示。薄壁式挡土墙结构的稳定性不是依靠本身的重量，而是依靠墙踵板上的填土重量来保证。薄壁式挡土墙具有断面尺寸小、自重轻、能修建在较弱的地基上等优点，适用于城市或缺乏石料的地区及地基承载力较低的填方地段。其缺点是需耗费一定数量的水泥和钢筋，施工工艺较为复杂。悬臂式挡土墙的墙高不宜超过 5 m，扶壁式挡土墙的墙高不宜超过 15 m。

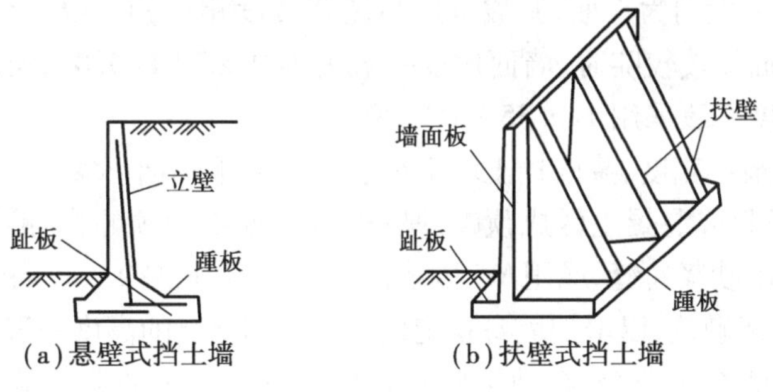

(a)悬壁式挡土墙　(b)扶壁式挡土墙

图 4.12　薄壁式挡土墙

二、挡土墙构造与布置

(一)挡土墙的构造

挡土墙的构造必须满足强度和稳定性的要求，同时考虑就地取材、结构合理、断面经济、施工养护方便和安全。

常用的重力式挡土墙一般由墙身构造、基础、排水设施、沉降缝与伸缩缝等部分组成。

1. 墙身构造

(1)墙背。墙背可做成仰斜、垂直、俯斜、凸形折线和衡重式等形式，如图 4.13 所示。

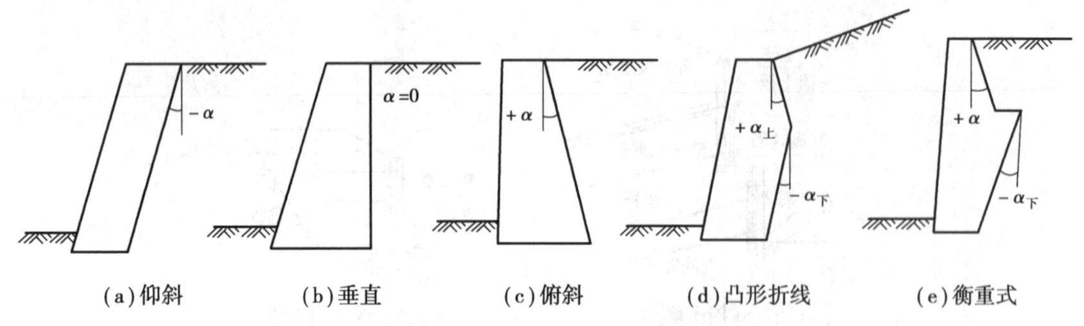

图4.13　重力式挡土墙的断面类型

①仰斜墙背所受的土压力小,故墙身断面较经济。用于路堑墙时,墙身与开挖面较贴合,故开挖量与回填量均较小。但当墙趾处地面横坡较陡时,会使墙身增高,断面增大,故仰斜墙背适用于路堑墙及墙趾处地面平坦的路肩墙或路堤墙。仰斜墙背的坡度不宜小于1∶0.3,以免施工困难。

②俯斜墙背所受的土压力较大。在地面横坡陡峻时,俯斜式挡土墙可采用陡直的墙面,借以减小墙高。俯斜墙背也可做成台阶形,以增加墙背与填料间的摩擦力。

③垂直墙背的特点介于仰斜墙背和俯斜墙背之间。

④凸形折线墙背是将仰斜式挡土墙的上部墙背改为俯斜,以减小上部断面尺寸,多用于路堑墙,也可用于路肩墙。

⑤衡重式墙背在上下墙背之间设置衡重台,并采用陡直的墙面。衡重式墙背适用于山区地形陡峻处的路肩墙和路堤墙,也可用于路堑墙。上墙俯斜墙背的坡度为1∶0.45~1∶0.25,下墙仰斜墙背的坡度在1∶0.25左右,上下墙的墙高比一般采用2∶3。

(2)墙面。墙面一般均为平面,其坡度应与墙背坡度相协调。墙面坡度直接影响挡土墙的高度。因此,在地面横坡较陡时,墙面坡度一般为1∶0.20~1∶0.05,矮墙可采用陡直墙面;地面平缓时,墙面坡度一般采用1∶0.35~1∶0.20。

(3)墙顶。墙顶最小宽度,浆砌挡土墙不小于50 cm,干砌挡土墙不小于60 cm。浆砌路肩墙顶一般宜采用粗石料或混凝土做顶帽,厚40 cm。如不做顶帽,对路堤墙和路堑墙,墙顶应以大块石砌筑,并用砂浆勾缝,或用M5砂浆抹平顶面,砂浆厚2 cm。干砌挡土墙墙顶50 cm高度内,应用M20砂浆砌筑,以增加墙身稳定性。干砌挡土墙的高度一般不宜大于6 m。

(4)护栏。为保证交通安全,在地形险峻地段或过高过长的路肩墙的墙顶应设置护栏。为保持路肩最小宽度,护栏内侧边缘距路面边缘的距离,二级、三级路不小于0.75 m,四级路不小于0.5 m。

2.基础

地基不良和基础处理不当,往往会引起挡土墙的破坏,因此必须重视挡土墙的基础设计,事先应对地基的地质条件作详细调查,必要时须先作挖探或钻探,然后再来确定基础类型与埋置深度。

(1)基础类型。绝大多数挡土墙都直接修筑在天然地基上。当地基承载力不足,地形平坦而墙身较高时,为了减小基底压应力和增加抗倾覆稳定性,常采用扩大基础,如图4.14(a)所示,将墙趾或墙踵部分加宽成台阶,或两侧同时加宽,以加大承压面积。加宽宽度视基底应力需要减少的程度和加宽的合力偏心距的大小而定,一般不小于20 cm。台阶高度按加宽部分的抗剪、抗弯拉和基础材料的刚性角的要求确定。对于刚性角，浆砌片石为35°，混凝土材料为45°。

当地基压应力超过地基承载力过多时，需要的加宽值较大。为避免加宽部分的台阶过高，可采用钢筋混凝土底板，如图4.14(b)所示，其厚度由剪力和主拉应力控制。

当地基为软弱土层(如淤泥、软黏土等)时，可采用沙砾、碎石、矿渣或灰土等材料予以换填，以扩散基底压应力，使压应力均匀地传递到下卧软弱土层中，如图4.14(c)所示。一般换填深度 h_2 与基础埋置深度 h_1 之和不宜超过5 m，对淤泥和泥炭等应更浅些。

当挡土墙修筑在陡坡上，而地基又为完整、稳固、对基础不产生侧压力的坚硬岩石时，可按图4.14(d)所示设置台阶基础，以减少基坑开挖和节省圬工。各级台阶高度约为1 m，台宽视地形和地质情况而定，不宜小于0.25 m，高宽比可以采用3∶2或2∶1。最下面一个台阶的底宽应满足偏心距的有关规定，不宜小于1.5～2.0 m。

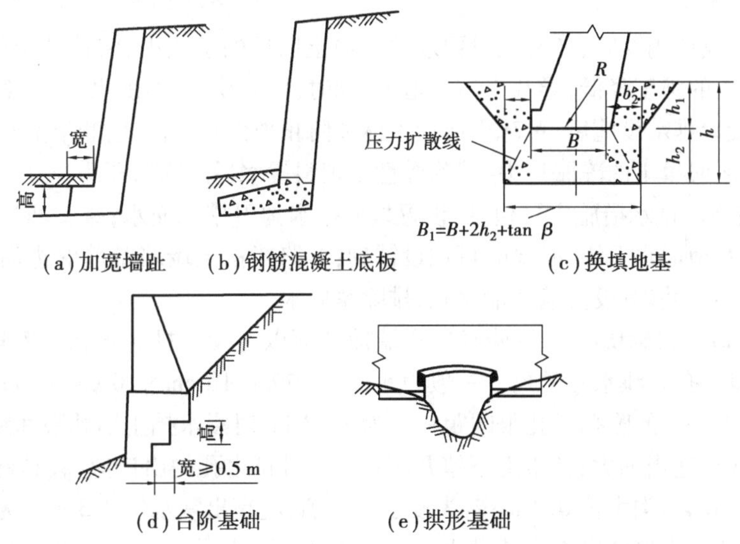

图4.14　重力式挡土墙的基础形式

如地基有短段缺口(如深沟等)或挖基困难(如需水下施工等)，可采用拱形基础，以石砌拱圈跨过，再在其上砌筑墙身，如图4.14(e)所示。但应注意土压力不宜过大，以免横向推力导致拱圈开裂。设计时，对拱圈应进行抗裂验算。

(2)基础埋置深度。对于土质地基，基础埋置深度应符合下列要求：

①无冲刷时，应在天然地面以下至少1.0 m。

②有冲刷时，应在冲刷线以下至少1.0 m。

③受冻胀影响时，应在冻结线以下不少于0.25 m；当冻深超过1 m时，采用1.25 m；基底应夯填一定厚度的沙砾或碎石垫层，垫层底面也应位于冻结线以下不少于0.25 m。

碎石、砾石和砂类地基，不考虑冻胀影响，但基础埋深不宜小于1 m。

对于岩石地基，应清除表面风化层。当风化层较厚难以全部清除时，可根据地基的风化程度及其容许承载力将基底埋入风化层中。基础嵌入岩层的深度，可参照表4.2确定。墙趾前地面横坡较大时，应留出足够的襟边宽度(趾前至地面横坡的水平距离)，以防止地基剪切破坏，见表4.2。

表 4.2　基础嵌入岩层的深度

岩层种类	基础埋深 h/m	距地表的最短水平距离 L/m
较完整的硬质岩石	0.25	0.25 ~ 0.50
一般硬质岩石	0.60	0.60 ~ 1.50
软质岩石	1.00	1.00 ~ 2.00
土质	≥1.0	1.50 ~ 2.50

当挡土墙位于地质不良地段,地基土内可能出现滑动面时,应进行地基抗滑稳定性验算,将基础底面埋置在滑动面以下,或采用其他措施,以防止挡土墙滑动。

3. 排水设施

挡土墙在建成使用期间,如有大量雨水渗入挡土墙后的填土中,将使填土的堆密度增大,内摩擦角减小,土的强度降低,导致土压力增大,同时,墙后积水,增加水压力,对墙的稳定性产生不利影响。设置排水设施后,可疏干墙后土体和防止地面水下渗,防止墙后积水形成静水压力,减少寒冷地区回填土的冻胀压力,消除黏性土填料浸水后的膨胀压力。

(1)排水措施。排水措施主要包括:设置地面排水沟引排地面水;夯实回填土顶面和地面松土,防止雨水及地面水下渗,必要时可加设铺砌;对路堑挡土墙墙趾前的边沟应予以铺砌加固,以防边沟水渗入基础;设置墙身泄水孔,排除墙后水。

(2)基本构造。浆砌块(片)石墙身应在墙前地面以上设一排泄水孔。墙较高时,可在墙上部加设一排泄水孔。泄水孔的尺寸一般为 5 cm × 10 cm、10 cm × 10 cm、15 cm × 20 cm 的方孔或直径为 5 ~ 10 cm 的圆孔。孔眼间距一般为 2 ~ 3 m,对浸水挡土墙孔眼间距一般为 1.0 ~ 1.5 m,干旱地区可适当加大;孔眼上下错开布置。下排排水孔的出口应高出墙前地面 0.3 m;若为路堑墙,应高出边沟水位 0.3 m;若为浸水挡土墙,应高出常水位 0.3 m。为防止水分渗入地基,下排泄水孔进水口的底部应铺设 30 cm 厚的黏土隔水层。泄水孔的进水部分应设置粗粒料反滤层,以免孔道堵塞。当墙背填土透水性不良或可能发生冻胀时,应在最低一排泄水孔至墙顶以下 0.5 m 的范围内铺设厚度不小于 0.3 m 的砂卵石排水层,如图 4.15 所示。

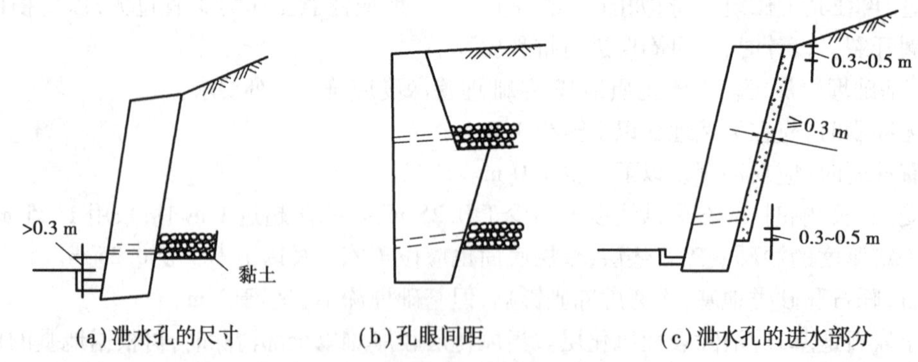

(a)泄水孔的尺寸　(b)孔眼间距　(c)泄水孔的进水部分

图 4.15　泄水孔及排水层示意图

干砌挡土墙因墙身透水,可不设泄水孔。

4. 沉降缝与伸缩缝

为避免因地基不均匀沉陷而引起墙身开裂,需根据地质条件的变异和墙高、墙身断面的变化情况设置沉降缝。为了防止圬工砌体因收缩硬化和温度变化而产生裂缝,应设置伸缩缝。设计时,一般将沉降缝与伸缩缝合并设置,沿路线方向每隔 10 ~ 15 m 设置一道,缝宽 2 ~ 3 cm。缝内一般可用胶泥填塞,但在渗水量大,填料容易流失或冻害严重地区,则宜用沥青麻筋或涂以沥青的木板等具有弹性的材料,沿内、外、顶三方填塞,填深不宜小于 0. 15 m;当墙后为岩石路堑或填石路堤时,可设置空缝。

干砌挡土墙,沉降缝或伸缩缝的两侧应选用平整石料砌筑,以便砌成垂直通缝。

(二)挡土墙的布置

挡土墙的布置是挡土墙设计的一个重要内容,通常是在路基横断面图和墙趾纵断面图上进行,并应注意挡土墙所在地的工程地质和水文地质情况。挡土墙的布置包括平面布置、纵断面布置和横断面布置三方面的内容。

在布置挡土墙前,应合理地选择挡土墙的位置。路堑挡土墙大多设置在边沟的外侧。路肩墙应在保证路基宽度的情况下布设。路堤墙应与路肩墙进行技术、经济比较,以确定墙的合理位置。当路堤墙与路肩墙的墙高或圬工数量相近,其基础情况也相仿时,宜做路肩墙,因为采用路肩墙可减少填方和占地;当路堤墙的墙高或圬工数量比路肩墙显著降低,且基础可靠时,则宜做路堤墙。浸水挡土墙应结合河流情况布置,以保持水流顺畅,不致挤压河道而引起局部冲刷。山坡挡土墙应考虑设在基础可靠处,墙的高度应保证设墙后墙顶以上边坡的稳定性。

1. 纵向布置

纵向布置主要在墙趾纵断面图上进行,布置后绘制挡土墙立面图,如图 4. 16 所示。

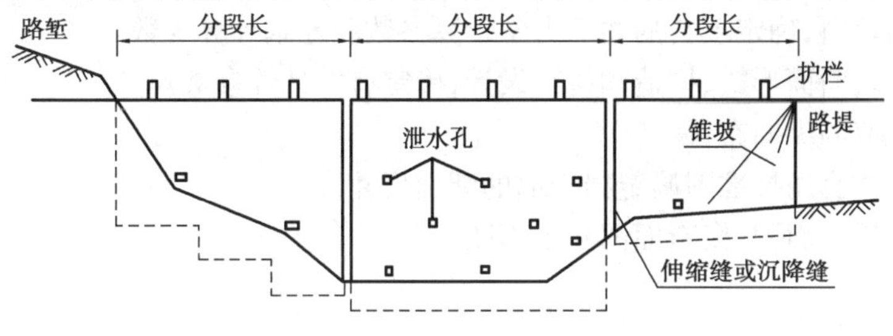

图 4. 16　挡土墙立面图

布置的主要内容有:

①确定挡土墙的起讫点和墙长,选择挡土墙与路基或其他结构物的连接方式。路肩墙与路堑连接应嵌入路堑中,或采用锥坡和路堤衔接;与桥台连接时,为了防止墙后回填表土从桥台尾端与挡土墙连接处的空隙中流出,应在台尾与挡土墙之间设置隔墙及接头墙。路堑挡土墙在隧道洞口应结合隧道洞门、翼墙的设置情况与其平顺衔接;与路堑边坡衔接时,一般将墙顶逐渐降低到 2 m 以下,使边坡坡脚不至于伸入沟内,有时也可用横向端墙连接。

②按地基及地形情况进行分段,布置伸缩缝与沉降缝。

③布置各段挡土墙的基础。沿挡土墙长度方向有纵坡时,挡土墙的纵向基底宜做成坡度不大于 5% 的纵坡。当墙趾地面纵坡坡度不超过 5% 时,基底可按此纵坡布置;若坡度大于 5% 时,应在纵向挖成台阶,台阶的尺寸随地形而变化,但其高宽比不宜大于 1∶2。当地基为岩石时,纵坡坡度虽不大于 5% ,但为减少开挖,也可在纵向做成台阶。

④布置泄水孔的位置,包括数量、尺寸和间距。

⑤标注各特征断面的桩号及墙顶、基础、冲刷线、冰冻线和设计洪水位的标高等。

2. 横向布置

横向布置主要是在路基横断面图上进行，其内容有：选择挡土墙的位置，确定断面形式，绘制挡土墙横断面图等。

不论是路堤墙，还是路肩墙，当地形陡峻时，可采用俯斜式或衡重式；地形平坦时，则可采用仰斜式。对路堑墙来说，宜用仰斜式或折线式。

挡土墙横断面图的绘制，选择在起讫点、墙面最大处、墙身断面或基础形式变异处，以及其他重要桩号处的横断面上进行。根据墙身形式、墙高，以及地基与填料的物理力学指标等设计资料，进行设计或套用标准图，确定墙身断面尺寸、基础形式和埋置深度，布置排水设施，指定墙背填料的类型等。

3. 平面布置

对于个别复杂的挡土墙，如高、长的沿河挡土墙和曲线挡土墙，除了横、纵向布置外，还应进行平面布置，并绘制平面布置图。在平面布置图上，应标示出挡土墙与路线平面位置的关系，挡土墙有关的地物、地貌等情况，沿河挡土墙还应标示河道及水流方向，以及其他防护、加固工程等。

在挡土墙设计图样上，应附有简要说明，说明选用挡土墙设计参数的依据，主要工程数量，对材料和施工的要求及注意事项等。如果是标准图，应注明其编号，以利于指导施工。

综上所述，挡土墙的布置流程一般为：

①根据具体情况，通过技术和经济比较，确定墙趾位置。

②测绘墙趾处的纵向地面线，核对路基横断面图，收集墙趾处的地质和水文等资料。

③选择墙后填料，确定填料的物理力学计算参数和地基计算参数。

④进行挡土墙断面形式、构造和材料设计，确定有关计算参数。

⑤进行挡土墙的纵向布置。

⑥用计算法或套用标准图确定挡土墙的断面尺寸。

⑦绘制挡土墙立面图、横断面图和平面图。

三、挡土墙施工

（一）重力式挡土墙施工

1. 施工总体要求

（1）施工前对支挡的边坡进行修整，根据现场实际情况在边坡坡顶和支挡结构的上方设置截水沟和防渗设施，并设置周围排水沟等。

（2）支挡工程使用的各项材料须符合设计和施工技术规范的要求。

（3）明挖基坑及桩基础：分段开挖、联合验槽（孔）、快速施工、按时回填。

①在岩体破碎、土质松软或有水地段修建支挡结构，宜在旱季施工，并应集中力量，分段开挖和施工。

②开挖至设计高程时，应立即进行基底承载力检测，核对基底的地质条件，并经监理和设计单位确认合格后方可进入下道工序。

③当地质情况与设计不符时，应及时反馈，进行变更设计。

④采用倾斜基底时，应按设计要求的倾斜面准确挖凿，严禁超挖后用填补的方法修筑成倾斜面。采用机械挖凿时要预留量采用人工清底，准确修整至基底倾斜面。

⑤支挡结构采用桩基础的,其施工应符合现行桥涵施工技术规范的相关要求。

2. 施工具体要求

(1)应分段随开挖、随下基、随施工墙身,施工中必须保证支挡结构各部分的几何尺寸符合设计要求。避免基础开挖后长时间暴露并不应长段拉开挖基,防止影响边坡稳定。

(2)支挡结构施工过程中,同时做好排水设施,例如反滤层、泄水孔(管)、排水层和沉降缝等的设置和安装。泄水孔(管)一般呈梅花形设置,由墙内向墙外成一定的倾斜流水坡度,并防止堵塞,最下面一排应设置在比基础回填土顶面高程略高的位置。沉降缝的设置一定要从基础底至墙身顶部贯通、竖直、平齐,其宽度和填缝料等应符合要求,基础和墙身沉降缝要同时设置并处在同一个断面位置。

(3)支挡基坑和墙背后的回填应及时进行,墙背后进行回填时,挡墙混凝土强度或浆砌片石强度要达到设计要求。墙背后的填料、填筑和压实应符合设计要求。墙背后在填筑过程中及时设置反滤层,保证反滤层施工质量,防止填筑过程中漏设或将其破坏、堵塞等。临近墙身一定范围内不得采用大型机械设备回填,回填时应避免碰伤或损坏挡墙身。

3. 施工工艺流程

(1)重力式挡土墙施工工艺流程如图 4.17 所示。

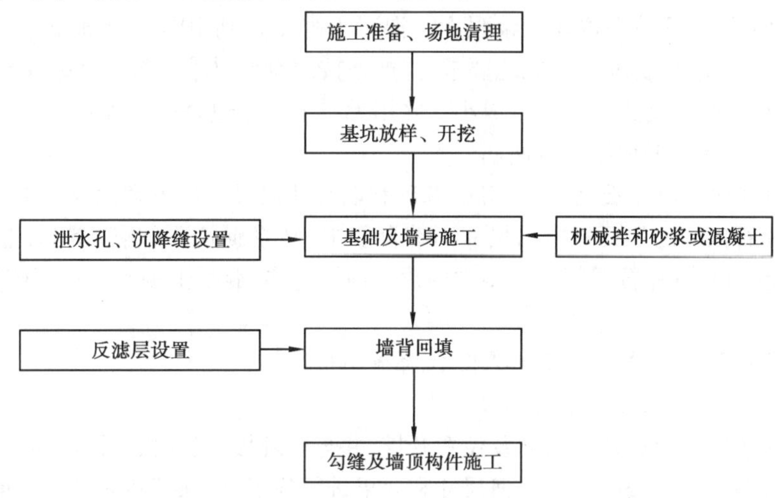

图 4.17　重力式挡土墙施工工艺流程

(2)重力式挡土墙施工控制要点。

①基坑开挖:基坑开挖应根据边坡地质及稳定情况合理确定开挖方式,石质边坡可垂直或放坡开挖,土质边坡按 1∶1 ~1∶0.5 预留 0.5 m 宽的工作面。必要时应进行分段跳槽开挖,做好临时支护。地质不良地段,应分段跳槽开挖,并及时施工基础和墙身。基坑挖到设计标高后,应将基底表面风化、松软土石清除干净。

基坑开挖后,应进行基底夯实或检平,若其承载力未达到地基承载力要求,应重新进行地基处理,使其达到设计承载力要求。

②浆砌片石挡土墙基础和墙身砌筑:砌筑基础的第一层时,如基底为基岩或混凝土基础,应先将其表面加以清洗、湿润,砌筑采用挤浆法。砂浆须机械拌和、计量准确、随拌随用。片石厚度不小于 150 mm,基础与台身之间用石榫连接,以加强基础与台身之间的结合。

砌筑应采用分层挤浆法进行,砌筑上层时,不应振动下层,上下层防止出现通缝。每砌高

70～120 cm应找平一次,每日砌筑前应检查找平。当砌筑停止后再次开始施工前应先洒水湿润。

砌体外露面和坡顶、边缘及边角应选用较大、平整并经过凿修的石块砌筑。砌体应在砂浆凝结前将灰缝勾好,或者在砂浆凝结前将灰缝砂浆刮深50 mm,为以后勾凹缝做好准备。勾凹缝既美观也不易起壳脱落。

③片石混凝土或混凝土挡土墙施工:片石混凝土或混凝土挡土墙模板采用厂制大块钢模板,混凝土采用拌和站集中拌和,混凝土输送车运输,混凝土输送泵泵送入模,插入式振捣棒捣固。在混凝土中掺加片石时,掺加片石数量、质量及摆放间距均满足设计及规范要求,掺加片石数量一般不超过片石混凝土总量的25%。混凝土养护采用覆盖洒水养护。片石混凝土或混凝土挡土墙各段的基础和墙身应一次浇筑完成。

④墙身沿线路方向一般每隔10～20 m结合墙高或地基条件的变化设置伸缩缝或沉降缝。挡墙沉降缝或伸缩缝,应贯穿基础垫层设置,缝宽2 cm。沉降缝内采用沥青麻絮沿内、外、顶三边填塞,填缝深度应符合设计要求。

⑤墙体砌筑要按设计设置泄水孔,泄水孔的设置要求向外倾斜以利排水,并防止堵塞。

⑥墙面应平顺整齐,墙顶排水及防渗设施应及时施工。

⑦墙后回填:墙后回填在墙体砂浆强度或混凝土强度达到70%以上时进行,严格做到分层填筑分层夯实,要求压实度达到规范要求,并严格按照设计要求设置墙后砂夹碎石反滤层和黏土封层。泄水孔伸入反滤层部分打成小孔并用无纺土工布包裹沙砾碎石等。

4.重力式挡土墙施工常见质量通病

(1)基础开挖时松软土石清除不彻底;基础和墙身几何尺寸达不到设计要求。

(2)浆砌片石挡墙的片石材质和尺寸不符合要求,砂浆砌筑不饱满、空洞,上下层砌筑出现通缝,勾缝起壳脱落;片石混凝土挡墙中的片石抛填过多;混凝土挡墙振捣不密实,出现蜂窝麻面。

(3)泄水孔和反滤层设置不符合要求,沉降缝不贯通。

(二)悬臂式和扶壁式挡土墙施工

(1)凸榫必须按照设计几何尺寸及位置开挖,并与墙趾板、墙踵板一同浇筑混凝土。

(2)各部分墙体必须按照设计几何尺寸和要求进行施工,应保持良好的水平或垂直状态。

(3)每段墙的墙趾板、墙踵板、面板和肋的钢筋应一次安装绑扎,混凝土也宜一次完成浇筑。如有间断,第二次浇筑时,应保证新混凝土与已浇筑混凝土黏结牢固。

(4)沉降缝、伸缩缝、泄水孔设置按设计要求及时施工,并保证沉降缝、伸缩缝贯通,泄水孔通畅。

(5)浇筑混凝土后,应按规定进行养护;墙体必须达到设计强度的70%以上才可进行墙背填土,并应分层填筑、碾压密实,填料和密实度应符合设计要求;墙背反滤层应跟随填土同时施工。

(三)锚杆挡土墙施工

(1)锚杆类型、规格及性能应与设计相符,并应按设计尺寸下料、调直、除污、制造。

(2)锚杆挡土墙应自上而下进行施工。施工前,应清除岩面松动石块,整平墙背坡面,做好截水、排水设施;并按设计要求做锚杆拉拔试验,试验根数为工作锚杆数量的3%且不少于3根,以确定施工工艺和参数。

(3)钻孔施工控制要点：

①根据设计孔径及岩土性质合理选择钻孔机具，并应采取干钻。

②必须按照设计孔径、孔位、深度和倾角钻孔，孔轴应保持直线并与墙面垂直，孔位及孔深度应符合设计要求。

③钻孔后首选用高压风吹净孔内粉尘、石渣，并保持孔壁干净粗糙。

(4)安装普通砂浆锚杆控制要点：

①锚杆必须安装在钻孔中心，角度与钻孔角度一致，安装前应在锚杆上设置定位支架；安装时防止锚杆体扭转、弯曲；注浆管随锚杆一同放入钻孔，注浆端头距孔底5~10 cm。

②注浆一般采用水泥砂浆，并严格按设计配合比拌制，随拌随用。

③锚孔注浆应采用孔底注浆法，注浆管应插至距孔底5~10 cm处，并随水泥砂浆的注入逐渐拔出，中途不得停顿，注浆压力一般为0.2 MPa并保持一定的时间。孔内注浆必须饱满密实，在初凝前进行二次补浆。锚孔注浆时技术和试验人员全程旁站指导。

④砂浆锚杆安装后，不得敲击、摇动；普通砂浆锚杆在3 d内，早强砂浆锚杆在12 h内，不得在杆体上悬挂重物；必须待砂浆强度达到设计强度的70%以上才能安装肋柱或墙面板。

⑤锚杆未插入岩层部分，应按设计进行防锈处理。在腐蚀环境下，钢筋表面可采用环氧涂层等进行处理。

⑥有水地段安装锚杆，应将孔内的水排出或采用早强速凝药包式锚杆。

(5)安装墙面板时，应随装板随进行墙背的分层回填夯实；泄水孔、反滤层按设计要求及时设置。

(6)锚杆头应按设计进行防锈处理和防水封闭。

(7)分级平台应按设计采用混凝土进行封闭，并设坡度为2%的向外横向排水坡。

(四)锚定板挡土墙施工

(1)锚定板挡土墙明挖基坑和基础施工的一般要求同重力式挡墙，基础的几何尺寸应满足设计要求。

(2)拉杆钢材及锚固件的品种、规格和性能应符合设计要求，使用前应按规定取样试验。拉杆埋于土中部分，应按设计要求进行防锈处理。

(3)拉杆及锚定板埋设时，应在填土夯填至拉杆高程以上20 cm后再挖槽就位。挖槽时，锚定板比设计位置抬高3~5 cm，严禁直接碾压拉杆及锚定板。锚定板前方存在超挖的部分要用混凝土或灰土等回填夯实。

(4)肋柱与锚定板均应预留拉杆孔洞，拉杆安装必须顺直，拉杆与肋柱、锚定板的连接要紧密牢靠。

(5)肋柱、锚定板上的锚头及螺丝杆连接处，在填土前要做好除锈、防锈工作，一般采用沥青砂浆充填，并用沥青麻筋塞缝；外露的端杆和部件在填土沉降基本稳定后及时用砂浆或混凝土封闭，并作永久性防腐处理。

(6)吊装肋柱时，应在基础的柱座槽内铺垫2 cm厚的沥青砂浆。肋柱严禁前倾，而应适当向填土一侧倾斜，其仰斜度应满足设计要求。

(7)锚定板挡土墙的肋柱高度、间距及与线路中心距离应符合设计及施工规范要求。

(8)墙背应按设计要求填筑渗水性材料，不得采用膨胀土、盐渍土，严禁采用有腐蚀作用的酸性土和有机质土；反滤层施工应随填筑同时进行，用无砂混凝土板、土工织物作为反滤层，保证反滤层施工质量，并应采取排水措施。墙背填土时严禁直接碾压拉杆或锚定板，碾压方向应垂直于拉杆，距挡板 1.5 m 范围内采用小型机具夯实。

(9)分级平台应按设计采用混凝土进行封闭，并设坡度为2%的向外横向排水坡，保持纵、横排水通畅。

(五)加筋土挡土墙施工

(1)明挖基坑和基础施工的一般要求同重力式挡墙，施工前应检查地基承载力及基础砌体强度和几何尺寸。

(2)预制构件的质量、尺寸、精度及拉筋材料的品种、性能均应符合设计要求，使用前必须抽样检查试验。

(3)拉筋材料进场后要妥善保管，金属拉筋防止锈蚀，复合土工带、土工格栅合成材料等拉筋严禁暴晒。施工过程中应随填随埋，尽量减少拉筋材料在阳光下直接暴晒的时间。

(4)墙面板在运输、吊装和存放过程中应防止面板断裂和楔口碰损。

(5)直立式墙面板安装要根据不同填料和拉筋预设仰斜坡，即墙面板适当后仰，不得前倾，确保填土后墙面垂直度符合设计要求。

(6)当第一层墙面板安装完成后，应立即进行墙背填筑施工。填料的碾压顺序是：从拉筋中部开始平行于墙面，然后向拉筋尾部逐步进行，再向墙面板方向进行，严禁平行于拉筋方向碾压。全面轻压后再重压，压实过程中碾压机械不得作90°转向操作。距墙面板 1 m 范围内不得采用大型压实机械，应采用小型机具或人工夯实。压实机械严禁采用羊足碾。

(7)拉筋平直铺设于密实填土上，底部与填土密贴，局部与填土不密贴时应铺砂垫平。连续铺设的拉筋接头应置于其尾部，拉筋尾端宜用拉紧器拉紧，各拉筋的拉力应大体均匀，但应避免拉动墙面板。拉筋位置和间距应符合设计要求。拉筋顶面填土时，严禁沿拉筋方向推土和施工车辆直接碾压拉筋，碾压前拉筋顶面的填土厚度不得小于 20 cm。

(8)墙面板上的金属连接件及金属拉筋应进行防锈、防腐处理。筋材之间的连接强度及筋材与墙面板之间的连接强度不得低于设计强度。

(9)墙背填料宜采用粗粒土，填料与筋带直接接触部分不应含有尖锐棱角的块体，填料中最大粒径不应大于 10 cm，不得采用膨胀土。

(10)沉降缝的预留与塞封应符合设计要求，应上下贯通、接缝平直、塞填密实。反滤层及排水层应按设计要求设置。

第四节　地基加固

一、处理方法及选择

地基问题是交通土建工程中的技术难题。其中，较普遍也较难处理的是湿软地基问题。湿软地基泛指天然含水量过大、孔隙率大、胀缩性高、承载能力低、在荷载作用下容易产生滑动和不均匀沉降的土质地基。在公路路基通过湿软地基时，可能因承载能力不足而产生各种破坏。故对于湿软地基，应调查收集沿线的地形、地貌、工程地质、水文地质、气象等资料，得出可靠的软土物理力学性质指标，并进行分析计算，采取必要的、可靠的措施将这些地基予以加固处理。根据经验,湿软地基加固的关键是治水和固结。

地基处理方法的确定按下列步骤进行:

①根据结构类型、荷载大小及使用要求,结合地形地貌、地层结构、土质条件、地下水特征、环境情况和对邻近建筑物影响等因素,初步选定几种可供考虑的地基处理方法。

②对初步选定的各种地基处理方法,分别从加固原理、使用范围、材料来源及消耗、机具条件、施工进度和对环境的影响等方面进行技术经济分析和对比,选择最佳的地基处理方法。

③对已选定的地基处理方法,必须根据建筑物安全等级和场地复杂程度,在有代表性的场地上进行相应的现场试验和试验性施工,以检查设计参数和处理效果。

④经地基处理后的地基承载力设计值应按地基承载力标准值乘以综合修正系数确定。地基处理技术人员应掌握地基处理目的、加固原理、技术要求和质量标准。施工中应有专人负责控制和检测,并做好施工记录。

二、换填土层法

换填土层法就是将路基范围内的湿软土层挖除,换填上强度较高,稳定性好的砂、碎(砾)石、灰土或素土等土类,并分层压实的方法。换填的方法有开挖换填、抛石挤密、爆破换填等方法。若湿软土层较薄(厚度小于3.0 m),可全部换填;若湿软土层较厚,可部分换填。各种换填材料的应力分布、极限承载力、沉降特点均基本与沙砾垫层相似,因此,可按换填沙砾垫层的模型计算换填土层厚度、宽度。

砂垫层厚度一般为0.6～1.0 m,垫层底面呈梯形分布(按应力通过基础沿30°刚性角向下扩散),坡脚两侧各多铺筑0.5～1.0 m宽。

三、碾压夯实法

对非黏性土、松散杂填土及地表松散土,采用压实功能较强的振动压实法效果良好。振动压实效果,因土质和振动时间而异,一般是振动时间越长,效果越好,但时间过长对压实无明显提高。对由矿渣、碎砖、瓦块为主的建筑垃圾,振动时间以1 min为宜;对细颗粒填土,振动时间为3～5 min。

重锤夯实法是用钢筋混凝土制成截头圆锥体,锤底部垫钢板,直径为1～1.5 m,质量宜为1.5 t左右。夯击时提升重锤2.5～4.5 m高后,自由落下,夯击地基。夯击次数以最后两次的平均夯击沉降量不超过规定值来控制,对一般黏性土和湿陷性黄土为1～2 cm,砂土为0.5～1.0 cm。一般锤击8～12遍,作用深度约为锤底直径的一倍左右。

强夯法是在重锤夯实法的基础上发展而来的,它是以8～12 t(甚至20 t)的重锤,自由落差8～20 m(最高达40 m),利用冲击波和动应力,对土基进行强力夯击,达到加固的目的。强夯法具有施工简单、加固效果好、使用经济、运用面较广等优点。强夯法不仅可在陆地上使用,也可进行水下夯实。缺点是需要相应的机具设备,操作时噪声和振动较大,不宜在人口密集或防振要求高的地点使用。

四、排水固结法

排水固结法是在湿软地基中设置垂直排水井,缩短排水距离,用堆载预压的方法加速土中水的排出,加快土的固结,达到加固的目的。常用于含水量较大、土层较厚的软弱地基。排水固结法按排水井材料不同可分为砂井排水法和排水板法。排水固结的实际效果取决于地基土固结特性、厚度、预压荷载和预压时间。

(一)砂井排水法

砂井排水法是采用锤击、振冲、螺钻、射水等方法成孔,灌入粗砂或中砂而形成排水柱体,用荷载预压,加速湿软地基排水固结。砂井直径常为30~40 cm,间距是井径的6~8倍,常为2~4 m。平面上可布置成梅花形或正方形,以梅花形排列效果较好。砂井长度应穿越地基可能的滑动面,如果软土层较浅,有透水性下卧层,则井长深入透水层对排水固结更有利。

为了把砂井中的水分尽快排到路基范围外,缩短固结时间,应在路堤底部设砂垫层,或在每排砂井顶设置砂沟一条,在纵横向均连接贯通。为缩短排水距离,可采用袋装砂井,这样可保证砂井的密实性和连续性,具有施工简单、成本低的特点。袋装砂井的井距一般为1~1.4 m,其他条件与普通砂井相同。

(二)排水板法

排水板法是用纸板、塑料板代替砂井的砂做成排水板,其原理和方法同砂井排水法一致。其打设顺序为:定位→将排水板通过导管从管靴穿出→将塑料板与桩尖连接→对准桩位插入排水板→拔管并剪断排水板。

五、挤密法

土基中成孔后,在孔中灌以砂、石、土、灰土或石灰等材料,捣实而成直径较大的桩体,利用桩体间的横向挤压作用,使地基土粒彼此靠紧,孔隙减少,形成复合地基,达到加固地基的目的,即为挤密法。

(一)灰土桩地基

灰土挤密桩法是利用锤击将钢管打入土中侧向挤密成孔,将管拔出后,在桩孔中分层回填2:8或3:7灰土夯实而成,与桩间土共同组成复合地基以承受上部荷载。

灰土挤密桩法与其他地基处理方法比较,有以下特点:灰土挤密桩成桩时为横向挤密,可消除地基土的湿陷性,提高承载力,降低压缩性;与换土垫层法相比,不需大量开挖回填,可节省土方开挖和回填土方工程量,工期可缩短50%以上;处理深度较大,可达12~15 m;可就地取材,应用廉价材料,工程造价降低2/3;机具简单,施工方便,工效高。灰土挤密桩法适用于加固地下水位以上、天然含水量为12%~25%、厚度为5~15 m的新填土、杂填土、湿陷性黄土以及含水量较大的软弱地基。灰土强度较高,桩身强度大于周围地基土,可以分担大部分荷载,使桩间土承受的压力减小,而到深度2~4 m以下则与土桩地基相似。一般情况下,如为了消除地基湿陷性或提高地基的承载力或水稳性,降低压缩性,宜选用灰土桩。

(二)砂石桩地基

砂桩和砂石桩统称砂石桩,是指用振动、冲击或水冲等方式在软弱地基中成孔后,再将砂或砂卵石(砾石、碎石)挤压入土孔中,形成大直径的砂或砂卵石(砾石、碎石)所构成的密实桩体。砂石桩法是处理软弱地基的一种常用的方法,这种方法经济、简单且有效。对于松砂地基,可通过挤压、振动等方式,使地基达到密实,从而增加地基承载力,降低孔隙比,减少建筑物沉降,提高砂基抵抗振动液化的能力;用于处理软黏土地基,可起到置换土层和排水砂井的作用,加速土的固结,形成置换桩与固结后软黏土的复合地基,显著地提高地基抗剪强度;而且,这种桩采用的施工机具常规,操作工艺简单,可节省水泥、钢材,可就地使用廉价材料,施工速度快,工程成本低,故应用较为广泛。砂石桩法适用于挤密松散砂土、素填土和杂填土等地基,对建在饱和黏性土地基上主要不以变形控制的工程,也可采用砂石桩作置换处理。

(三)水泥粉煤灰碎石桩地基

水泥粉煤灰碎石桩法(Cement Fly-ash Gravel Pile,简称 CFG 桩),是近年发展起来的处理软弱地基的一种新方法。CFG 桩是在碎石桩的基础上掺入适量石屑、粉煤灰和少量水泥,加水拌和后制成的具有一定强度的桩体,它不同于碎石桩。碎石桩是由松散的碎石组成,在荷载作用下会产生鼓胀变形,当桩周土为强度较低的软黏土时,桩体易产生鼓胀破坏;并且,碎石桩仅在上部约 3 倍桩径长度的范围内传递荷载,超过此长度,增加桩长,承载力提高不显著,故碎石桩加固黏性土地基,承载力提高幅度不大(20% ~60%)。而 CFG 桩是一种低强度混凝土桩,可充分利用桩间土的承载力共同作用,并可将荷载传到深层地基中去,具有较好的技术性能和经济效果。

CFG 桩的特点是:改变桩长、桩径、桩距等设计参数,可使承载力在较大范围内调整;有较高的承载力,承载力提高幅度在 250% ~300%,对软土地基承载力提高更大;沉降量小,变形稳定快,如将 CFG 桩落在较硬的土层上,可较严格地控制地基沉降量(在 10 mm 以内);工艺性好,由于大量采用粉煤灰,桩体材料具有良好的流动性与和易性,灌筑方便,易于控制施工质量;可节约大量水泥、钢材,利用工业废料,消耗大量粉煤灰,降低工程费用,与预制钢筋混凝土桩加固法相比,可节省投资 30% ~40%。CFG 桩适用于多层和高层建筑的地基(如砂土、粉土、松散填土、粉质黏土、黏土、淤泥质黏土等地基)的处理。

CFG 桩施工工艺要点:

(1)CFG 桩施工工艺如图 4.18 所示。

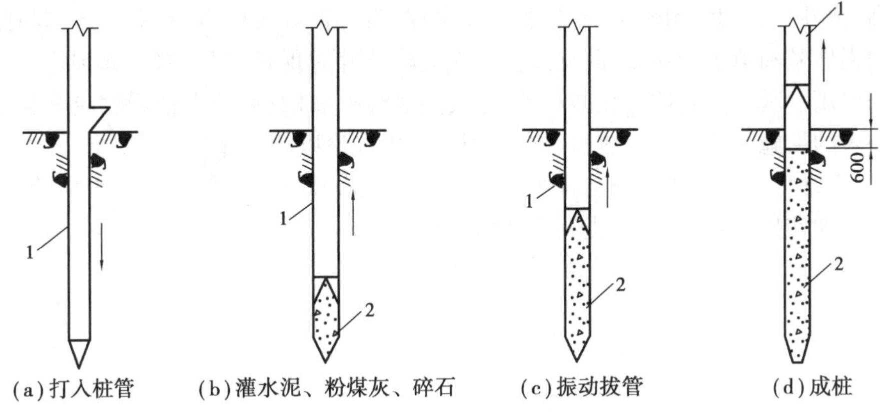

图 4.18　水泥粉煤灰碎石桩施工工艺

1—桩管;2—水泥、粉煤灰、碎石桩

(2)CFG 桩施工程序为:桩机就位→沉管至设计深度→停振下料→振动捣实后拔管→留振 10 s→振动拔管、复打。应考虑隔排隔桩跳打,新打桩与已打桩间隔时间不应少于 7 d。

(3)桩机就位须平整、稳固,沉管与地面保持垂直,垂直度偏差不大于 1.5%;如带预制混凝土桩尖,需埋入地面以下 300 mm。

(4)在沉管过程中用料斗在空中向桩管内投料,待沉管至设计标高后须尽快投料,直至混合料与钢管上部投料口齐平。如上料量不够,可在拔管过程中继续投料,以保证成桩标高、密实度要求。混合料应按设计配合比配制,投入搅拌机加水拌和,搅拌时间不少于 2 min,加水量由混合料坍落度控制，一般坍落度为30～50 mm；成桩后桩顶浮浆厚度一般不超过200 mm。

(5)当混合料加至与钢管投料口齐平后，沉管在原地留振10 s左右，即可边振动边拔管，拔管速度控制在1.2～1.5 m/min，每提升1.5～2.0 m，留振20 s。桩管拔出地面确认成桩符合设计要求后，用粒状材料或黏土封顶。

(6)桩体经7 d达到一定强度后，方可进行基槽开挖；如桩顶离地面在1.5 m以内，宜用人工开挖；如大于1.5 m，下部700 mm也宜用人工开挖，以避免损坏桩头部分。为使桩与桩间土更好地共同工作，在基础下宜铺一层150～300 mm厚的碎石或灰土垫层。

六、化学加固法

化学加固法是用压力灌注或搅拌混合等措施，将化学溶液或胶粘剂均匀注入软土层中，使土颗粒黏结起来，达到对土基加固的目的。化学溶液有以水玻璃溶液为主的浆液，以丙烯酸氨为主的浆液，以水泥浆液和纸浆溶液为主的浆液，其中水泥浆液使用较多。

化学加固的施工工艺有灌浆法、旋喷法和深层搅拌法。灌浆法是利用外力将浆液通过注入管，均匀注入土中，排挤掉土粒间或石隙中的水分和空气，使原土层固结成整体。旋喷法又称化学搅拌成形法，是用钻机钻至设计深度，然后旋转高压射流使土体与化学浆液混合，胶结硬化后形成圆柱形的地下桩体，桩径可达0.5～1.0 m。

七、土工合成材料加固法

土工合成材料是人工合成的以丙纶(聚丙烯)和涤纶(聚酯树脂)等聚合物为主要成分的材料，如土工网、土工格栅、土工织物、土工垫、土工复合排水材料等。土工合成材料具有质地轻、强度高、弹性好、耐磨、耐酸碱、不易腐烂和虫蛀、吸湿性好等优点，在湿软地基与路基之间铺设，能增强地基和填土的强度，明显改善路堤的稳定性并保持沉降均匀，起到排水、反滤、分隔、加固的作用。其缺点是抗老化能力差，尤其是对紫外线敏感，故在使用时应避免太阳光长期照射，一般的措施是将土工合成材料全部埋入土中或涂以沥青保护。

在工程中常将土工合成材料与排水固结相结合，综合处治，既保持土工织物的功能，使沉降均匀，又能加速排水固结，迅速提高土基的承载能力。

第五章 路基排水设计

第一节 路基排水要求及一般设计原则

一、路基排水的目的与要求

路基路面的病害有许多种，形成病害的因素也很多，其中水的影响是主要因素之一，例如，水分的积聚会导致土质路基边坡坍塌，基身沉陷或产生滑动；在寒冷地区还易冻胀翻浆。这些都会影响行车安全，甚至造成交通中断。根据水来源的不同，可将路基水分为地面水和地下水。

路基排水的目的，就是采用拦截、汇集、排除地表水或地下水的措施，将路基范围内的土基湿度降低到一定的限度以内，使路基常年保持干燥状态，确保路基及路面具有足够的强度与稳定性。

二、路基排水设计的一般原则

(1)公路路基排水设计应防、排、疏相结合，并与路面排水、路基防护、地基处理以及特殊路基地区(段)的其他处治措施相互协调，形成完善的排水系统。

(2)路基排水设计应遵循总体规划、合理布局、少占农田、保护环境的原则，并与当地排灌系统相协调。

(3)排水困难地段，可采取降低地下水位、设置隔离层等措施，使路基处于干燥、中湿状态。

(4)施工场地的临时性排水设施，应尽可能与永久性排水设施相结合。各类排水设施的设计应满足使用功能要求，结构安全可靠，便于施工、检查和养护维修。

第二节　路基地表排水设施的构造与布置

常用的路基地表排水设备包括边沟、截水沟、排水沟、跌水与急流槽、拦水带、蒸发池和倒虹吸与渡水槽等设施。高速公路、一级公路的辅道应有自身的地表排水设施。这些排水设施，分别设在路基的不同部位，各自的主要功能、布置要求及构造形式，均有所差异。

一、边沟

挖方路基路肩外侧及低填方路基坡脚外侧，与路中心线平行的路肩外缘均应设置的纵向人工沟渠，称之为边沟。其主要功能是汇集和排除路基范围内和流向路基的少量地面水，以保证路基稳定。平坦地面填方路段的路旁取土坑，常与路基排水设计综合考虑，使之起到边沟的排水作用。

边沟排水量不大，一般不需要进行水文、水力计算，依沿线具体条件，直接选用标准横断面即可。边沟由于紧靠路基，通常不允许其他排水沟渠的水流进入，也不能与其他人工沟渠合并使用。

边沟不宜过长，应尽量使沟内水流就近排至路旁自然水沟或低洼地带，必要时增设涵洞，将边沟水流引入路基另一侧排出。

边沟的纵坡（出水口附近除外）一般与路线纵坡一致。平坡路段，边沟仍应保持 0.3% ~ 0.5% 的最小纵坡。边沟出水口附近，以及排水困难路段，如回头曲线和路基超高较大的平曲线等处，边沟应进行特殊设计。

边沟可采用三角形、流线形、梯形或矩形横断面，如图 5.1 所示，按公路等级、所需排泄的流量、设置位置和土质或岩质选定。高速公路及一级公路宜采用三角形或碟形边沟；受条件限制而需采用矩形横断面时，应在顶面加带槽孔的盖板。二级及二级以下公路可采用梯形横断面，边沟内侧边坡坡度按土质类别采用 1∶1.5 ~ 1∶1.0；岩石挖方路段，可采用矩形横断面，其内侧坡面用浆砌片石砌筑以保持直立。矩形和梯形边沟的底宽与深度不应小于 0.4 m。挖方

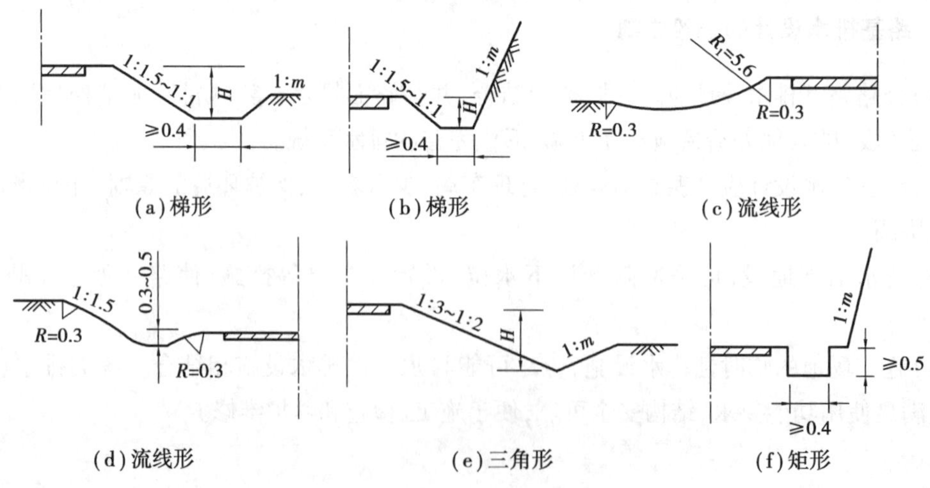

图 5.1　边沟横截面示意（单位：m）

路段边沟的外侧坡面应与路堑下部坡面的坡度一致。

边沟的纵坡坡度应结合路线纵坡、地形、土质、出水口位置等情况选定，尽可能与路线纵坡坡度保持一致。当路线纵坡坡度小于沟底最小纵坡坡度时，边沟应采用沟底最小纵坡坡度，并缩短边沟出水口的间距。高速公路及一级公路的土质边沟，均应采取防护措施。

边沟出水口的间距，一般地区不宜超过500 m，多雨地区不宜超过300 m，三角形和碟形边沟不宜超过200 m。边沟出水口的排放应结合地形、地质条件以及桥涵水道位置，排引到路基范围外，使之不冲刷路堤坡脚。

二、截水沟

设置在挖方路基边坡顶以外或山坡路堤上方的适当位置，用以拦截路基上方流向路基的地面水，减轻边沟的水流负担，保护挖方边坡和填方坡脚不受水流冲刷和损害的人工沟渠，称为截水沟（又称天沟），降水量较少或坡面坚硬和边坡较低以致冲刷影响不大的地段，可以不设截水沟；反之，如果降水量较多且暴雨频率较高、山坡覆盖层比较松软、坡面较高、水土流失比较严重的地段，必要时可设置两道或多道截水沟。

图5.2为路堑段挖方边坡上方设置的截水沟示例之一，图中距离 d 一般为5 m，土质不良地段可取10 m或更大。截水沟下方一侧，可堆置挖沟的土方，要求做成顶部向沟倾斜2%的土台。路堑上方设置弃土堆时，截水沟的位置及断面尺寸，如图5.3所示。

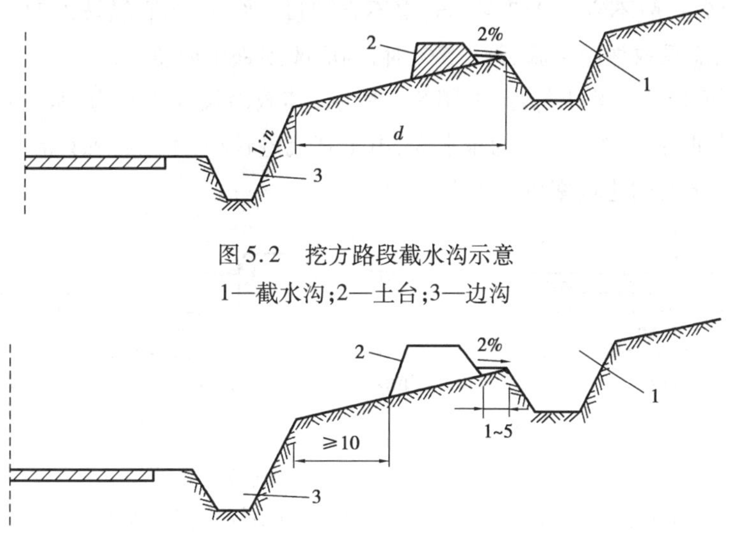

图5.2　挖方路段截水沟示意

1—截水沟；2—土台；3—边沟

图5.3　挖方路段弃土堆与截水沟关系（单位：m）

1—截水沟；2—弃土堆；3—边沟

山坡填方路段可能遭上方水流作用，此时必须设截水沟，以拦截山坡水流保护路堤，如图5.4所示。截水沟与坡顶之间，要有不小于2.0 m间距，并做成向截水沟倾斜2%的横坡，如土质良好、路堑边坡不高或进行沟壁铺砌时，路堑距坡顶的距离也可小于2 m。截水沟应结合地形和地质条件沿等高线布置，将拦截的水顺畅地排向自然沟谷或水道。截水沟长度以200～500 m为宜，超过500 m时，可在中间适宜位置增设泄水口，由急流槽或急流管分流排引。

截水沟一般采用梯形横断面，边坡坡度为1∶1.5～1∶1.0，沟底宽度与沟的深度不宜小于0.5 m，地质或土质条件差，有可能产生渗漏或变形时，应采取相应的防护措施。

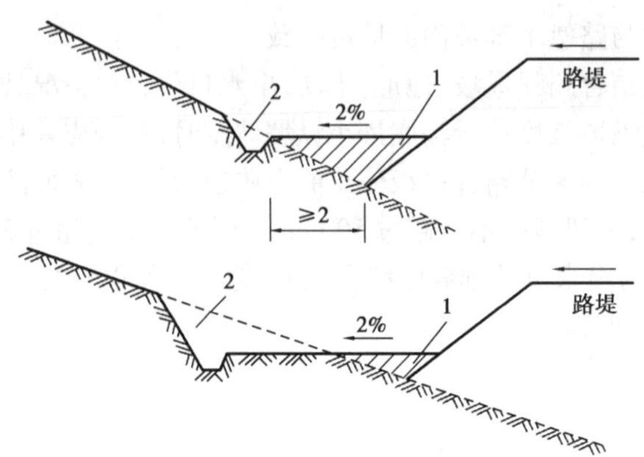

图 5.4　填方路段上的截水沟示意(单位:m)

1—土台;2—截水沟

三、排水沟

排水沟主要用于排除来自边沟、截水沟或其他水源的水流,并将其引至路基范围以外的指定地点。排水沟的布置必须结合地形条件,因势利导,离路基尽可能远些,平面上力求短捷平顺,以直线为宜,必须转向时,尽可能采用大半径(10～20 m 或以上),缓慢改变方向。排水沟距路基坡脚的距离一般不宜小于 3～4 m,也不宜超过 300 m,沟底纵坡以 1%～3% 为宜。当纵坡大于 3% 时,应采取加固措施;大于 7% 时,则应改用跌水或急流槽。

排水沟的断面形式一般为梯形,如图 5.5 所示,其截面尺寸由水力、水文计算确定。用于山沟、截面水沟及取土坑出水口处的排水沟,由于其流量较小,不需特殊计算,但底宽与沟深均不得小于 0.5 m,土沟的边坡率可取 1∶1.5～1∶1。

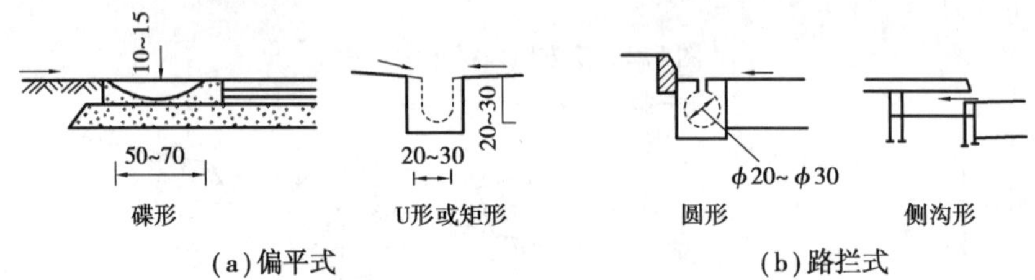

图 5.5　排水沟横断面形式示意(单位:cm)

排水沟内水流注入其他沟渠或水道时,不得使原水道产生冲刷或淤积。通常应使排水沟与原水道水流方向成锐角相交,交角不大于 45°,有条件时可采用半径 $R=10b$(b 为沟顶宽)的圆曲线朝下游与其他水道相接。

高速公路、一级公路通过耕地、居民区的填方路基宜设坡脚排水沟。路堤边沟设急流槽地段,排水沟距路基坡脚距离不宜小于 2 m。

边坡平台设排水沟时,平台应做成 2%～5% 向内侧倾斜的排水坡度。可采用三角形或梯形横断面,当水量较大时,宜设置 30 cm×30 cm 的矩形、三角形或 U 形排水沟,排水沟可用水泥预制构件拼装,沟壁厚度 5～10 cm。排水沟必要时应予加固,以防止水流对沟渠的冲刷与渗漏。

四、跌水与急流槽

跌水和急流槽均为人工排水沟渠的特殊形式，可用于陡坡地段，沟底纵坡可达45°，是山区公路路基排水常见的结构物。由于纵坡陡峭，水流湍急，冲刷严重，要求跌水与急流槽的结构必须稳固耐久，通常采用浆砌块石结构，并且有相应的防护加固措施。

跌水有单级和多级之分，沟底有等宽和变宽之别。单级跌水适用于排水沟渠连接处，由于水的落差较大，需要消能或改变水流方向。图5.6所示为路基边沟水流通过涵洞排泄时，采用单级跃水（相当于雨水井）的示例之一。较长陡地段的沟渠，为减缓水流速度，并予以消能，可采用多级跌水，图5.7所示即为一等截面多级跌水结构设计示意图，槽底具有1%～2%的纵坡。其断面尺寸必须通过水文、水力计算确定。多级跌水底宽和各级长度，均采用各自相等的对称形，也可根据实地需要，设置为变宽或不等长度与高度。跌水可带消力池，并根据坡度和坡长的不同，设置成单级或多级。不带消力池的跌水，其台阶高度不应大于0.5 m，以0.3～0.4 m最为适宜，高度和长度之比应与地面坡度相吻合。带消力池的跌水，单级跌水墙的高度以1 m左右为宜，如图5.8所示，消力坎的高度以0.5 m左右为宜，消力坎与跌水墙的距离以5 m左右为宜，但高度与长度之比也应结合原地面的坡度确定。消力池台面应设2%～3%的外倾纵坡，消力坎顶宽不宜小于0.4 m，坎底应设泄水孔。跌水的槽身横断面可采用矩形，浆砌片的槽底厚度为0.2～0.4 m，槽壁厚0.3～0.4 m。槽深最小0.2 m，槽宽度最小0.25 m。

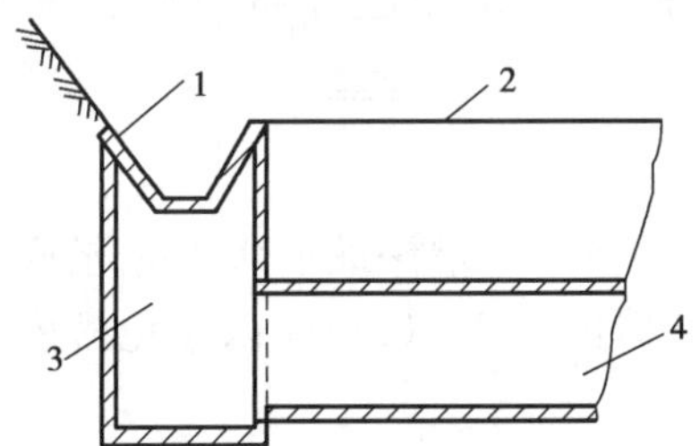

图5.6 边沟与涵洞单级跌水连接

1—边沟；2—路基；3—跌水井；4—涵洞

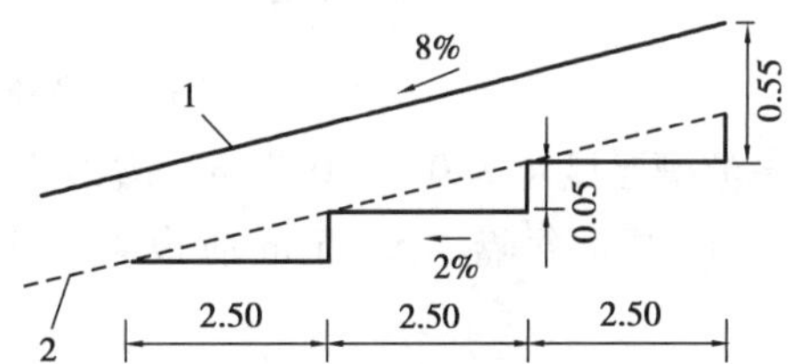

图5.7 等截面多级跌水结构（单位：m）

1—沟顶线；2—沟底线

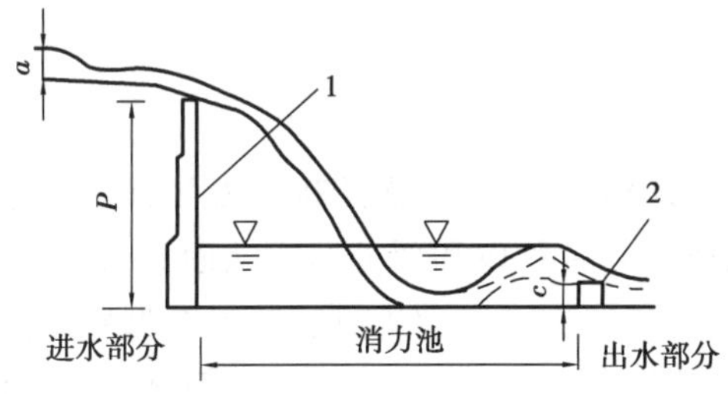

图5.8 跌水构造示意

1—护墙；2—消力坎

跌水两端的土质沟渠，应注意加固，保持水流畅通，不致产生水流冲刷和淤积，以充分发挥跌水的排水效能。在路堤和路堑坡面或者坡面平台上从坡顶向下竖向集中排水时，或截水沟、排水沟纵坡较大时，可设置急流槽或急流管。

急流槽的纵坡，比跌水的平均纵坡更陡，结构的坚固、稳定性要求更高，是山区公路回头曲线、沟通上下线路基排水及沟渠出水口的一种常见排水设施。急流槽主体部分的纵坡依地形而定,一般可达1:1.5。当急流槽纵坡陡于1:1.5时,宜采用金属管,管径至少20 cm。各节急流管用管桩锚固在坡体上,其接口应采用防水联结,以免管内水流渗漏而冲刷坡面。

急流槽可采用由浆砌片石铺砌的矩形横断面或者由水泥混凝土预制件铺筑的矩形横断面,如图5.9所示。浆砌片石急流槽的槽底厚度可为0.2~0.4 m,槽壁厚0.3~0.4 m。

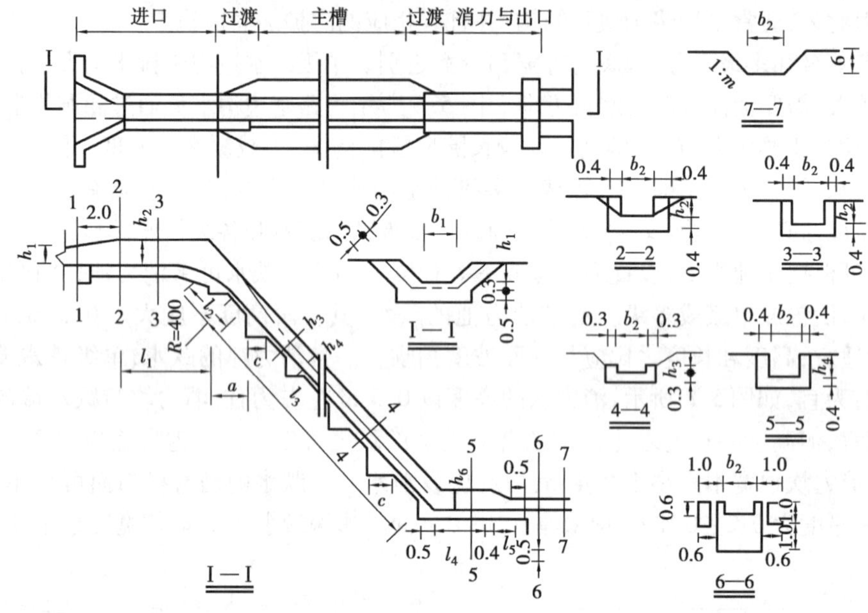

图5.9 急流槽结构图(单位:mm)

急流槽厚度可为0.2~0.3 m。槽顶应与两侧斜坡表面齐平。槽深最小0.2 m,槽底宽最小0.25 m,槽底每隔2.5~5 m应设置一个凸榫,嵌入坡体内0.3~0.5 m以避免槽体顺坡下滑。

急流槽或急流管的进水口与沟渠泄水口之间应设置成喇叭式联结,变宽段应为至少15 cm的下凹,并设立铺砌防护。急流槽或急流管的出水口处应设置消能设施,可采用石块铺筑的消力坪或消力池。

五、拦水带

拦水带是路基横断面为路堤时路面表面水的排除方法,设置在路肩外侧,目的是将路面表面水汇集在拦水带同路肩铺面(或者路肩和部分路面铺面)组成的浅三角形过水断面内,然后通过按一定间距设置的泄水口和急流槽集中排放到路堤坡脚外,对高速及一级公路,在路堤较高、纵坡较大且土质疏松的情况下,即使采用护面防护,仍要选择拦水带和急流槽的排水方式;对二级公路及二级以下公路,只有在多雨地区、纵坡大和土质坡面的高路堤才考虑设置拦水带。

对于高速公路及一级公路,要求路表积水只能覆盖路肩宽度;对于二级公路及二级以下公路,要求路表积水不能漫过毗邻车道的一半宽度;对于中央分隔带设缘石的高速公路及一级公路超高段上侧半幅路面,以及未设路肩的道路(如设非机动车道分隔带的道路断面),其拦水带的水面不能漫过毗邻车道的一半宽度。

按汇集路面表面水的要求,拦水带的顶面应略高于过水断面的设计水位,而后者的限值受制于水面不漫过右侧车道外边缘或中心线的要求，如图 5.10 所示，拦水带的设计外露高度（即过水断面的水深），还取决于设计流量和路肩的横向坡度。在高速公路及一级公路路堤边缘设防撞护栏时，拦水带的高度可以大些，但一般不超过 15 cm；在不设防撞护栏时，为了保障偶尔驶出路肩的车辆安全，拦水带的高度不应大于 10 cm，并且迎车面的斜坡坡度不宜陡于 1∶2（最好采用 1∶4），以便车轮能滚过拦水带。拦水带泄水口可做成对称式或非对称式的喇叭口，如图 5.11 所示，其间距应根据流量确定，以保证降水时路面积水能迅速排除，泄水不能进入车行道为原则，一般为 20 ~ 50 m，干旱少雨地区可达 100 m。泄水口长度一般为 2 ~ 4 m。对称式便于施工，但在有纵坡的路段上，非对称式泄水口的泄水能力由于水流顺畅而优于对称式。因此，对于设在纵坡坡段上的泄水口，建议采用非对称式。水流通过泄水口时的水流状态为孔口流，为提高泄水口的泄水量，可在泄水口处设置低凹区。为便于施工，低凹区可设在拦水带内边缘的外侧。低凹区采用与路肩相同的铺面结构，以免受到水流的冲刷破坏。

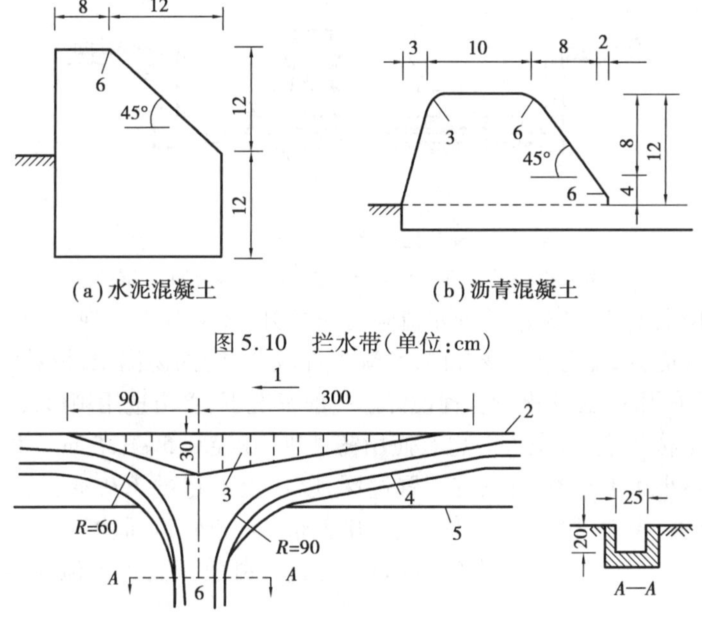

（a）水泥混凝土　（b）沥青混凝土

图 5.10　拦水带（单位：cm）

图 5.11　纵坡坡段上拦水带不对称泄水口的平面布置示意（单位：cm）

1—水流流向；2—硬路肩边缘；3—低凹区；4—拦水坝；

5—路堤边坡坡顶；6—急流槽

为了避免汇集在拦水带内的路表积水横向流过相交的道路、匝道、超高段路面、横坡变换处的路面，或者流经相衔接结构物的铺面，应在这些地点设置泄水口，将汇集的水排出去。泄水口的间距取决于过水断面水面漫流宽度的要求和泄水口的泄水能力。在凹形竖曲线的底部，须设置 3 个泄水口，以备设在最低点的泄水口被杂物堵塞后还有 2 个后备的泄水口可以排放汇集的地表水。

六、蒸发池

气候干旱、排水困难地段，可利用沿线的集中取土坑或专门开挖的凹坑修筑蒸发池，以汇集路表水，并通过蒸发和渗漏使之消散。蒸发池边缘距路基边沟不应小于 5 m，较大的蒸发池面积不得小于 20 m^2。蒸发池同边沟或排水沟之间设排水沟相连，池中水位应低于排水沟沟底。池的容量应以一个月内的地表水汇入池中的水量能及时完成渗透和蒸发为依据，但每个池的容量不超过 200 ~ 300 m^3，蓄水深度不应大于 1.5 m。

蒸发池的平面形状采用矩形或其他的形状，其设置不应使附近地面形成盐渍化或沼泽化，蒸发池周围可围筑土埂以防止其他水流流入池中。

七、倒虹吸与渡水槽

当水流需要横跨路基时，可根据流水的需要设置管道或水槽，从路基下部或上空跨过，称为倒虹吸或渡水槽，前者相当于涵洞，后者为简易过水桥梁，两者属于造价较高的路基排水结构物，一般因配合两侧农田水利而设置。

倒虹吸管的设置，往往是路基穿过原有沟渠，且沟渠水位高于路基，不宜设涵洞，也不能架空，其布置形式如图 5.12 所示。

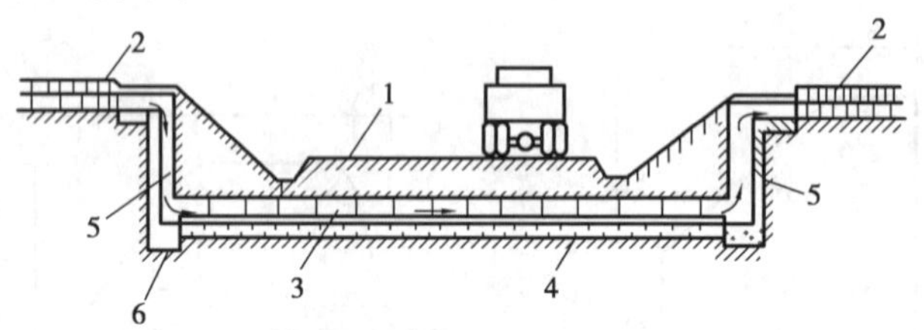

图 5.12　倒虹吸管示意

1—路基；2—竖井；3—管道；4—沟渠；5—基底；6—沉淀池

倒虹吸是利用上下游水位差，迫使水流降落而复升，经路基下部埋设的管道引向另一侧。此种结构为有压管道，水流连续改变方向，水流条件较差，管内易漏水，极易淤塞受阻，也难以修复与清理，需要采用时，必须进行合理设计。一般情况下，管道选用箱形或圆形，以水泥混凝土或钢筋混凝土结构为主，有条件时也有使用铸铁管，孔径 0.5 ~ 1.5 m。主管埋置深度要求上面填土的厚度不小于 1.0 m，也不宜埋置过深，以填土不超过 3.0 m 为宜。管道两端设竖井，可以竖立或倾斜，视地形和用地条件而定，井底标高低于管道，起沉淀泥沙作用。为减少堵塞，除要求管道内具有 1.5 m/s 以上的流速外，在进口外宜设置沉沙池和拦泥栅，如图 5.13 所示。

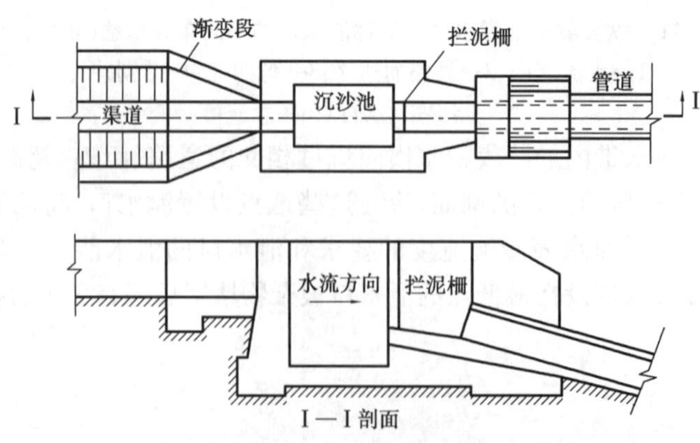

图 5.13　倒虹吸管进口结构

渡槽相当于过水桥，是穿过农田地区路堑段常用的过水形式之一，图 5.14 是渡槽图例的一种。

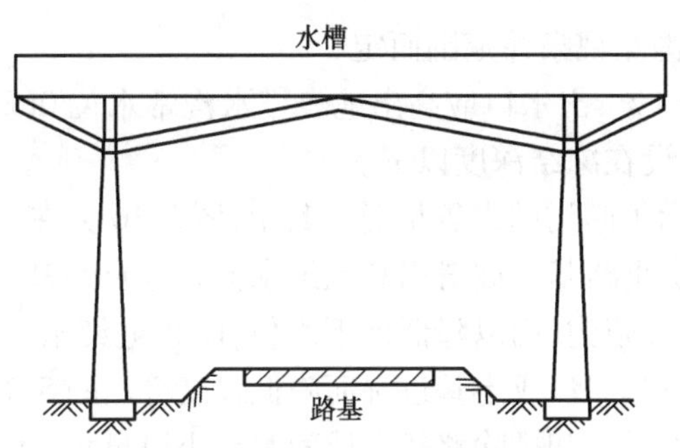

图 5.14 渡槽布置示意图

渡槽可分为进出水口、槽身与下部支承 3 个结构，其中进出水口的结构形式，如图 5.15 所示。槽身断面小于两端人工沟槽，以提高主槽的流速和降低主体结构的造价。为此主槽与沟槽之间设过渡段，其中，出水段要比进水段长，过渡段的平面收缩角为 10° ~ 15°。主槽较短时，槽身与沟的断面尺寸相同，此时不设过渡段。主槽两端连接的土质沟渠，应予以加固。加固的长度，不小于沟内水深的 4 倍。

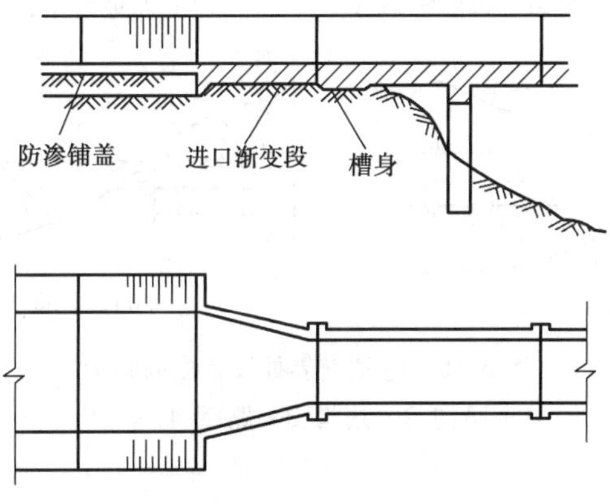

图 5.15 渡槽进出口结构

第三节 路基地下排水设施的构造与布置

当地下水露出路基范围或地下水位较高，影响路基、路面强度或边坡稳定时，应设置地下排水设施加以排除。

常用的地下排水设施有暗沟（管）、渗沟、渗井等。排水设施的类型、设置地点及尺寸应根据工程地质和水文地质条件决定。由于地下排水设施埋置于地面以下，不易维修，在路基建成后又难以查明失效情况，因此要求地下排水设施能牢固有效。

一、暗沟（管）

暗沟（管）又称盲沟，可利用其透水性将地下水汇集到沟内，并沿沟排至指定地点，其水力特性属于紊流。

路基底局部范围有泉水外涌或要排除地下集中水流时，应设置暗沟（管）将水引排至路堤坡脚外或路堑边沟内。泉井壁和沟壁可采用浆砌片石砌筑，沟顶设置石盖板，盖板顶面上的填土厚度不应小于 50 cm。沟宽视泉井范围而定。

暗沟的纵坡不宜小于 1%，出水口应高出地表排水沟常水位 0.2 m。寒冷地区的暗沟，应作防冻保温处理或将暗沟设在冻结深度以下。

图 5.16～图 5.18 表示了暗沟的设置情况。其中，图 5.16 为在一侧边沟下设置暗沟，用以拦截流向路基的层间水，防止路基边坡滑坍和毛细水上升危及路基的强度与稳定性。图 5.17 所示为路基两侧边沟下均设暗沟，用以降低地下水位，防止毛细水上升到路基工作区范围内，形成水分积聚而造成冻胀和翻浆，或土基过湿而降低强度等。图 5.18 则为设在路基挖方与填土交界处的横向暗沟，用以拦截和排除路堑下层间水或小股泉水，使路堤填土不受水害。

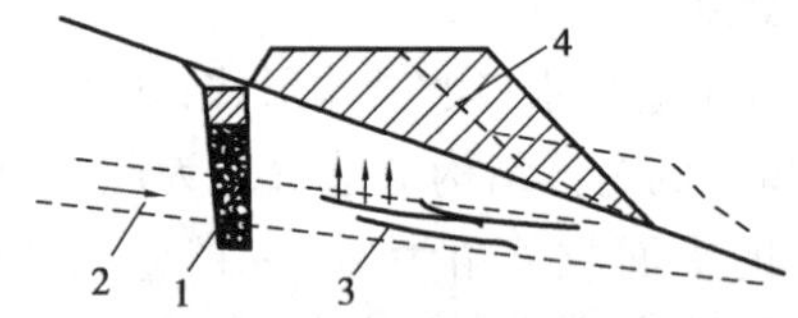

图 5.16　一侧边沟下设置暗沟

1—暗沟；2—层间水；3—毛细水；4—可能滑坡线

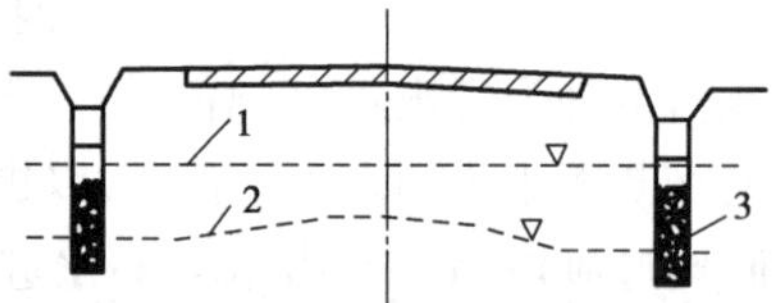

图 5.17　两侧边沟下设置暗沟

1—原地下水；2—降低后的地下水；3—暗沟

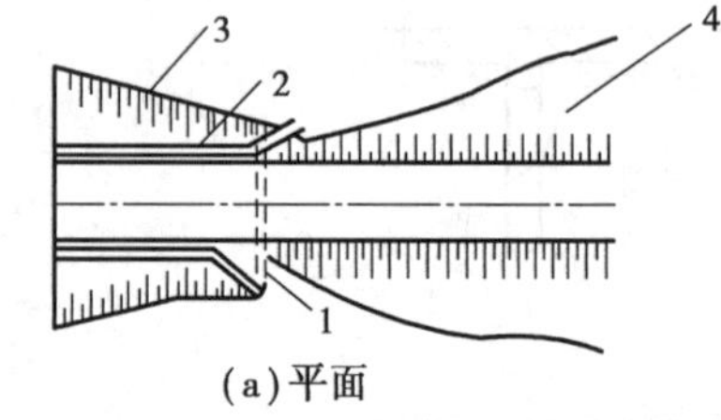

(a)平面

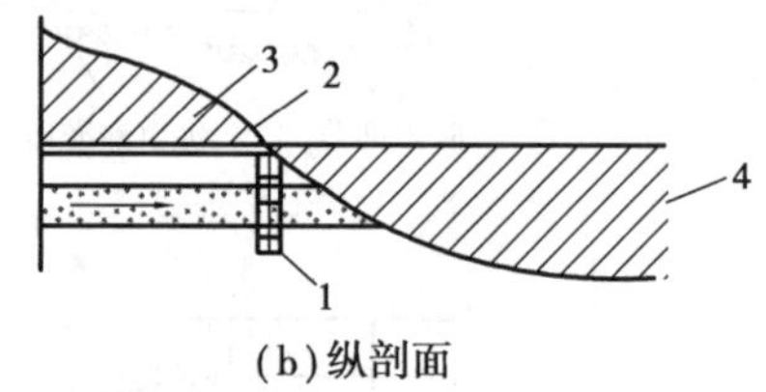

(b)纵剖面

图 5.18　挖填交界处设置横向暗沟

1—暗沟；2—边沟；3—路堑；4—路堤

二、渗沟

为降低地下水位或拦截地下水，可在地表以下设置渗沟。渗沟可分为管式渗沟、洞式渗沟和边坡渗沟。当水量较大时，渗沟底部可增设排水管(孔)。

为拦截含水层地下水或降低地下水位，可设置管式渗沟。

渗沟的埋置深度按地下水的高度(为保证路基或坡体稳定)、地下水位需下降的深度，并根据含水层介质的渗透系数等因素考虑确定。排水管可采用带槽孔的塑料管或水泥管。

管径按设计渗流量确定，但最小内径宜为 15 cm(渗沟长度不大于 150 m 时)。排水管周围回填透水性材料，管底回填料的厚度为 15 cm，管两侧的回填料宽度不宜小于 30 cm。

透水性回填料可采用粒径 5～40 mm 的碎石或砾石，但粒径小于 2.36 mm 的细粒含量不得大于 5%。含水层内的细粒有可能随渗流进入沟内而堵塞渗沟时，应在渗沟的迎水面沟壁处设置反滤织物，如图 5.19 所示。

图 5.19　管式渗沟(单位：cm)

1—带槽孔排水管；2—透水性填料；3—反滤织物

带孔排水管,其圆孔的内径为 5～10 mm,纵向间距为 15 mm,按 4 或 6 排对称地排列在圆管断面的下半截,如图 5.20 所示。最上面一排圆孔距管内底的最大高度 H 与管下部无圆孔截面的弦长 L 应满足表 5.1 要求。槽口按两排间隔 165°对称排列在圆管断面的下半截,在渗沟内安设排水管时,槽孔向下。

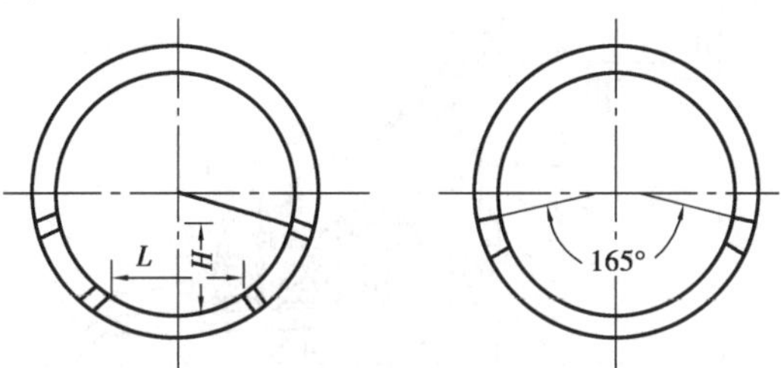

图 5.20　带槽孔排水管的圆孔和槽口布置

表 5.1　带槽孔排水管的槽孔布置尺寸

管径/mm	圆孔			槽口	
	排数	H/mm	L/mm	长度/mm	间距/mm
150	4	70	98	38	75
200	4	94	130	50	100
250	4	116	164	50	100
300	6	140	195	75	150
380	6	175	244	75	150
460	6	210	294	75	150

在盛产石料地区,也可采用洞式渗沟在路基范围外拦截地下水,如图 5.21 所示,渗沟底部,以浆砌片石组成矩形排水槽,槽顶覆盖水泥条形盖板,形成排水洞。其横断面尺寸按设计渗流量的要求确定。板条间留有宽 20 mm 的缝隙,间距不超过 300 mm。在盖板顶面铺以透水的土工织物。沟内回填透水性填料,沟顶覆盖 20 cm 厚的不透水封闭层。含水层内的细粒有可能随渗流进入沟内而堵塞渗沟时,应在渗沟的迎水面沟壁处按渗滤要求设置若干层粒料

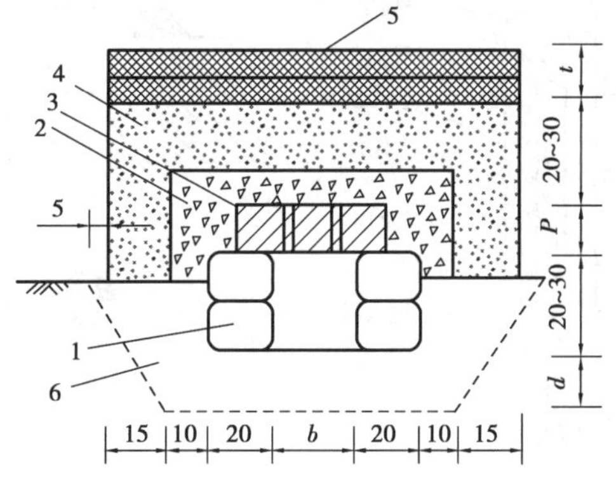

图 5.21　洞式渗沟(单位:cm)

1—浆砌片石;2—碎砾石;3—盖板;4—砂;5—双层反铺草皮或土工布;6—基础

反滤层，每层反滤层由厚度为 15 ~ 25 cm 的粒料组成。

为疏干潮湿的土质路堑边坡坡体和引排边坡上局部出露的上层滞水或泉水，可采用边坡渗沟，修建边坡渗沟的边坡坡度不应陡于 1∶1，如图 5.22 所示。

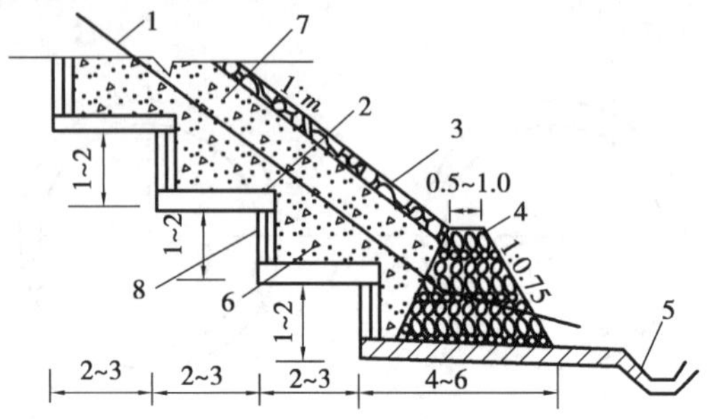

图 5.22　边沟渗沟布置和构造(单位:m)

1—干湿土层分界线;2—浆砌片石铺砌;3—干砌片石覆盖;4—干砌片石垛;

5—边沟;6—底部回填粗粒料;7—上部回填细粒料;8—反滤织物或反滤层

边坡渗沟应垂直嵌入边坡坡体，其平面形状宜采用条带形布置，对范围较大的潮湿坡体，可采用增设支沟的分岔形布置或拱形布置。主沟间距 6 ~ 10 m，渗沟宽度 1.2 ~ 1.5 m，其基底应设在较干燥且稳定的土层内，筑成阶梯状，基础采用浆砌片石。沟内回填透水性粒料，其底部采用大粒径的碎石或砾石，而上部可采用较小粒径的沙砾。粗回填料外围设置反滤织物或反滤层。沟顶部采用干砌片石铺砌，其表面与边坡面大致齐平。下部出水口宜采用干砌片石垛支撑，渗出的水流直接进入边沟。

三、渗井

渗井属于竖直方向的地下排水设施。当地表水或对路基有影响的浅层地下水较难排除时，距地面不深处有良好的渗水层，且地下水流向背离路基或较深，可设置渗井，穿入透水层中，将路基范围内的上层地下水及少量地面水，引入更深的透水层中去，以排除地面水或降低上层的地下水位，如图 5.23 所示。

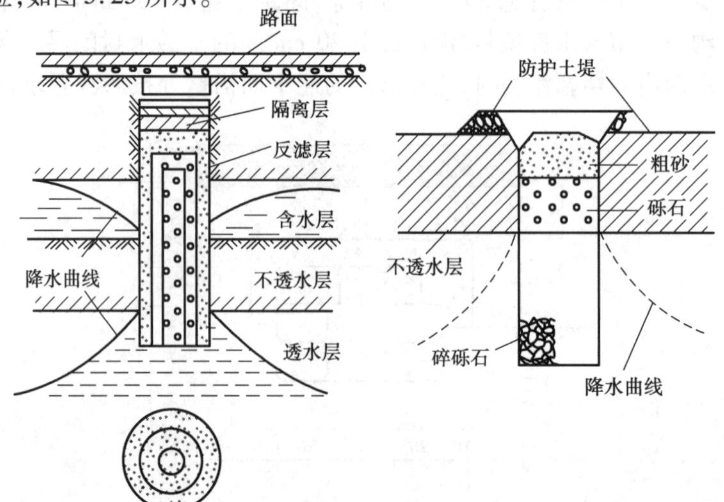

图 5.23　渗井结构

渗井的平面布置，以及孔径与渗水量，按水力计算而定，一般为直径1.0～1.5 m的圆柱形，也可为边长为1.0～1.5 m的方形。井深视地层构造情况而定。井内由中心向四周按层次分别填入由粗而细的砂石材料、渗水粗料、反滤细料。填充粒料要求筛分冲洗，施工时需用铁皮套筒分隔填入不同粒径的材料，不得粗细材料混杂，以保证渗井达到预期排水效果。

第四节　路基排水的综合设计

路基的各个组成部分，为完成各自的排水任务，需采用不同的排水设备，而要完成整个的排水任务，将全部地面水有效地拦截、汇集、引导和宣泄到路基范围之外，就必须将各种排水设备组成一个完整的综合排水系统，使各处的水均能顺畅地排出。

布置排水系统时，应首先着重分析研究所遇到的各种水的来向和它们对路基的危害程度，然后根据其轻重缓急，分别采用不同的排水设备，把对路基确有危害的水流有效地排除；同时，也要考虑每一项排水设备可能起到的作用，以及它们在位置、构造等方面的具体要求，在布置时使之大体符合这些要求，起到预期的作用。

排水系统综合设计必须满足如下基本要求：

(1)路基排水，必须与农田排灌和水土保持工作结合起来考虑。如地形平坦，灌溉渠道较多的地段，路线通过时可能或多或少地破坏原有的农田灌溉系统；路线穿过梯田，可能切断位于路基下侧梯田的水渠。对此，应采取相应的措施，如增设涵管、渡槽等，以保证农田正常排灌的需要，各种排水沟渠也可同时作为灌溉渠道，两者应有机地结合。在汇水面积较大、植被稀少、易受到冲刷的坡面上，宜采用多道小断面截水沟来拦截并排除坡面水，以免水量过于集中而造成冲刷；也可结合水土保持措施，采取分散径流、降低流速、节节拦蓄的方针，使泥不下山、水不出沟，既防止了坡面的冲刷，有利于农业，又保证了路基山坡的稳定性。总之，因地制宜和综合治理，是路基排水综合设计的基本要求之一。

(2)对于明显的天然沟槽，一般宜依沟设涵，不必勉强改沟与合并。对于沟槽不明显的漫流，应在上游设置束流设施，加以调节，尽量汇集成沟，导流排除。对于较大水流，注意因势利导，不可轻易改变流向，必要时配以防护加固工程，进行分流或束流。

(3)地面沟渠宜大体沿等高线布置。可提高截流效果，减少工程量。尽可能使沟渠垂直于水流方向，且应力求短捷，水流通畅。沟渠转弯处应以圆曲线相接，以减少水流的阻力。

(4)路基排水系统的布置与桥涵布置相结合。桥涵是渲泄水流的主要构造，在布置桥涵时应考虑路基排水的需要。桥涵的位置和密度应结合截水沟、边沟或排水沟等沟渠对出水口位置的要求，桥涵的孔径大小应能满足排水量的需要。在布置路基排水系统时，也应结合桥涵的布置情况，确定各沟渠排引的方向及出水口的位置。

(5)收集现有资料，进行总体规划。路基排水综合设计必须做好收集已有的工程地质和水文地质等有关资料，并通过野外调查及坑深和钻探测试，收集相关数据，做出总体规划，提出总体布置方案，逐段逐项进行细部设计计算，并进行效益分析和经济核算。

对于排水系统中各沟渠排引方向及出水口位置的具体布置，可按下列步骤进行：

①将主要流向路基的天然沟和排水沟规划成横向排水系统(垂直路线方向)。

②拦截山坡水流，设置成纵向排水系统，并汇集排入横向排水系统，或者拦蓄山坡水流，做成纵向蓄水系统。

③在横向和纵向排水沟渠之间的山坡上，根据面积大小和地形，确定是否需要设置支沟和各种排水沟渠，以构成排水网络。

④在路基两侧设置边沟、排水沟等，或利用取土坑排水，保证路基经常干燥。

⑤选定桥涵的位置，并使这些沟渠同桥涵连成网。

⑥考虑是否需要设置地下排水系统。

图5.24是路基排水综合设计的一个例子，利用渗沟将路基上方出现的泉水汇集，经排水沟排至自然沟内，同时，截水沟与边沟拦截并汇集地面水也排至自然沟内，在自然沟路线处设置涵洞将水流排至路基下方。上述几种排水设施，构成该段路基的排水系统，同时解决了地面流水与地下泉水对路基的危害，疏干了路堑顶部的泉水，可防止边坡滑塌等危害。

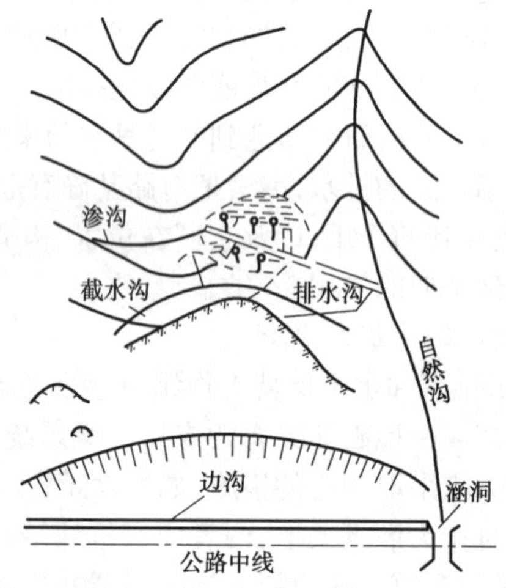

图5.24　路基排水综合设计

在丘陵及山岭地区，除设边沟排水外，还应注意坡面上水流的冲刷会造成边沟淤塞并影响路基的稳定。这时应考虑是否在上方坡面上设置截水沟拦截、引导水流离开路基，如图5.25所示。

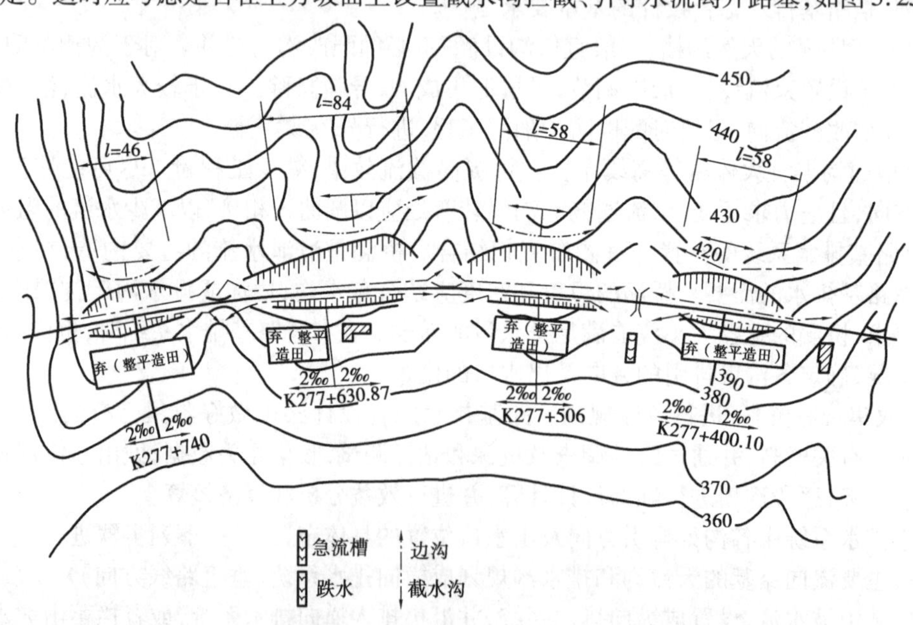

图5.25　丘陵及山岭地区路基排水综合设计（单位：m）

路基排水系统综合设计,应按一般路段和特殊路段区别对待。在一般路段上,水流的危害较小,排水设计可简单些。此时,仅需拟定一些主要原则,并分别在横断面图上和工程数量表上注明,交由施工单位具体掌握。而对地质和水文条件复杂的或者已产生严重路基病害的路段,则应单独进行排水设计。在平面图上具体布置排水系统,确定各项排水设备的平面位置、排水方向、构造、出入口、纵坡等。

在路基排水系统的综合设计中,还应照顾当地农田水利规划,以便在防范路基水害的同时,不致损害农田水利,并有利于农业生产。

第六章
路基施工

路基施工大体上可分为路基填筑和路堑开挖。土方路基多采用机械化施工,而石方路基施工,特别是石方路堑的开挖往往需要采用爆破方法。路基土石方工程量大,分布不均匀,不仅与路基工程相关的设施(如路基排水、防护与加固等)相互制约,而且与公路工程其他工程项目(如桥涵、隧道、路面及附属设施)相互交错。因此,路基施工,在质量标准、技术操作、施工管理等方面具有特殊性,必须予以研究和不断改进。就整个公路工程而言,路基施工往往是施工组织管理的关键。

道路路基是按照路线位置和一定技术要求修筑的带状构造物,是道路的重要组成部分,是路面的基础,承受由路面传来的行车荷载。路基的强度与稳定性,一方面是通过完善的设计予以保证,另一方面是依靠科学缜密的施工方法得以实现。路基土石方工程往往占总工程量的60% ~70%,其施工质量直接影响到路面的使用质量,影响到整个路面的使用寿命,进而影响到交通与人身的安全,所以对路基施工过程必须予以充分重视。

第一节　施工准备工作

施工准备工作是指工程施工前所做的一切工作。它不仅在开工前要做,开工后也要做,它有组织、有计划、有步骤、分阶段地贯穿于整个工程建设的始终。认真细致地做好施工准备工作,对充分发挥各方面的积极因素,合理利用资源,加快施工速度、提高工程质量、确保施工安全、降低工程成本及获得较好经济效益都起着重要作用。

一、路基施工的基本方法

随着国民经济的快速发展,机械化程度的提高,路基施工的方法也进入了前所未有的系统化、规模化、高度机械化的发展方向。从发展的特点来看,目前路基施工的方法都在向着尽可能节省人力,尽可能减少环境污染,尽可能创造最大经济效益的方向发展。迄今为止,路基施工的基本方法主要经历了以下几个发展过程。

(一)人工施工

人工施工主要是使用手工工具对路基进行简单改造,其特点是效率低下,劳动强度大,施工进度慢等。

(二)简易机械化施工

简易机械化施工方法是以人力为主,配合简易机械的一种施工方法,可减轻劳动强度,提高工作效率,在我国经济条件不是很优越的地区,仍不失为值得提倡的一种施工方法。

(三)爆破法施工

爆破法施工主要针对山区公路。当路基中岩石比较坚硬时,一般采用爆破法施工。

(四)高度机械化施工

当道路等级较高(如高速公路)或工程量较大时,一般采用高度机械化的方法进行系统化的施工。此方法的主要特点是:使用配套机械,最大限度地减轻劳动强度和提高劳动生产率,显著地加快施工进度,提高工程质量,降低工程造价,保证施工安全。高度机械化施工是加速公路建设,实现公路施工现代化的根本途径。

施工方法的选择,应根据结构物所在地段的工程地质及水文地质条件、周边环境、道路交通、场地条件、施工难度、工期和土建造价等多种因素综合考虑后确定。

二、路基施工的一般程序和内容

路基施工包括下列程序与内容。

(一)施工前的准备工作

做好施工前的准备工作,是保证施工顺利进行的重要前提,必须给予足够的重视。准备工作可大致归纳为组织准备、物资准备和技术准备等。

(二)修建小型人工构造物

小型人工构造物包括小桥、涵洞、挡土墙等,这些工程通常与路基施工同时进行,但要求人工构造物先行完工,以保证路基工程不受干扰地全线进行。

(三)路基土石方工程

该项工程包括开挖路堑、填筑路堤、压实路基、整平路基表面、整修边坡、修建排水沟及防护加固工程。

(四)路基工程的检查与验收

工程检查与验收是路基施工中的重要环节,在施工过程中,每当某部分工程特别隐蔽时,应按照施工标准及技术规范的要求进行检查与验收。中间验收的目的在于检查工程质量,及时发现存在的问题,研究分析,采取补救措施。在全部工程完工后,还应由施工单位会同使用、设计和养护单位进行交工验收。

路基工程检查与验收的项目,主要包括路基及有关工程的位置、高程、断面尺寸、压实度或砌筑质量等,要求满足容许误差的范围(表6.1)。凡不符合要求的工程应分析原因,接受教训,并采取相应的措施予以纠正,必要时应推倒重建。

表6.1　路基施工容许误差

工程名称	纵断面高程/cm	纵向平整度	横坡坡度/%	宽度/cm	纵坡坡度/%	平面位置	压实度	边坡坡度及平整度
取土坑、弃土场	—	—	不应积水	—	不应积水	—	—	不应有显著的凹凸不平

续表

工程名称	纵断面高程/cm	纵向平整度	横坡坡度/%	宽度/cm	纵坡坡度/%	平面位置	压实度	边坡坡度及平整度
边沟、排水沟	±5	不应积水	—	—	±0.5,且不小于0.2	不能与原定位置有显著偏差	—	不应有显著的凹凸不平
路基	±5	—	±0.5	不许窄	—	±10 cm	不小于规定压实度	不得陡于设计坡度
路肩	—	不应积水	±0.5	—	—	边缘不应有显著曲折	不小于规定压实度	—
护坡	±5	不应积水	—	—	—	—	—	—

三、施工准备工作内容

施工单位接受施工任务后,即可着手进行施工前的准备工作。在工程开工前,必须有合理的施工准备期。而且,施工准备工作应有计划、有步骤、分阶段地贯穿整个工程项目的施工过程。随着工程的进展,在各分部工程、分项工程、工序工程施工之前,都要做好施工准备工作。

路基施工前的准备工作是保证路基施工顺利实施的基本前提,根据规定,如果施工前的准备工作经监理工程师审核后而未达到合同规定的要求,则不予批准开工。因此必须高度重视,认真对待。

路基施工准备工作的内容主要包括:组织准备、物资准备、技术准备和现场准备4个方面。

(一)组织准备

在路基施工之前,应建立一个健全、灵活、运转自如、高效的施工组织管理机构,制订施工管理制度,明确分工,落实责任。项目经理部机构配置如图6.1所示。

根据工程规模的不同,各机构也可能有不同之处。各个部门配备的专业人员应按职称、能力形成梯队。所需要的人数视工程规模大小、艰难程度而定,路桥专业技术人员数量一般按每人管理3~5 km配置,高速公路和一级公路按每人管理1 km配置。

(二)物资准备

物资准备主要包括驻地建设、路基施工机械设备、经理部驻地建设、预制场、搅拌站、材料库、机械停放场、路基工程原材料、试验及检测设备等的准备。

(三)技术准备

技术准备工作的主要内容就是熟悉设计文件、进行技术交底和实施施工调查。设计文件是组织施工的主要依据,熟悉、审核施工图样是领会设计意图、明确工程内容、掌握工程特点的重要环节。施工单位在接到施工设计文件后,应立即组织有关技术人员对施工设计文件进行审核,充分领会设计意图,核对地形和地质资料。

图样会审着重解决以下几个问题:

①核对设计是否符合施工条件。

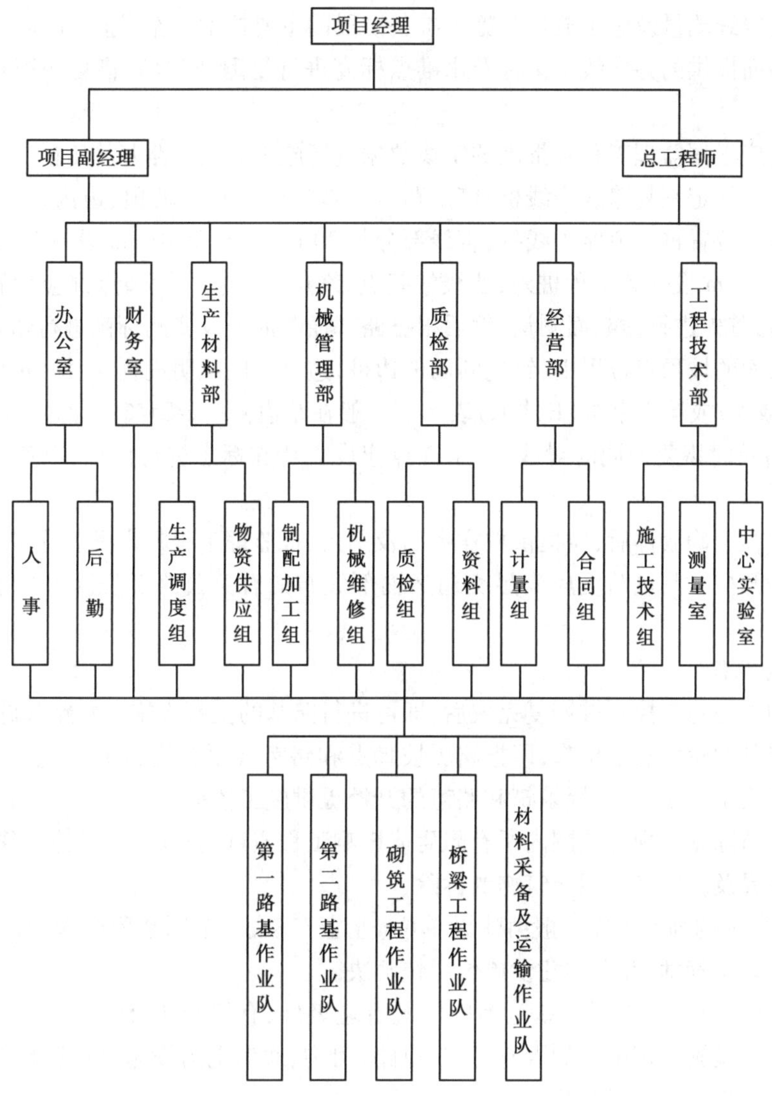

图6.1　项目经理部机构配置图

②设计中提出的工程材料、工艺要求，施工单位能否实现和解决。

③设计能否满足工程质量及安全要求，是否符合国家有关规范和标准。

④设计图样及说明是否齐全。

⑤设计图样上的尺寸、标高、工程数量的计算有无差、错、漏、碰现象。

在施工人员熟悉设计文件和充分准备的基础上，参加由业主召集的设计、监理、施工单位组织的设计交底和图样会审。设计人员向施工单位讲清设计意图和对施工的主要要求，施工人员应对图样和有关问题提出质询，并由设计单位进行逐条答复，对合理的建议按程序进行变更设计或补充设计。

设计图样是施工的依据，施工单位和全体施工人员必须按图施工，未经业主和监理工程师同意，施工单位和施工人员无权修改设计图样，更不能没有设计图样就擅自施工。

技术交底通常包括施工图样交底、施工技术交底及安全技术交底等。这项交底工作分别由高一级技术负责人、单位工程负责人、施工队长、作业班组逐级组织进行。

施工恢复定线测量及施工放样是施工准备阶段的主要技术工作，施工单位根据设计图样、监理工程师书面提供的各导线点坐标及水准点标高进行复测，闭合后将复测资料交监理工程师审核。

施工人员应根据监理工程师批准的定线数据进行施工放线。路基施工前，应根据设计图、施工工艺和有关规定恢复路线中线桩，钉出路基用地界桩及路堑坡顶、边沟、取土坑、护坡道、弃土堆等的具体位置桩。道路中线桩，直线部分每 20 m 一个，每 100 m 设一个永久性固定桩；曲线部分除每 20 m 设一整里程桩外，曲线的起点、终点、圆缓点、缓圆点都应设置固定桩。在中线桩施测后，首先进行横断面测量，然后根据路基横断面图及实测标高进行边桩放线。

在挖方断面的坡顶点位置上，钉挖断面的边桩，边桩上应注明里程、挖深(m)，左右边桩以拼音字头(Z 或 Y)或英文字头(L 或 R)表示。一般在距边桩一定距离的外方，设栓(护)桩，以备边桩丢失后及时恢复。同时导线点、水准点应设立特殊标志进行保护，以免在施工中遭到破坏。

施工人员在准确放样后，应提供放样数据及图表，报监理工程师审批。施工人员经批准后才可进行清表开挖。测量精度应满足交通运输部颁布的有关公路工程验收标准或合同规定标准。

（四）现场准备

在公路的中心施工控制桩恢复完成后，即可进行路基的土石方施工。路基施工前，应首先在地面上把路基的轮廓表示出来，即把路堤坡脚点和路堑坡顶点找出来，钉上边桩，同时还应把边坡的坡度表示出来，为路堤填筑和路堑的开挖提供施工依据。

施工前应清除施工现场范围内所有阻碍或影响工程质量的障碍物，具体工作内容如下：

1. 用地划界及房屋和其他建筑物的拆除

(1)公路用地的划界工作一般由建设单位(业主)完成。个别地段尚未划定的，施工单位应立即报告监理工程师，并会同建设单位尽快解决。

(2)施工单位在施工前对路基范围内的既有垃圾堆、有机杂质、淤泥、软土、草丛、池塘等应妥善处理。路基施工范围内的既有房屋、道路、河沟、通信电力设施、坟墓及其他建筑物，均应会同有关部门事先拆迁或改移。

2. 清除小树和小灌木丛

在路基施工范围内，对妨碍视线和影响行车的小树和小灌木丛，均应在施工前进行砍伐或移栽。砍伐后的树木应堆放在不妨碍施工的地方。

高等级公路、一级公路和路基填土高度小于 1 m 的其他公路，应将路基范围内的树根全部挖除，并将坑穴填平夯实。采用机械化施工的路堑，应将树根全部挖除。在填方和取土的地段应进行表面清理，清理的深度应根据种植土的厚度确定，清除的种植土应集中堆放，填方地段在清理完地表后，应整平压实并达到规定的要求，方可进行填方作业。

3. 施工场地排水

施工场地排水是指疏干、排除场地上所积的地面水，保持施工场地干燥，为施工提供正常的条件，通常采用设置纵、横排水沟，形成排水系统，将水引至附近沟渠、低洼处予以排除。

第二节　填方路堤施工

一、填方路堤施工一般规定

(一)一般要求

(1)填方路堤施工前,应按照有关规定对原地面进行清理及压实。所有填方作业均应严格按照图样或监理工程师的要求施工。

(2)路堤基底应在填筑前进行压实,施工单位应将压实后新测绘的填方工程断面图提交监理工程师核准,否则不得填筑。

(3)填方作业不得对邻近的结构物和其他设施产生损坏及干扰,否则,由此引起的后果应由施工单位自负。

(4)整个施工期间,施工单位必须保证排水畅通。如因排水不当而造成工程损坏,施工单位应自费立即进行修补。

(5)路堤填料中石料含量等于或大于70%时,应按填石路堤施工;小于70%时,应按填土路堤施工。

(6)特殊路基施工前,施工单位应按图样要求,提出处理方案报监理工程师批准。

(7)路堤基底及路堤每层施工完成后未经检验合格,不得进行上一层的填土施工。

(二)零填挖路基

(1)零填挖路床顶面以下0~300 mm的压实度,不应小于95%。如不符合要求,施工人员应翻松后再压实,使压实度达到规定的要求。

(2)特殊路基土层上的零填挖路床面,施工人员应按图样的要求,实行换填、改善或翻拌晾晒。换填、改善厚度应按图样或由监理工程师根据现场情况确定,并分层压实,换填的填料最小强度和最大粒径应符合质量标准的要求,其压实度应达到质量标准的要求。

(三)填土路堤

(1)填方路基必须按路面平行线分层控制填土标高;填方作业应分层平行摊铺;保证路基压实度。每层填料铺设的宽度,每侧应超出路堤设计宽度300 mm,以保证修整路基边坡后的路堤边缘有足够的压实度。不同土质的填料应分层填筑,且应尽量减少层数,每种填料层总厚度不得小于500 mm。土方路堤填筑至路床顶面最后一层的压实层厚度不应小于100 mm。

(2)路堤填土高度小于800 mm(不包括路面厚度)时,对原地表清理与挖除之后的土质基底,应将表面翻松深300 mm,然后整平压实。其压实度应符合规范要求。

(3)路堤填土高度大于800 mm时,应将路堤基底整平处理并在填筑前进行碾压,其压实度不应小于85%。

(4)地面自然横坡或纵坡坡度陡于1:5时,应将原地面挖成台阶,台阶宽度应满足摊铺和压实设备操作的需要,且不得小于1 m。台阶顶一般做成坡度为2%~4%的内倾斜坡。砂类土上则不挖台阶,但应将原地面以下200~300 mm的表土翻松。

(5)加宽旧路堤时,应沿旧路堤边坡挖成向内倾斜的台阶;所有填料宜与旧路堤相同或选用透水性较好的材料。

(6)连接结构物的路堤工程,其施工方法不应危害结构物的安全与稳定性。

(7)在路堤范围内修筑便道或引道时,该便道或引道不得作为路堤填筑的部分,应重新填筑成符合要求的新路堤。

(8)任何靠压实设备无法压碎的大块硬质材料,应予以清除或破碎,破碎后的硬质材料最大尺寸不超过压实层厚度的2/3,并应均匀分布,以便达到要求的压实度。

(9)填土路堤分几个作业段施工时,若两个相邻段交接处不在同一时间填筑,则先填段应按1:1坡度分层留台阶;若两段同时施工,则应分层相互交叠衔接,其搭接长度不得小于2 m。

(10)用透水性较小的土填筑路堤时,应将含水量控制在最佳含水量±2%范围内;当填筑路堤下层时,其顶部应做成坡度为4%的双向横坡;当填筑上层时,不应覆盖在由透水性较好的土所填筑的路堤边坡上。

(11)在土石混合填料中不得采用倾填法施工,应进行分层填筑,分层压实。每层摊铺厚度应根据压实机械类型和规格确定,不宜超过400 mm。

(12)用土石混合料填筑的路堤的压实度由现场试验确定,并报监理工程师检验批准。

(四)填石路堤

(1)修筑填石路堤,应将石块逐层水平填筑,分层厚度不宜大于500 mm。石料强度不应小于15 MPa,石块最大粒径不得超过压实厚度的2/3。人工铺填粒径为250 mm以上的石料时,应大面向下摆放平稳,紧密靠拢,所有缝隙填以小石块或石屑。人工铺填粒径为250 mm以下石料时,可直接分层填筑,分层碾压。高速公路及一级公路填石路堤路床顶面以下500 mm的范围内应铺填有适当级配的砂石料,最大粒径不超过100 mm。其他公路填石路堤路床顶面以下300 mm范围内宜填筑符合要求的土并压实,填料最大粒径不应大于150 mm。

(2)填石路堤应使用重型振动压路机分层洒水压实。压实时继续用小石块或石屑填缝,直到压实层顶面稳定、不再下沉(无轮迹)、石块紧密、表面平整为止。

(3)施工中压实度由压实遍数控制。压实遍数由现场试验确定,并报监理工程师检验批准。

(五)路基填、挖交界(纵、横)地段的路堤填方

1.横向半填半挖地段填方

(1)横向半填半挖地段填方,应按图样要求分层填筑,以免因填筑不当而出现路基纵向裂缝。

(2)要认真清理半填断面的原地面,根据图样要求及规范规定将半填断面原地面表面翻松或挖成台阶,再进行分层填筑。

(3)填筑时,必须从低处往高处分层摊铺碾压,特别要注意填、挖交界处的拼接,碾压要做到密实无拼痕。

(4)半填半挖路段的开挖,必须待下半填断面原地面处理好,经监理工程师检验合格后,方可开挖上挖方断面。对挖方中非适用材料必须废弃,严禁填在半填断面内。

(5)若图样对半填半挖路基采用土工合成材料加筋时,则土工合成材料的设置部位、层数和材料规格、质量要求应符合图样要求及规范的有关规定。

2.纵向填、挖交界处的路基填方

(1)纵向填、挖交界处的路基填方,应按图样要求分层填筑,以免因填筑不当而出现路基横向裂缝。

(2)纵向填、挖交界处施工首先应认真清理填方路段的原地面,清理长度依据填土高度和原地面坡度而定,原地面清理应符合图样要求。

(3)纵向填、挖交界处的开挖,必须待填方处原地面处理好并经监理工程师检验合格后,方可开挖挖方断面,对挖方中非适用材料严禁用于填筑。

(4)纵向填、挖交界处填筑时,必须从低处往高处分层摊铺碾压,特别要注意填、挖交界处的拼接,碾压要做到密实无拼痕。

(5)纵向填、挖交界处常伴随着半填半挖横断面,施工人员在施工中应按图样要求妥善安排,做到纵、横交界填筑均衡,碾压密实无拼痕。

(6)若图样对纵向填、挖交界处采用土工合成材料加筋时,应按图样要求及有关规定设置土工合成材料。

(六)结构物处的回填

(1)结构物(包括涵台背、锥坡、挡土墙墙背等)处的回填是指结构物完成后,用符合要求的材料分层填筑结构物与路基之间的遗留部分。

(2)结构物处的回填,应按图样和监理工程师的要求进行。回填时圬工强度的具体要求及回填时间,应按《公路桥涵施工技术规范》(JTG/T F50—2011)的规定执行。

(3)回填材料除图样另有规定外,宜选用透水性材料(如沙砾、碎石、矿渣、碎石土等),或半刚性材料(如石灰土等),或监理工程师同意的其他材料;填料的最大粒径不得超过 50 mm。

(4)台背填土顺路线方向长度:顶部距翼墙尾端不小于台高加 2 m,底部距基础内缘不小于2 m;拱桥台背填土长度不应小于台高的 3 ~ 4 倍;涵洞填土长度每侧不应小于 2 倍孔径长度。

(5)结构物处的填土应分层填筑,每层松铺厚度不宜超过 150 mm,结构物处的压实度要求从填方基底或涵洞顶部至路床顶面均为 95%。

(6)当用石灰土做填料时按《公路路面基层施工技术规范》(JTJ 034—2000)有关规定执行。

(7)在回填压实施工中,应对称回填压实并保持结构物完好无损。压路机达不到的地方,应使用小型机动夯具或监理工程师同意的其他方法压实。若对结构物有损坏,施工单位应自费进行补救,直到监理工程师验收合格为止。

(七)排水

(1)在地表过分潮湿或水田地段,应在路堤两侧护坡道外开挖纵向排水沟,在路基范围内开挖纵横向排水沟,排除积水,切断或降低地下水位,并应按排水设计或监理工程师的指示进行施工。

(2)在护坡道外侧的排水沟,应在沟的外侧填筑土埂,防止水流入。

(3)在路基范围内开挖的横向排水沟,当起切断或降低地下水位作用时,应回填渗水性良好的沙砾料。

(4)在路基范围内有大片低洼积水地段时,可先做土埂排除积水,并将杂草、淤泥以及不适宜的材料清除出路堤,按监理工程师要求的深度将此地面翻松(若此地面密实度达到要求可不挖松),经处理后再进行压实。对旱地或地表土质疏松时也应进行原地面压实。对压实度的要求,均应符合规范要求。

二、填筑方案与施工方法

(一)填筑方案

土质路堤(包括石质土),按填土顺序可分为分层平铺和竖向填筑两种方案。分层平铺是基本的方案,如符合分层填平和压实的要求,则效果较好,且质量有保证,有条件时应尽量采用。竖向填筑是在特定条件下,路堤填筑可采用的方案。

1. 分层平铺

分层平铺有利于压实,可以保证不同用土按规定层次填筑。图 6.2 所示为不同用土的组合方案,其中正确方案的要点是:不同用土水平分层,以保证强度均匀;透水性差的用土,如黏土等,一般宜填于下层,表面成双向横坡,有利于排除积水,防止水害;同一层次有不同用土时,搭接处成斜面,以保证在该层厚度范围内,强度比较均匀,防止产生明显变形。不正确的方案主要是指:未水平分层,有反坡积水,夹有冻土块和粗大石块,以及有陡坡斜面等。其主要问题在于强度不均匀和排水不利。此外,还应注意用土不能含有杂质(草木、有机物等)及未经处理的劣质土(细粉土、膨胀土、盐渍土与腐殖土等)。桥涵、挡土墙等结构物的回填土,以砂性土为宜,防止不均匀沉降,并按有关操作规程堆积回填和夯实。

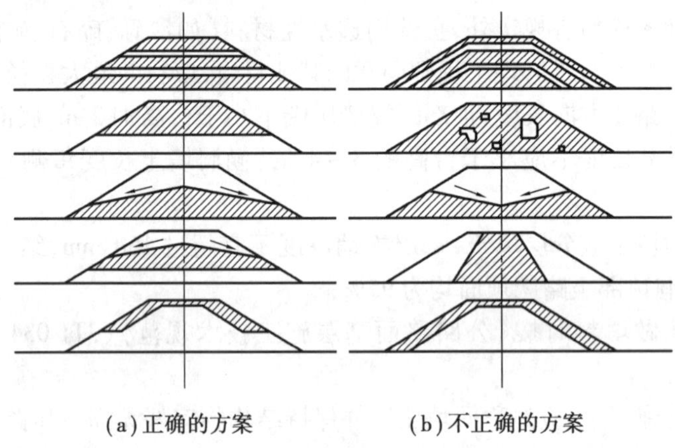

图 6.2 土路堤填筑方案示意图

旧路改建工程路基的填筑(图 6.3)应采用分层填筑、逐层压实的方法。为使新旧路基紧密结合,加宽之前,沿旧路边坡须挖成阶梯,然后分层填筑,层层夯实,不允许将薄层、新填土层贴在原路基的表面。阶梯宽一般为 1 m 左右,阶高约 0.5 m。

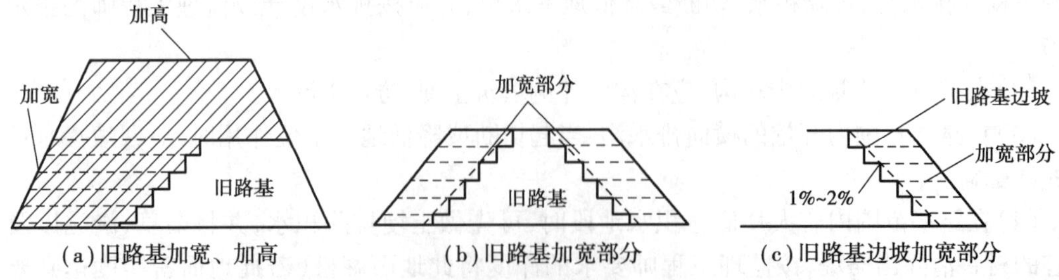

图 6.3 旧路改建工程路基填筑方案示意图

2. 竖向填筑

竖向填筑是指沿路中心线方向逐步向前伸填,如图 6.4 所示。路线跨越深谷和池塘时,地面高差大,填土面积小,难以水平分层卸土,以及陡坡地段上半挖半填路基,局部路段横坡较陡或难以分层填筑等情况下,可采用竖向填筑方案。竖向填筑的质量取决于填土密实程度,为此宜采用必要的技术措施。例如,选用振动式或锤式夯击机,选用沉陷量较小及粒径较均匀的砂石填料;路堤全宽一次成型;暂不修建较高级的路面,容许短期内自然沉落。此外,尽量采用混合填筑方案,即下层竖向填筑,上层水平分层,必要时可考虑参照地基加固时采用的注入、扩孔或强夯等措施,以保证填土具有足够的密实度。

3. 混合填筑

混合填筑是在路堤下部采用竖向填筑而在上部采用水平分层填筑的方法(图 6.5),这样可以使上部填土获得足够的密实度。一般在不易压实的地段采用。

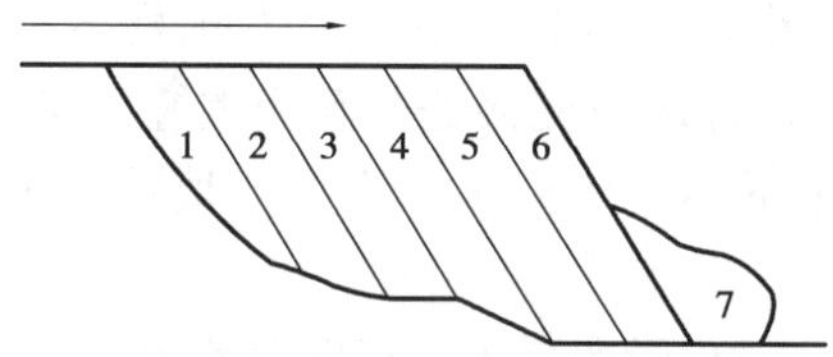

图 6.4 竖向填筑方案示意图

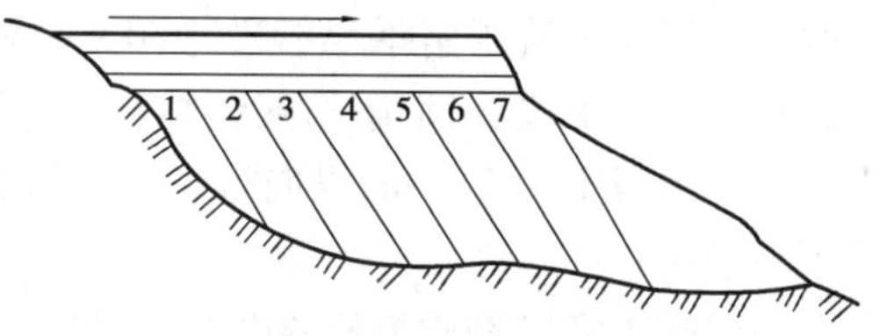

图 6.5 混合填筑方案示意图

(二)施工方法

1. A、B 组及 C 组中的块石、碎石、砾石类填料填筑施工

A、B 组及 C 组中的块石、碎石、砾石类填料路基填筑采用机械化施工。路堑开挖硬质岩石和取土场填料,采用装载机、挖掘机挖装,自卸汽车运输。推土机初平,平地机精平,压路机碾压。施工中按照"三阶段、四区段、八流程"的施工工艺组织施工。

三阶段:施工准备阶段、施工阶段、整修验收阶段。

四区段:填筑区、平整区、碾压区、检测区。

八流程:施工准备、基底处理、分层填筑、摊铺整平、洒水晾晒、碾压夯实、检验签证、路基整修。

路基填筑采用 15 t 自卸汽车运输填料,纵向分段、水平分层布料,推土机初平,平地机精平,振动压路机振动碾压。施工前先进行现场填筑压实试验,确定不同压实机械、不同填料施工含水量的控制范围、松铺厚度、碾压遍数、最佳的机械组合。填筑时设专人指挥车辆,并根据设计位置布置沉降仪、坡脚位移观测桩和其他观测设备。施工过程中加强施工检测,合格后填筑下一层。

2. 改良土填料填筑施工

(1)填料物理改良。填料采用花岗岩全风化物时,先进行试验分析,若为 C 组粗粒土,掺入中粗砂进行物理改良。对于易风化软岩的风化物,通过试验确定,可掺入中粗砂或碎石土进行物理改良。对于碎块石硬质岩填料根据试验进行级配改良。根据试验确定掺入量,确保填料级配满足要求。

(2)填料化学改良。通过在细粒土中掺加 3% ~5% 的水泥或 5% ~8% 的石灰进行改良,石灰或水泥作为外掺剂。外掺剂的种类和技术条件符合设计及相关规范要求,在投入使用前进行检验,检验合格后方可采用。掺入化学改良土中的施工用水符合工程用水标准。化学改良土外掺剂分类堆放,采取防风、防雨设施,防止材料受潮、变质。外掺剂的用量根据试验确定。试验方法采用室内试验结合现场填筑试验进行,对化学改良土确保填筑后其无侧限抗压强度满足要求。

(3)填筑施工。改良土路堤填筑前,应进行试验段填筑压实施工,取得数据,从而指导大面积路堤填筑施工。

拌和好的混合料立即用自卸汽车运至填筑现场。化学改良土运输过程中用防雨膜覆盖,以免混合料含水量改变。施工过程中,对混合料的含水量进行检测,通过晾晒、洒水等措施将改良土含水量控制在最佳含水量 ±2.5% 范围内。

压实机械采用重型振动压路机。采用化学改良(尤其是水泥改良)时,通过填筑试验确定拌和到碾压完成所需的时间,不大于混合料的终凝时间;压实质量及时检查,需作进一步碾压时应紧接着进行,确保压实质量一步到位。

改良土每层填筑压实厚度不超过 30 cm,两工作段的纵向搭接长度不小于 2 m,混合料中不含超尺寸颗粒土块、未消解石灰颗粒和素土层。碾压时,各区段交接处应互相重叠压实,纵向搭接长度不得小于 2.0 m,纵向行与行之间的轮迹重叠不小于 0.4 m,上下两层填筑接头应错开不小于 3.0 m。

在下层施工完成经质量检验合格后,进行上层铺筑。对化学改良土进行保湿养生,养生期不少于 7 d。养生期间实行交通管制,除了洒水车外,其他车辆禁止通行。采取环保措施,杜绝对周边环境的污染。

雨天不宜进行化学改良土施工,对已经摊铺好的改良土,在下雨之前,集中压实机械进行碾压,直至压实合格并及时养生,并用塑料薄膜覆盖。

3. 石质路堤填筑施工

石质路堤填料主要利用路堑、隧道挖方移挖作填。填料最大粒径不大于 15 cm(基床以下路堤),级配满足设计要求和相关规范规定。

硬质岩石填筑施工前先清理挖方中的大石块,对剩下的填料进行试验检测,确定填料的类别及级配情况,若满足要求直接用作填料,若不满足要求则进行级配改良,当需要掺入石质颗粒时,可将大石块破碎后用作改良掺加料。

施工中按照“三阶段、四区段、八流程”的施工工艺组织施工。

路基填筑采用 15 t 自卸汽车运输填料,纵向分段、水平分层布料,推土机摊铺,平地机整形,振动压路机振动碾压。施工工艺流程如图 6.6 所示。

4. 路堤边坡压实

为保证路堤边坡压实度要求,路堤填筑时每侧加宽 50 cm,碾压从路基边坡位置向中间进行,碾压遍数与路堤碾压遍数相同。

5. 质量检测控制

建立先进、可靠、精确、完整、有效的质量控制与检测体系,加强路基施工的质量检测控制,对所用填料、路基压实质量等进行严格的过程控制,保证所采用的各种技术参数正确,保证填料特性、工程措施及适用范围等全过程受控。

(1)填料种类、质量满足设计要求。填筑前对取土场填料进行取样试验;填筑时对运至现场的填料进行抽样检验,填料土质变化或更换取土场时应重新进行检验。在路堤填筑前,填方的材料应每 5 000 m^3 或在土质变化时取样,按《公路土工试验规程》(JTG E40—2007)规定的

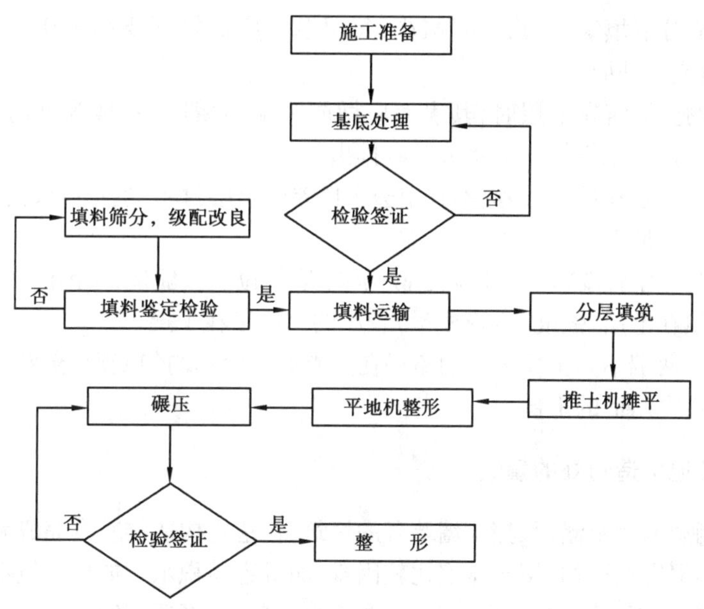

图6.6　石质路堤填筑施工工艺流程

方法进行颗粒分析、含水量与密实度、液限、有机质含量、承载比(CBR)试验和击实试验。进行击实试验时用重型击实法,确定土的最大干密度和最佳含水量。

①用于路堤填料铺筑长度,试验路段的全幅路基长度不小于200 m,并提出试验报告,报监理工程师审批,报业主备案。

②试验报告内容应包括填土高度、压实设备的类型、最佳组合方式、碾压遍数及碾压速度、材料的含水量、设计高程、平整度以及施工工艺要求等。

③填方试验路段,经监理工程师批准后方可大面积施工。对于填方,包括回填的每种填料,都应进行现场压实试验。试验段所用的填料和机具应与施工的机具相同。

(2)基床以下路堤压实质量控制标准满足《公路路面基层施工技术规范》(JTJ 034—2000)中关于压实标准、检验数量及检验方法的规定。

(3)路基几何尺寸及偏差见表6.2。

表6.2　路基几何尺寸及偏差

项次	检查项目	规定或允许偏差	检查方法和频率
1	中线至边缘距离/mm	±50	沿线路纵向每100 m用尺量5处
2	宽度/mm	≥设计值	沿线路纵向每100 m用尺量5处
3	横坡/%	±0.5	每100 m用坡度尺量5个断面
4	平整度/mm	≤15	每100 m用2.5 m直尺检查10处

三、不同土质填筑路堤的规定

采用不同土质填筑路堤,在高等级公路施工中是十分常见的,若将不同性质的土任意混填,会造成路基病害,因此必须注意以下几点:

①不同土质应分层填筑，层次尽量减少，每层总厚度最好不要小于0.5 m。不得混杂乱填，以免形成水囊或滑动面。

②透水性差的土填筑在下层时，其表面应做成一定的横坡（一般为外向坡度为4%的横坡），以保证来自上层透水性填土的水分及时排出。

③为保证水分蒸发和排除，路堤不宜用透水性差的土层封闭，也不应该覆盖在透水性较大的土所填筑的下层边坡上。

④根据强度与稳定性要求，合理地安排不同土质层位。一般地，不因潮湿及冻融而变更其体积的优良土应填在上层，强度（变形模量）较小的土应填在下层。

⑤为防止相邻两端不同土质填筑的路堤在交界处发生不均匀变形，交界处应做成斜面，并将透水性差的土填在斜面的下部。

四、桥涵及其他构造物处的填筑

桥台台背、涵洞两侧及涵顶、挡土墙墙背的填筑，在这些构造物基本完成后进行，由于场地狭窄，又要保证不损害构造物，填筑压实比较困难，而且容易积水。如果填筑不良，完工后填土与构造物连接部分出现沉降差，会发生跳车，影响行车速度、舒适和安全，甚至影响构造物的稳定，养护期间要经常修补路面，也会导致交通堵塞。所以，要注意选好填料和认真施工。

（一）填料

在下列范围内一般应选用渗水性土填筑：台背顺路线方向，上部距翼墙尾端不少于台高加2 m，下部距基础内缘不少于2 m，拱桥台背不少于台高的3～4倍；涵洞两侧不少于孔径的2倍；挡土墙墙背回填部分。如果台背采用渗水土有困难时，在冰冻地区自路堤顶面起2.5 m以下，非冰冻地区高水位以下，可用与路堤相同填料填筑。特别要注意，不要将构造物基础挖出来的劣质土混入填料中。

（二）填筑

桥台背后填土应与锥坡填土同时进行，涵洞、管道缺口填土，应在两侧对称均匀回填；涵顶填土的松铺厚度小于50～100 cm时，不得通过重型车辆或施工机械；靠近构造物100 cm范围内不得有大型机械行驶或作业。

（三）排水

桥涵等结构物处填土，在施工中要竭力防止雨水流入；对已有积水应挖沟或用水泵将其排除。对于地下水，可设盲沟引出。当不得不用非渗水土填筑时，应在其上设置横向盲沟或用黏土等不透水性材料封顶。挡土墙墙背应做好反滤层，使水能顺利地从泄水孔流出。

（四）压实

应在接近最佳含水量状态下分层填筑，分层压实。每层松铺厚度不宜超过20 cm。密实度应达到设计要求。如设计无专门规定，则按路基压实度标准执行。用非渗水土填筑时，必须加强压实措施，或对填土性能进行改善处理（如掺生石灰），以提高强度和减少雨水的渗入。

为了保证填土压实质量，在比较宽阔部位应尽量使用大型压实机械，只是在临近构造物边缘及涵顶50 cm内，才采用小型夯压机械，分薄层认真夯压密实。夯压遍数应通过试验确定，已达到压实度要求为准。

适用于构造物处填土压实的小型机械，有蛙式打夯机、内燃打夯机、手扶式振动压路机、振动平板夯等。

五、高填方路堤

(一)高填方路堤的一般规定

(1)水稻田或常年积水地带,用细粒土填筑路堤高度在 6 m 以上,其他地带填土或填石路堤在 20 m 以上时,可按照高填方路基施工。

(2)在进行原地面清理后,如地基土的强度不符合设计要求,应按照图样或监理工程师的要求进行处理或加固。

(3)高填方路堤应严格按照设计边坡填筑,不得缺填。

(4)高填方路堤每层填筑厚度,应根据所采用的填料,按有关规定执行。

(5)高填方路堤当材料来源不同,其性能相差较大时,应分层填筑,不应分段或纵向分幅填筑。

(6)高填方路堤受水浸淹部分,应采用水稳性高及渗水性好的填料,其边坡比应符合图样要求,且不宜小于 1∶2。

(7)半挖半填的一侧高填方路基为斜坡时,应按规定挖好横向台阶,并应在填方路堤完成后,对设计边坡外的松散弃土进行清理。

(8)高填方路堤必须进行沉降和位移观测,观测方法应符合规范有关规定或经监理工程师批准,观测资料应提供给监理工程师审查,以便作出路面铺筑的有关决定。

(二)高填方施工方法

(1)施工前先填筑试验段。填筑试验段可取得压实设备的类型、最佳组合方式、碾压遍数及碾压速度、工序、每层材料的松铺厚度、材料的含水量等有关数据以指导施工。

(2)高填方地段施工前准备工作。施工前仔细对填方区进行现场勘察,掌握填方区地质情况,对于特殊地基,应根据设计和施工规范的要求,按特殊地基处理方法进行基底处理;对于一般原地面,先将原地面树木、杂草及腐殖土清除,并疏干积水、晾晒、平整,原地面横纵坡坡度陡于 1∶5的地段挖成宽度不小于 1 m 的台阶,然后用压路机碾压到规范要求的压实度。

(3)填方区上料。运料前,挖方区的填料经试验合格后使用。采用挖掘机或装载机装车,自卸汽车运输到填方区。汽车卸料时,安排专人指挥,按每层 50 cm 的松铺厚度计算卸料密度,由远及近进行卸料,一层料卸完后,即停止卸料,进入摊铺和整平阶段。

(4)填方的平整。当填方区一层填料上料完成后,按层厚 50 cm 的松铺厚度,采用大型履带式推土机初步摊平,并在初平后的填料上来回碾压,完成初步压实。每层初步平整完成后,并形成一定的路拱以利排水。对机械无法到达的边角处应采用人工找平。

(5)填方的压实。在经过平整后的填层面上采用大吨位振动式压路机碾压。碾压时直线段由两边向中间,小半径曲线段内侧向外侧,纵向进退式进行,横向接头重叠 0.4 ~0.5 m,纵向碾压轮迹重叠 0.4 ~0.5 m,压路机的行驶速度控制在 4 km/h 之内;初压时采用静压,然后改为振动压实,其压实遍数均由试验确定。机械无法到达边角处或压实机械不能达到要求的地方,采用强夯处理。

(6)压实度检测。采用灌砂法进行检测,路堤填筑前,每种填料按试验规范要求取样进行土工试验,确定土样的最大干密度和最佳含水量;各填层所测得的压实度必须符合路基填筑压实度规范要求,否则要继续进行碾压,或对填料进行含水量分析,看是否在最佳含水量 ±2% 的范围之内,若偏大或偏小,则分别采取翻松晾晒和洒水湿润等措施进行处理,然后重新进行碾压，直至符合要求为止。

(7)沉降稳定观测。施工前，在离路基沉降区范围以外的稳定区域埋置 2～3 个观测基点，用全站仪及水准仪精确定出基点的标高及基线的方位；在路基两侧的路堤坡脚处、坡脚以外 2 m 和 4 m 处每隔 200 m 分别对称埋置 3 个测点，测点用钢筋混凝土桩制成。在路基填筑前根据基点的标高及基线的方位用全站仪观测定出测点的初始位置，并做好记录；在路基填筑过程中，每天对测点进行一次观测（测点位移变化不大时，可 3 d 一次或 7 d 一次），并记录观测数据。当测点的水平和竖向位移超出规范要求时，地基沉降处于不稳定状态，这时必须立即停止填筑，并采取相关措施进行处理，待路基稳定后方可继续填筑。

（三）高填方土质路基填土注意事项

1. 填筑用土的要求

(1)填土不得使用腐殖土、生活垃圾土、淤泥、冻土块和盐渍土。

(2)填土不得含草、树根等杂物。

2. 基底处理的要求

(1)原地面横坡度不陡于 1∶5时，基底应清除草皮；横坡度陡于 1∶5时，原地面应挖成台阶。台阶宽度不应小于 2 m，每级台阶高度不宜大于 30 cm。

(2)基底为耕地或松土时，必须清除树根、杂草。应先压实再填筑。

(3)水塘、水沟等处，应抽干积水，清除淤泥和腐殖土，压实基底后方可填筑。

3. 填筑施工的要求

(1)填土必须分层填筑压实。其分层最大厚度必须与压实机具功能相适应，不得大于 30 cm。

(2)填土宽度每侧应宽于填层设计宽度，压实宽度不得小于设计宽度，最后削坡。

(3)填筑宜采用水平分层填筑法施工，即按照横断面全宽分成水平层次，逐层填压密实。填筑时应先填中间，逐渐填至边缘。原地面不平时，应从低处开始填筑。

(4)不同种类的土必须分段分层填筑，不应混杂。用不同土填筑的层数宜少。不因潮湿及冻融而变更体积的优良土应填在上层。如用透水性较差的土填筑路基下层，其工作面宜做成坡度为 2%～4% 的双向横坡，以利排水。填筑上层时，不应包覆在透水性较好的下层填土的边坡上。

(5)原地面坡度大于 12% 的地段，可采用纵向分层填筑法施工，沿纵坡分层，逐层填压密实。

(6)当填方分几个作业段施工，两段交接处不在同一时间填筑时，则先填地段应按 1∶1坡度分层留台阶；若两个地段同时填筑，则应分层相互交叠衔接。其搭接长度不得小于 1 m。

(7)若土的压实采用压路机压实时，应遵循先轻后重、先稳后振、先低后高、先慢后快以及轮迹重叠等原则。压实度应满足设计要求。

第三节　路堑开挖

一、路堑开挖的一般规定

土质路堤的填挖，首先必须做好施工排水，包括开挖地面临时排水沟槽及设法降低地下水位,以便始终保持施工场地的干燥。路堑开挖,应在全横断面进行,自上而下一次成型,注意按设计要求放样,不断检查校正,不得乱挖超挖,边坡表面削平拍平。路堑底面,若土质坚实应尽量不扰动土体,予以整平压实;若土质较差,水平条件不良,应根据路面强度设计要求,加深边沟、设置地下盲沟以及挖松表层一定深度原土层,重新分层填筑压实或必要时予以换土加固,以确保路堑底层土基的强度与稳定性,达到规定标准。路堑开挖原则包括以下几点:

①按设计坡比分层开挖,每层开挖深度应根据机械修整边坡的便利程度确定。

②软土天然层开挖应考虑弃土外运问题,保证开挖现场的便道畅通,合理组织现场交通,并结合本单位的运输设备吨考虑。

③石方爆破作业以小型及松动爆破为主,严禁过量爆破。对坡面 2 m 范围内采用光面爆破和预裂爆破技术。

④开挖形成的边坡按设计要求及时防护,避免长期暴露,造成坡面坍塌。

⑤尽量考虑移挖作填,必须舍弃时本着高土高弃、低土低弃、劣土废弃、优土还田的原则。

⑥在能保证路堑边坡和弃土堆自身稳定的情况下,考虑对附近建筑物、农田、水利、河道、交通的影响,防止水土流失、淤塞排灌沟渠等弊端,合理确定弃土堆位置与高度。

⑦注重开挖现场文明施工,保证施工有序,安全生产。

二、开挖方案与施工方法

土方路堑的开挖方法,根据路堑深度、纵向长度及现场施工条件,可以采用以下几种基本方案。

(一)横向挖掘法

(1)单层横向全宽挖掘法。从开挖路堑的一端或两端按断面全宽一次性挖到设计高程,逐渐向纵深挖掘,挖出的土方一般都是向两侧运送,如图 6.7(a)所示。这种方法适用于挖掘深度小且较短的路堑。

(2)多层横向全宽挖掘法。从开挖的一端或两端按横断面分层挖至设计高程,如图 6.7(b)所示。这种方法主要适用于开挖深而短的路堑。土质路堑的开挖可采用人工作业,也可选用机械作业。

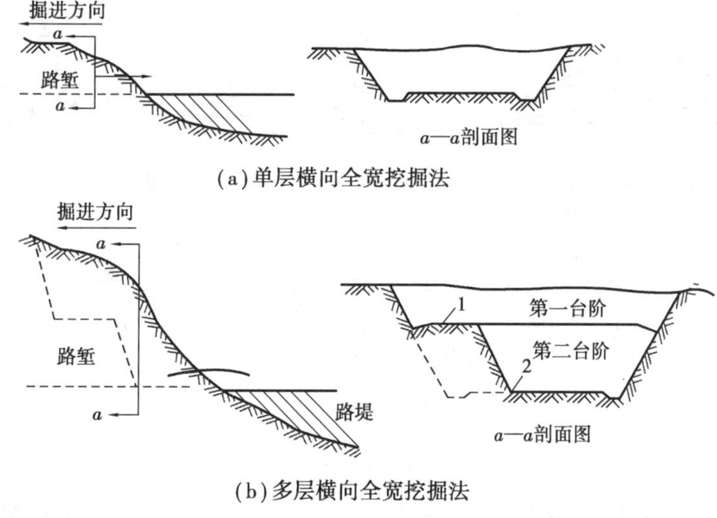

图 6.7　横向全宽挖掘法

采用横向挖掘法开挖路堑,应注意以下事项:

①用人工按横挖法挖路堑时,可在不同高度分几个台阶开挖,其深度一般宜为1.5~2.0 m。无法自两端一次横挖到路基高程或分台阶横挖,均应设单独的运土通道及临时排水沟,以免相互干扰,影响工效,造成事故。

②用机械按横挖法挖路堑且弃土(或移挖作填)运距较远时,宜用挖掘机配合自卸车进行。每层台阶高度可增加到3~4 m。其余要求与人力开挖路堑相同。

③路堑横挖法也可用推土机进行,当弃土或移挖作填土的运距超过推土机的经济运距时,可用推土机推土堆积,再用装载机配合自卸车运土。用机械开挖路堑应注意的是,边坡应配合平地机或人工分层修刮平整,以保证边坡的平整和稳定。

(二)纵向挖掘法

(1)分层纵挖法。沿路堑全宽,以深度不大的纵向分层进行挖掘,如图6.8(a)所示。此方法适用于较长的路堑开挖。

(2)通道纵挖法。先沿路堑纵向挖掘一通道,然后将通道向两侧拓宽以扩大工作面,并利用该通道作为运土路线及场内排水的出路,如图6.8(b)所示。该层通道拓宽至路堑边坡后,再开挖下层通道,如此纵深开挖至路基高程。该方法适用于路堑较长、较深、两端地面纵坡较小的路堑开挖。

(3)分段纵挖法。沿路堑纵向选择一个或几个适宜处,将较薄一侧路堑壁横向挖穿,使路堑分成两段或数段,各段再纵向开挖,如图6.8(c)所示。该方法适用于路堑过长、弃土运距过远的傍山路堑,一侧路堑壁不厚的路堑开挖。

当采用分层纵挖法挖掘的路堑长度较短(不超过100 m)、地面坡度较陡时,宜采用推土机作业。推土机作业时,每一铲挖地段的长度应能满足一次铲切达到满载的要求,一般为5~10 m。铲挖宜在下坡时进行:对普通土坡度宜为10%~18%,不得大于30%;对松土坡度不宜小于10%,不得大于15%;傍山卸土的运行道路应设有向内稍低的横坡,但应同时留有向外排水的通道。

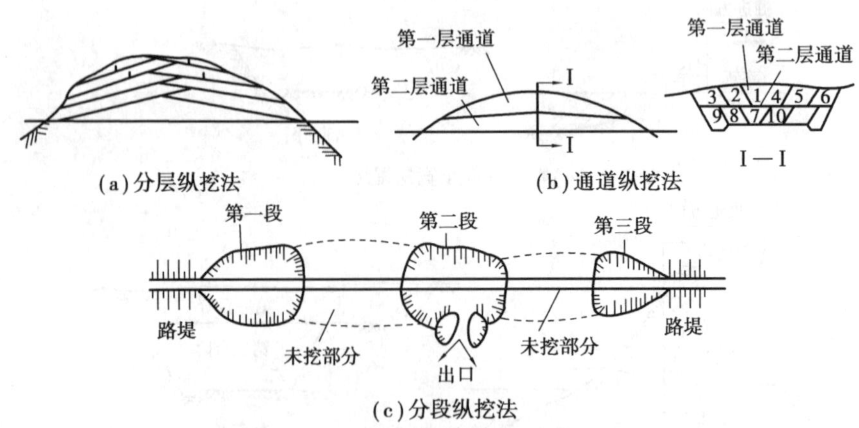

图6.8 纵向挖掘法

当采用分层纵挖法挖掘的路堑长度较长(超过100 m)时,宜采用铲运机作业,有条件时最好配备一台推土机配合铲运机(或使用铲运推土机)作业。对拖式铲运和铲运推土机,其铲斗容积为4～8 m^3 的适宜运距为100～400 m,容积为9～12 m^3 的适宜运距为100～700 m。自行式铲运机运距可增加一倍。铲运机的运土道,单道宽度不应小于4 m,双道宽度不应小于8 m;其纵坡坡度,重载上坡不应大于8%,空驶下坡不得大于50%;弯道应尽可能平缓,避免急弯;路基表层应在回驶时刮平,重载弯道处路基应保持平整。铲运机作业面的长度和宽度应能使铲量易于达到满载。在起伏地形的工地,应充分利用下坡铲装;取土应沿其工作面有计划地均匀进行,不得局部过度取土而造成坑洼积水。铲运机卸土场的大小应满足分层铺卸的需要,并留有回转余地。填方卸土应边走边卸,防止成堆,行走路线距外侧边缘的距离不宜小于20 cm。

(三)混合挖掘法

当路线纵向长度和挖深都很大时,为扩大工作面,可将多层横挖法和通道纵挖法混合使用。先沿路堑纵向挖通道,然后沿横向坡面挖掘,以增加开挖坡面,如图6.9所示。每一坡面的大小,应能容纳一个施工小组或一台机械作业。

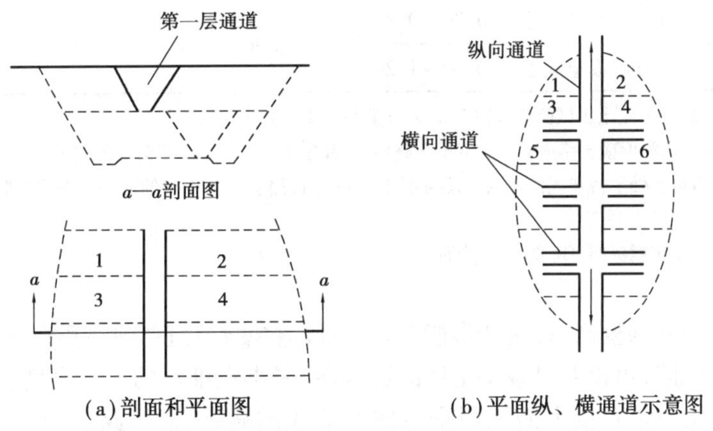

图6.9　混合挖掘法

注:箭头表示运土与排水方向,数字表示工作面号数

第四节　路基压实

一、路基压实的意义与机理

路基在施工过程中,实施挖、运、填等工序后,土料的天然结构被破坏,且呈松散状态,土料之间留下了许多孔隙。土是三相体,土粒为骨架,颗粒之间的孔隙为水和气体所占据。因此,必须利用机械对土基进行压实,让土颗粒重新排列,使之互相靠近、挤紧,使小颗粒填充于大颗粒土的孔隙中,让空气逸出,从而使土的孔隙减小,形成新的密实体,让内摩擦力和黏聚力增加,使土基强度增加,稳定性提高。《公路路基施工技术规范》(JTG/T 3610—2019)中对土质路基的压实度标准要求见表6.3。

表 6.3 土质路基压实度标准

填筑部位(路面底面以下深度)/m				压实度/%		
				高速、一级公路	二级公路	三、四级公路
填方路基	上路床		0～0.30	≥96	≥95	≥94
	下路床	轻、中及重交通	0.30～0.80	≥96	≥95	≥94
		特重、极重交通	0.30～1.20			—
	上路堤	轻、中及重交通	0.8～1.5	≥94	≥94	≥93
		特重、极重交通	1.2～1.9			—
	下路堤	轻、中及重交通	>1.5	≥93	≥92	≥90
		特重、极重交通	>1.9			
零填及挖方路基	上路床		0～0.30	≥96	≥95	≥94
	下路床	轻、中及重交通	0.30～0.80	≥96	≥95	—
		特重、极重交通	0.30～1.20			

注:①表列压实度以现行《公路土工试验规程》(JTG E40)重型击实试验法为准。

②三、四级公路铺筑水泥混凝土路面或沥青混凝土路面时,其压实度应采用二级公路的规定值。

③路堤采用特殊填料或处于特殊气候地区时,压实度标准在保证路基强度要求的前提下根据试验路段和当地工程经验确定。

④特殊干旱地区的压实度标准可降低 2～3 个百分点。

压实良好的土基强度高,抵抗变形能力强,可以避免自然沉落或在重型汽车作用下土基产生进一步压实和沉陷,可以明显减小土体的透水性,减小毛细水的上升高度和饱水量,增加土基水稳定性,能在一定程度上防止因季节因素造成的病害,而为路面的正常工作创造有利条件。

筑路材料绝大部分是松散材料,压实的质量决定土基和各种路面材料层强度和稳定性的高低。因此,土基和各种路面材料层都必须进行良好的压实,达到规范规定和施工设计的压实度。

大量试验和工程实践证明:土基压实后,路基的塑性变形、渗透系数、毛细水作用及隔温性能等,均有明显改善。

二、压实原则与方法

(一)压实原则

路基的压实作业,应遵循"先轻后重、先慢后快、先边后中"的原则。

"先轻后重"即初压轻,复压重;先静力碾压,后振动碾压。这也是路基分层压实压路机选型的原则。

"先慢后快"是指压路机的碾压速度随着碾压遍数增加应逐渐加快。初压时要以较低的速度进行碾压,这样可以延长碾压力的作用时间,增加影响深度,加快土体变形,避免产生碾压轮拥土现象,防止压路机陷车等异常情况发生。随着碾压遍数的增加,铺筑层的密实度也迅速增加,加快碾压速度则有利于提高铺筑层表层的平整度和提高压路机的作业效率。

"先边后中"是指碾压作业时压路机必须先从路基的一侧(距路基边缘30～50 cm处),沿路基延伸方向,逐渐向路基中心线处进行碾压,在越过路基中心线30～50 cm后,再从路基的另一侧边缘开始向路基中心线处碾压。

值得注意的是:实施弯道碾压作业时,应先从路基内侧逐渐压向路基外侧,也即从路基低处压向路基高处。碾压一遍后,再从内侧开始向外侧碾压,如此循环;对傍山路基的碾压,则应先从靠山坡的一侧开始,逐渐向沟谷一侧碾压。为防止发生陷车和翻车事故,在碾压山区公路路基沟谷一侧时,碾压轮应距离路基边缘100 cm。

(二)路基压实作业中的主要注意事项

(1)碾压时,相邻碾压轮应相互重叠20～30 cm。

(2)压实作业时,应随时掌握压实层的含水量,只有在最佳含水量时,压实效果才最好。

(3)保证当天铺筑,当天压实。

(4)碾压中,土体出现"弹簧"现象,应立即停止碾压,并采取相应措施,待含水量降低后再进行碾压。对于局部"弹簧"现象,也应及时处理,不然会造成路基强度不均,留下隐患。

(5)碾压时,若压实层表层出现起皮、松散、裂纹等现象,应及时查明原因,采取措施处理后再继续碾压。一般情况下,土壤含水量低、压路机单位线压力高、碾压遍数过多及土质不良等原因易造成上述不良现象。

(6)碾压作业中,应随时注意路基边坡及铺筑层土体的变化情况,出现异常应及时处理,以免发生陷车或翻车事故。一般情况下,碾压轮外侧距路缘不小于30～50 cm,山区公路则距沟崖边缘不小于100 cm。

(7)遇到死角或作业场地狭小的地段,应换用机动性好的小型压实机械,予以压实。切不可漏压,以免路基强度不均匀,留下隐患。

(8)每班作业结束后,应将压路机驶离新铺筑的路基,选择硬实平坦、易于排水的地段停放。

三、影响压实效果的主要因素

路基的压实过程受多种因素的影响。在室内对细粒土进行击实试验时,影响土的压实度的主要因素有含水量、土颗粒的组成和击实功能。在施工现场碾压细粒土路基时,影响路基压实度的主要因素有土的含水量、土的类型、压实层厚度、压实机械类型和功能及碾压遍数等。

(一)土质对压实度的影响

土质对压实效果影响很大,不同土类的最佳含水量和最大干密度有较大的差异,但击实曲线的趋势基本相同;分散性较高的土,其最佳含水量值较高,最大干密度值较低,这些土的土颗粒较细,比表面积大,需要较多的水分包裹土颗粒形成水膜。亚砂土和亚黏土的最佳含水量小于黏土,而压实后的最大干密度大于黏土,因此,在相同的压实功下,亚砂土和亚黏土的压实性能优于黏土。

(二)含水量对压实度的影响

在压实过程中,土的含水量对所能达到的密实度起到很大的作用。由室内试验得到的含水量与干密度关系曲线可知,影响干密度的含水量存在一个最佳值。当土的含水量小于最佳含水量时,土的干密度随含水量的增大而增大;在达到最佳含水量时,干密度达到最大值;当含水量超过最佳含水量时,干密度随含水量的增加而减小,这表明只有将含水量控制在最佳含水量附近,才有可能达到最大干密度。产生这一现象的原因是:在最佳含水量范围内,包裹于土颗粒表面的水膜能够降低土颗粒之间的吸引力,减小土的内摩擦角,土粒在外力作用下容易发生相对位移,重新排列成紧密的结构;当含水量超过最佳含水量并继续增加时,土粒间的空隙几乎全部被水充满,由于水是不可压缩的,单位体积内土颗粒的含量不再增加,因此在相同的压实功下,土的干密度反而逐渐减小,压实效果变差。

(三)压实功对压实度的影响

压实功是指压实工具的重量、碾压次数或垂落高度、作用时间等,它是影响压实效果的另一重要因素。同一种土的最佳含水量,随压实功的增加而减小,最大干密度则随着压实功的增加而提高;在相同的含水量条件下,压实功越高,土体的密实程度就越高。因此,工程实践中可以增加压实功(选用重碾,增加碾压次数和延长时间等),以提高路基强度或降低最佳含水量。但用增加压实功的方法提高土基强度的效果有一个限度,压实功增加到某一值时,强度提高极为缓慢,在经济效益和施工组织上,不尽合理。甚至压实功过大,导致土基结构破坏,会使效果适得其反。相比之下,严格控制最佳含水量,要比增加压实功收效大得多。当含水量不足,洒水有困难时,可适当增大压实功,以获得相应效果;如果土的含水量过大,增加压实功后可能会出现"弹簧"现象。

(四)压实厚度对压实度的影响

压实厚度对压实效果具有明显的影响。在相同的压实条件下(土质、湿度与压实功不变),通过实测土层不同深度的密实度得知,密实度随深度递减,表层 5 cm 压实度最高。不同压实工具的有效压实深度有所差异,根据压实工具类型、土质及土基压实的基本要求,路基分层压实的厚度,有具体规定数值:一般情况下,夯实不宜超过 20 cm;12 ~ 15 t 压路机,不宜超过 25 cm;振动压路机或夯击机,宜以 50 cm 为限。实际施工时的压实厚度应通过现场试验确定。

四、压实质量与控制

(一)路基下卧层处理

路基下卧层承担着路基上层的全部荷载,要控制好下卧层的施工质量,一是路基填筑前应彻底清理路床内的淤泥、杂草;二是路床内的积水要及时排干净、晒干,保证其有一定的强度;三是发现局部"弹簧"现象,要彻底清除,并用好料回填;四是在路基填土前用推土机将路床推平,并用压路机进行碾压;五是软土处理要彻底,不能留有隐患。

(二)路基填料控制

(1)路基填料选择。用于填筑路基的沿线土石材料,其性质往往有较大的变化。需采用能被压实到规定密实度且能形成稳定的填方路基的材料,不能使用沼泽土、淤泥、冻土、有机土、泥炭及液限大于50 和塑性指数大于 26 的土。同时土中不应含有草皮、树根等易腐朽物质,受条件限制采用黄土、膨胀土作填料时,必须经过处理满足规范要求方可使用。在路基填筑施工前,必须对主要取土场采集代表性土样,进行土工试验,用规定方法求得各个土场土样的最大干密度和最佳含水量,以便指导路基土的施工。施工时,土质应均匀,并不得使各种土质混杂使用,同一种土填筑厚度不能小于 50 cm(两层)。经野外取土试验,符合表 6.4 规定的土才能使用。二级和二级以下的公路做高级路面时,应符合高速公路及一级公路的规定。表中所列强度按《公路土工试验规程》(JTG E40—2007)规定的方法确定。

表 6.4 路基填料最小承载比和最大粒径要求

<table>
<tr><th colspan="4" rowspan="2">填料应用部位(路面底面以下深度)
/m</th><th colspan="3">填料最小承载比 CBR/%</th><th rowspan="2">填料最大粒径
/mm</th></tr>
<tr><th>高速、一级公路</th><th>二级公路</th><th>三、四级公路</th></tr>
<tr><td rowspan="7">填方路基</td><td colspan="2">上路床</td><td>0~0.30</td><td>8</td><td>6</td><td>5</td><td>100</td></tr>
<tr><td rowspan="2">下路床</td><td>轻、中及重交通</td><td>0.30~0.80</td><td rowspan="2">5</td><td rowspan="2">4</td><td rowspan="2">3</td><td rowspan="2">100</td></tr>
<tr><td>特重、极重交通</td><td>0.30~1.20</td></tr>
<tr><td rowspan="2">上路堤</td><td>轻、中及重交通</td><td>0.8~1.5</td><td rowspan="2">4</td><td rowspan="2">3</td><td rowspan="2">3</td><td rowspan="2">150</td></tr>
<tr><td>特重、极重交通</td><td>1.2~1.9</td></tr>
<tr><td rowspan="2">下路堤</td><td>轻、中及重交通</td><td>>1.5</td><td rowspan="2">3</td><td rowspan="2">2</td><td rowspan="2">2</td><td rowspan="2">150</td></tr>
<tr><td>特重、极重交通</td><td>>1.9</td></tr>
<tr><td rowspan="3">零填及挖方路基</td><td colspan="2">上路床</td><td>0~0.30</td><td>8</td><td>6</td><td>5</td><td>100</td></tr>
<tr><td rowspan="2">下路床</td><td>轻、中及重交通</td><td>0.30~0.80</td><td rowspan="2">5</td><td rowspan="2">4</td><td rowspan="2">3</td><td rowspan="2">100</td></tr>
<tr><td>特重、极重交通</td><td>0.30~1.20</td></tr>
</table>

注:①表列承载比是根据路基不同填筑部位压实标准的要求,按现行《公路土工试验规程》(JTG E40)试验方法规定浸水 96 h 确定的 CBR。

②三、四级公路铺筑沥青混凝土和水泥混凝土路面时,应采用二级公路的规定。

③表中上、下路堤填料最大粒径 150 mm 的规定不适用于填石路堤和土石路堤。

(2)填土材料的填前试验。液限、塑限、塑性指数、天然稠度和液性指数;颗粒大小分析试验;含水量试验;密度试验;相对密度试验;土的击实试验;土的强度试验(CBR 值)。

根据这些数据从理论上能够判定出土的种类,剔除不合格的土质。通过土的重型击实试验,绘出填方用土的干密度与含水量关系曲线,以便确定各类型土的最大干密度和达到最大干密度的最佳含水量。

(3)试验段控制。试验的目的是确定正确的压实方法,确保土方工程达到规定的密度。试验内容有:压实设备的选择,压实工序、压实遍数、压路机行走速度的确定,以及填料有效厚度的确定。压实试验中,应详细记录各种已定的填筑材料的压实工序、压实设备类型,各种填筑材料的含水量界线、松铺厚度和压实遍数,测量高程变化等参数。压实试验必须达到规定的密实度。

(4)含水量的控制。施工中首先做好路基排水工程及施工场地的临时排水设施,路堑施工土方含水量控制重点是人工降低地下水位,可开挖纵、横向渗水沟。土场内外挖纵、横渗水沟或采用无砂管降水,使土方含水量降低。测定土方水分散失系数,可指导洒水、确定碾压作业段长度,减少二次洒水所造成的损失。由于含水量是影响路基土压实效果的主要因素,故需检测欲填入路基中的土的含水量。用透水性不良的土作填料时,应控制其含水量在最佳含水量的 ±2% 之内,方可开始碾压。

(5)土质控制。在最佳含水量下压实可以花费最少的压实功,得到最好的压实效果。不同土质其最佳含水量不同,对粉质低液限砂土,最佳含水量为 12% ~16% 。细砂、粉质低液限砂土、粉质中液限黏土、高液限黏土,最佳含水率为 9% ~12% 。

在工地,判断土是否接近最佳含水量可采用简易鉴定方法:用手捏土(或灰土等)可成团,较费劲,手掌无水印,土团自 50 cm 高处落在地上散成蒜瓣状,自 100 cm 高处落在坚实地面上即松散,出现这些现象即表明土已接近最佳含水量。

(6)填料分层厚度控制。路基填筑时的松铺厚度必须严格控制。一般路段松铺厚度小于或等于 30 cm,构造物两侧松铺厚度不得大于 15 cm。路床顶面最后一层的最小压实厚度大于或等于 10 cm。如果填土厚度过薄,会出现脱皮开裂的现象。填土分层的压实厚度和压实遍数与压实机械类型、土的种类和压实度有关,应通过试验路段来确定。同样质量的振动压路机的有效压实深度是光轮静碾压路机的 1.5 ~2.5 倍。如果压实遍数超过 10 遍仍达不到压实度要求,则应减小压实厚度。只有各填筑层具备相当理想的压实度和良好的整体板体性后路基整体才能得以稳定,才能实现对地表水的防渗封闭和对地下水的隔断作用,否则,某一局部强度不足,将扩至一片以致整个道路产生破坏。

(7)路基碾压。填筑路基时,应要求从基底开始在路基全宽范围内分层向上填土和碾压,尤其应注意路堤的边缘部分。路堤边缘往往不易压实,处于松散状态,雨后容易滑塌,故两侧可先宽填 40 ~50 cm,压实工作完成后再按设计宽度和坡度予以刷齐整平。路基压实时,第一遍用振动压路机进行静压,然后再振动压实,具体要求如下:

①直线段和大半径曲线段,应先压边缘,后压中间;小半径曲线段因有较大的超高,碾压顺序应先低(内侧)后高(外侧)。

②压路机碾压轮迹重叠轮宽的 1/3 ~1/2。

③碾压遍数,振动压路机碾压 6 ~8 遍,一般就可以达到密实度要求。

④压路机的行驶速度过慢影响生产率,过快则对土的接触时间过短,压实效果差。一般光轮静碾压路机的最佳速度为 2 ~5 km/h,振动压路机为 3 ~6 km/h。各种压路机械的最大速度不应超过 4 km/h。

⑤影响压实效果的主要因素一般来说是含水量、土类,以及压实功能。根据现场施工经验,在压实前最好实测一下路基土的实际含水量,经验证明土壤的实际含水量在最佳含水量的 ±(1% ~3%)进行碾压效果最好。现场实测含水量的简单办法是乙醇燃烧法,该方法简单易做,很适合施工现场操作。如果因工期关系没有时间晾晒,可以考虑掺拌石灰以减少土的含水量。

(8)压实工具及压实层厚度控制。不同的压实工具,其压力传播的有效深度也不同。夯击式机具压力传播最深,振动式机具次之,碾压式机具最浅。一种机具的作用深度,在压实过程中不是固定不变的,土体松软则压力传播较深,随着碾压遍数增加,上部土层逐渐密实,土的强度相应提高,其作用深度也就逐渐减小。当压实机具很重时,土的密实度随施荷时间增加而迅速增加,超过某一限度后,土的变形急剧增加,甚至达到破坏;当压实机具过重,以至超过土的强度极限时,会立即引起土体结构破坏。

压实过程中,压路机速度的快慢对压实效果也有影响,当对压实度要求较高,以及铺土层较厚时,行驶速度要慢一些。碾压开始宜用慢速,随着土层的逐渐密实,速度逐步提高。正式碾压时,若为振动压路机,第一遍应静压,然后振动碾压,且由弱振增至强振。这样的话,既能使整个填土层达到良好、均匀的压实效果,还能保证路基的平整度。

土压实层的密度随深度递减,表面 5 cm 的密度最高。填土分层的压实厚度和压实遍数与压实机械类型、土的种类和压实度要求有关,应通过试验来确定。一般认为,对于细粒土,用

12～25 t 光轮静碾压路机时压实厚度不超过 20 cm,用 22～25 t 振动压路机(包括激振力)时压实厚度不超过 50 cm。

(9)平整度控制。规范中未对路基土分层填筑时的平整度作规定,长期的施工经验表明,压路机在平整的路面上行驶时,对每一处的压实功都是相等的,碾压完成后各点的压实度比较均匀,统计曲线离散程度小。平整度差的路基在碾压时,压路机对路基土产生向下的冲击力,由于力的分布不匀,碾压完毕后各点得到的压实功均不相同,压实度也不均匀,可能出现某一段落、某一区域的压实度达不到要求,还必须增加检测频率,划分出不合格区域,重新碾压。

(10)台背回填区压实度控制。由于台背回填是路基压实中的薄弱环节,因此施工时应特别重视。首先应将台背区划分为特别夯实区,并划定特别夯实区的宽度,一般不小于 3 m。在此范围内的压实度应高于同一层次的路基压实度。二是要改善填料的结构,长期以来,填料多采用路基填表土,由于重型压实机械在台背范围内难以操作,故压实度很难达到规范要求。所以,必须从设计角度出发,改善填料的结构,采用砂、级配沙砾、砾石等材料。三是严格分层夯实,台背回填的松铺厚度应比路基填土松铺厚度小 10～15 cm。四是通道、涵洞可采取先填筑路堤后开挖基坑的方法,以减小夯实宽度,并回填级配沙砾,以确保回填质量。总之,台背回填时应注意:选择渗水性较好的土;保证桥头路基有足够压实度,达到设计规范要求;加强桥头路基的排水。

(11)压实度检测。路基压实度的检测方法较多,最常采用的有灌砂法、灌水(水袋)法、核子密度仪测定法、环刀法等。一般采用灌砂法,该方法工作量大,做试验所需时间较长,但试验数据较直接、真实,精度也较高,为检测砾类土压实度最常用的方法。第二种方法是环刀法,该方法操作简单、数据准确,深受质检部门和施工单位的欢迎。但环刀法不适合砾类土的检测。第三种方法是核子密度仪测定法,该方法可测定填表土的密度、含水量,有使用方便、快速的优点,但由于其精确度不高,不宜做仲裁试验及验收的依据。

不管采用上述何种方法,均应严格遵守试验规程,使检测出的任何一组数据真实、可靠。

第七章
路面基层与施工

第一节　路面基层分类及特点

一、对基层的具体要求

基层是路面结构中的承重部分，主要承受车辆荷载的竖向力，并把面层传下来的力扩散到垫层或土基，故基层也应具有足够的强度和刚度。基层受自然因素的影响虽不如面层强烈，但也应具有足够的水稳定性，以防基层湿软后产生过大的变形，导致面层损坏。基层表面虽不直接供车辆行驶，但仍然要求有较好的平整度，这是保证面层平整的基本条件。

二、基层的基本类型

基层可按以下 3 种方法进行分类：

①按材料力学行为可划分为半刚性类、刚性类和柔性类。

②按材料组成可划分为有结合料稳定类（有机结合料、无机结合料）和无结合料的粒料类（嵌锁类、级配类）。底基层可分为无机结合料稳定类和无结合料的粒料类。

③按其结构组成状态可划分为骨架密实结构类、骨架孔隙结构类、悬浮密实结构类、均匀密实结构类。

三、基层的特点

（一）无机结合料稳定类基层

无机结合料稳定类基层是指以石灰、水泥或工业废渣等为结合料，将其适量分别或共同掺入土（集料）中，按照一定技术要求，加水拌和均匀、摊铺、碾压成型的基层结构。此类基层称为半刚性基层。常用的材料有石灰土、水泥土、石灰粉煤灰土、石灰水淬渣土，以及把此类材料分别或共同掺入砾（碎）石、工业废渣中，成为各种无机结合料类。尽管半刚性基层种类繁多，但其作用机理是石灰及水泥中的活性物质与细粒土发生化学反应，或此类活性物质对工业废渣材料起激化作用而使材料胶结、凝固，成为高强度的整体材料，以抵抗外力的作用。结合料的剂量、性质,集料的级配等都会影响此类基层材料的强度。当环境适宜时,其强度与刚度会随着时间的增长而不断增大,其最终抗弯拉强度和弹性模量,比一般的基层要大,但还是远较刚性路面为低。

(二)碎石类基层

碎石类基层属柔性基层,按强度构成可分为嵌锁型与级配型。嵌锁型基层的强度主要取决于碎石颗粒间的嵌锁和摩擦阻力作用所形成的内摩擦阻力,而颗粒之间的黏结力是次要的。嵌锁型基层所用材料包括泥结碎石、泥灰结碎石、填隙碎石等。级配型基层的强度和稳定性取决于内摩擦阻力和黏结力的大小。它的强度与稳定性在很大程度上取决于集料的类型(碎石、砾石或碎砾石)、最大粒径和级配,以及混合料中 0.5 mm 以下细料的含量和塑性指数,同时还与密实度有很大关系。

(三)柔性基层

用沥青稳定各种集料的基层以及不加任何结合料的各种粒料基层统称为柔性基层。

(四)基层、底基层材料的结构组成状态

(1)骨架密实型混合料中的粗集料用量一般在75%以上,细集料含量较少,密实混合料的嵌挤强度高,抗裂性、抗冲刷性较好。高速公路和一级公路的基层宜采用骨架密实型混合料。

(2)悬浮密实型混合料中的粗集料用量一般在50%左右,细集料含量较多,稳定性能较好。各级公路的基层和底基层均可采用悬浮密实型混合料。

(3)骨架孔隙结构型混合料与骨架密实型混合料相比具有较高的孔隙率,适用于路面内部排水有较高要求的基层。

(4)均匀密实型混合料,即稳定细粒土、砂或石屑,可就地取材,降低建筑费用。

(5)设计人员应根据使用要求和环境条件,结合各种类型基层、底基层材料的结构特性,选用适宜的基层、底基层材料。高速公路、一级公路宜选用稳定集料类的材料作基层,上基层宜选用骨架密实结构型混合料。

第二节　碎(砾)石基层

一、碎(砾)石基层强度构成

碎(砾)石基层通常是指水结碎石基层、泥结碎石基层以及密实级配的碎(砾)石基层等,这类基层通常只用作二级和二级以下公路的基层及各级公路的底基层。

碎(砾)石基层结构强度的特点:矿料颗粒之间的联结强度一般都比矿料颗粒本身的强度小得多,在外力作用下,材料首先在颗粒之间产生滑动和位移,使结构失去承载能力而招致破坏。因此,这类松散材料组成的路面结构,其矿料颗粒本身强度固然重要,但是起决定作用的是颗粒之间的联结强度。

(一)纯碎石材料

纯碎石材料按嵌挤原则产生强度,它的抗剪强度主要取决于剪切面上的法向应力和材料的内摩擦阻力角。其强度由以下 3 项因素构成:

①粒料表面的相互滑动摩擦力。

②剪切时体积膨胀需克服的阻力。

③粒料重新排列受到的阻力。

纯碎石粒料的内摩擦阻力角主要取决于石料的强度、形状、尺寸、均匀性、表面粗糙度以及施工时的压实程度。当石料强度高、形状接近正立方体、有棱角、尺寸均匀、表面粗糙、压实度高时,内摩擦阻力就大。

(二)土-碎(砾)石混合料

这类混合料中含土量较少时,按嵌挤原则形成强度;含土量较多时,按级配密实原则形成强度。土-碎(砾)石混合料的强度和稳定性取决于内摩擦阻力和黏结力的大小。为得到最大强度和稳定性而设计的颗粒材料,应具有高内摩擦阻力来抵抗荷载作用下的变形。内摩擦阻力和由此产生的抗剪力的大小在很大程度上取决于密实度、颗粒形状和颗粒大小的分配。在这些因素中,以颗粒大小的分配,尤其是粗、细集料的成分及比例最为重要。

土-碎(砾)石混合料主要有3种物理状态。第一种为不含或含很少量细料(指粒径在0.074 mm以下的颗粒)的混合料,它的强度和稳定性依靠颗粒之间的摩擦阻力获得。其密度较低,但透水性好,不易冰冻。由于这种材料没有黏结性,施工时压实困难。第二种为含有足量的细料来填充颗粒间空隙的混合料,其仍能够从颗粒接触面获得强度,抗剪强度、密实度有所提高,透水性低,施工时易压实。第三种混合料含有大量细料,粗颗粒间没有直接接触,集料“浮”在细料中。这种混合料施工时易压实,但密实度较低,易冰冻,难透水,强度和稳定性受含水量影响大。

二、级配碎石基层

粗、细碎石集料和石屑各占一定比例的混合料,当其颗粒组成符合密实级配要求时,称为级配碎石。级配碎石基层强度主要来源于碎石本身强度及碎石颗粒间的嵌挤力,它适用于各等级公路的基层、底基层及垫层。一般来说,表征级配碎石刚度的重要指标——回弹模量,明显低于半刚性基层材料。然而,与半刚性基层材料不同的是,级配碎石材料具有较显著的非线性,这种非线性使其在刚度较大的下卧层上,表现出较大的回弹模量,从而也具有足够的抵抗应力和变形的能力。因此,级配碎石还可用作较薄沥青面层与半刚性基层之间的中间层,不仅具有减缓半刚性沥青路面反射裂缝的作用,同时也具有较好的抗疲劳能力。

三、级配碎(砾)石基层的施工

(一)级配碎石基层的施工

级配碎石可用作各级公路的基层和底基层及较薄沥青面层与半刚性基层之间的中间层。级配碎石的施工可分为路拌法和厂拌法。作中间层或二级以上公路的基层时,应采用集中厂拌法,并用摊铺机摊铺混合料;根据我国的公路施工现况,路拌法仅适用于底基层和三级、四级公路的基层施工。其材料组成应满足施工技术规范要求。

1.路拌法施工

路拌法施工的工艺流程如图7.1所示。

(1)准备下承层。下承层不宜做成槽式断面,并按下承层的有关检验标准进行复检,凡不合格的路段应进行修整,使其达到标准。下承层表面应平整、坚实,具有规定的路拱,没有任何松散和软弱地点。

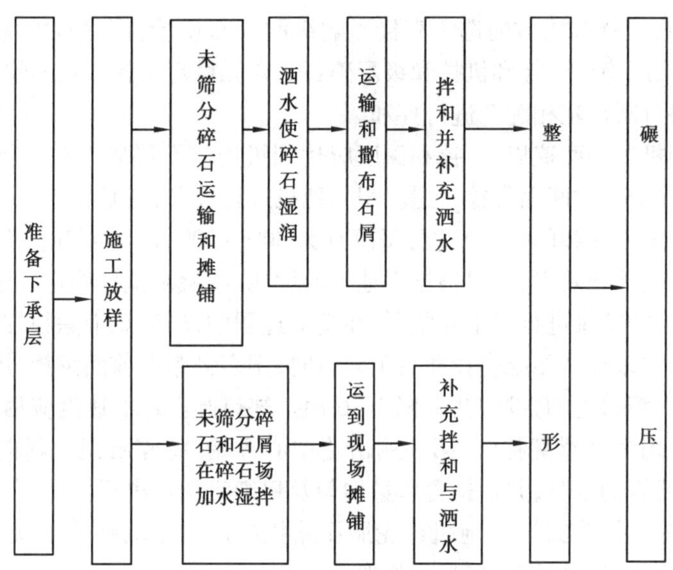

图 7.1　级配碎石路拌法施工工艺流程

(2)施工放样。在底基层或老路面及土基上恢复中线,直线段应每 15 ~ 20 m 设一桩,平曲线段每 10 ~ 15 m 设一桩,并在两侧路肩边缘外设指示桩。在两侧指示桩上用明显标记标出级配碎石层边缘的设计标高。

(3)备料。

①未筛分碎石和石屑可按预定比例在料场混合,同时洒水加湿,使混合料的含水量超过最佳含水量的 1% ,以减轻施工现场的拌和工作量及运输过程中的离析现象(级配碎石的最佳含水量约为 5%)。

②在料场洒水使未筛分碎石的含水量较最佳含水量大 1% 左右,以减少运输过程中集料离析现象(未筛分碎石的最佳含水量约为 4%)。

③计算材料用量。

a. 采用未筛分碎石和石屑组成级配碎石时,计算未筛分碎石和石屑的配合比,使其满足施工技术规范要求。采用不同粒级的单一尺寸碎石和石屑组成级配碎石时,计算不同粒级碎石和石屑的配合比,也应使其满足施工技术规范要求。

b. 根据各路段基层或底基层的宽度、厚度及预定的干密度,并按确定的配合比分别计算各段需要的未筛分碎石和石屑的数量或不同粒级碎石和石屑的数量,并计算每车料的堆放距离。

(4)运输和摊铺集料。

①摊铺前,应事先通过试验确定集料的松铺系数。人工摊铺混合料时,其松铺系数为 1.40 ~ 1.50;平地机摊铺混合料时,其松铺系数为 1.25 ~ 1.35。

②级配碎石的未筛分碎石摊铺平整后,在其较潮湿的情况下,向上运送石屑。按计算的距离卸置于未筛分碎石层上,用平地机并辅以人工将石屑均匀摊铺在碎石层上,或用石屑撒布机将石屑直接均匀地撒布在碎石层上。

③采用不同粒级的碎石和石屑时,应将大碎石铺在下面,中碎石铺在大碎石层上,小碎石铺在中碎石层上。洒水使碎石湿润后,再摊铺石屑。

(5)拌和及整形。拌和机械的选用直接影响级配碎石质量,应尽可能优先选用机械化程度较高的机械,如采用稳定土拌和机拌和级配碎石。在无稳定土拌和机的情况下,也可采用平地机或多铧犁与缺口圆盘耙相配合进行拌和。

用稳定土拌和机拌和两遍以上,拌和深度应达到级配碎石层底。在进行最后一遍拌和之前,必要时先用多铧犁紧贴底面翻拌一遍。用平地机进行拌和,宜翻拌5~6遍,使石屑均匀分布到碎石料中。平地机拌和的作业长度,每段宜为300~500 m。拌和时,平地机刀片的安装角度的调整直接影响拌和效果,一般根据平地机的性能、经验及试拌确定。用平地机将拌和均匀的混合料,按规定的路拱进行整平和整形,在整形过程中,应注意消除粗细集料离析现象。

用缺口圆盘耙与多铧犁相配合拌和级配碎石时,用多铧犁在前面翻拌,用缺口圆盘耙跟在后面拌和,即采用边翻边耙的方法,共翻耙4~6遍。缺口圆盘耙的速度应尽量快,应随时检查调整翻耙的深度。用多铧犁翻拌时,第一遍由路中心开始,将碎石混合料向外翻。拌和过程中,用洒水车洒足所需的水分,并保持含水量均匀及粗细集料不离析。

用拖拉机(最好是履带式)、平地机或轮胎压路机在已初平的路段上快速碾压一遍,以暴露潜在的不平整,再用平地机进行整平和整形。

(6)碾压。整形后,当混合料的含水量等于或略大于最佳含水量时,立即用12 t以上三轮压路机碾压,每层的压实厚度不应超过15~18 cm。振动压路机或轮胎压路机进行碾压,每层的压实厚度不应超过20 cm。

直线和不设超高的平曲线段,由两侧路肩开始向路中心碾压;在设超高的平曲线段,由内侧路肩向外侧路肩进行碾压。碾压时,后轮应重叠1/2轮宽;后轮必须超过两段的接缝处。后轮压完路面全宽时,即为一遍。碾压一直进行到要求的密实度为止。一般需碾压6~8遍,应使表面无明显轮迹。压路机的碾压速度,头两遍以1.5~1.7 km/h为宜,以后采用2.0~2.5 km/h。

路面的两侧应多压2~3遍。严禁压路机在已完成或正在碾压的路段上掉头或急制动。

凡含土的级配碎石层,都应进行滚浆碾压,一直压到碎石层中无多余细土泛到表面为止,滚到表面的浆(或事后变干的薄层)应该清除干净。

(7)横缝和纵缝的处理。

①横缝处理:两作业段的衔接处,应搭接拌和。第一段拌和后,留5~8 m不进行碾压;第二段施工时,前段留下未碾压部分与第一段一起拌和整平后进行碾压。

②纵缝处理:应避免纵向接缝。在必须分两幅铺筑时,纵缝应搭接拌和。前一幅全宽碾压密实,在后一幅拌和时,应将相邻的前幅边部约0.3 m搭接拌和,整平后一起碾压密实。

2. 中心站集中厂拌法施工

级配碎石用作半刚性路面的中间层及二级以上公路的基层时,应采用集中厂拌法拌制混合料,并用摊铺机摊铺混合料。

级配碎石混合料可以在中心站采用多种机械进行集中拌和,如强制式拌和机、卧式双转轴桨叶式拌和机、普通水泥混凝土拌和机等。

对高速公路和一级公路的级配碎石基层和中间层,宜采用不同粒级的单一尺寸碎石和石屑,按预定配合比在拌和机内拌制级配碎石混合料。

不同粒级的碎石和石屑等细集料应隔离,分别堆放。细集料应有覆盖,防止雨淋。

在正式拌制级配碎石混合料之前,必须先调试所有的厂拌设备,使混合料的颗粒组成和含水量都能达到规定的要求。

在采用未筛分碎石和石屑时，如未筛分碎石或石屑的颗粒组成发生明显变化，应重新调试设备。

将级配碎石用于高速公路和一级公路时，应用沥青混凝土摊铺机或其他碎石摊铺机摊铺碎石混合料。

摊铺机后面应设专人消除粗细集料离析现象。

用振动压路机、三轮压路机进行碾压，碾压方法同路拌法。

级配碎石用于二级和二级以下公路时，如没有摊铺机，也可用自动平地机（或摊铺箱）摊铺混合料。

级配碎石基层未洒透层沥青或未铺封层时，禁止开放交通，以保护表层不受破坏。

（二）级配砾石基层的施工

级配砾石是指粗、中、小砾石和砂各占一定比例的混合料，当其颗粒组成符合规定的密实级配要求且塑性指数和承载比均符合规定要求时，称为级配砾石。级配砾石可用作二级和二级以下公路的基层及各级公路的底基层。其级配及材料组成应满足施工技术规范要求。

级配砾石施工工艺流程如图 7.2 所示。

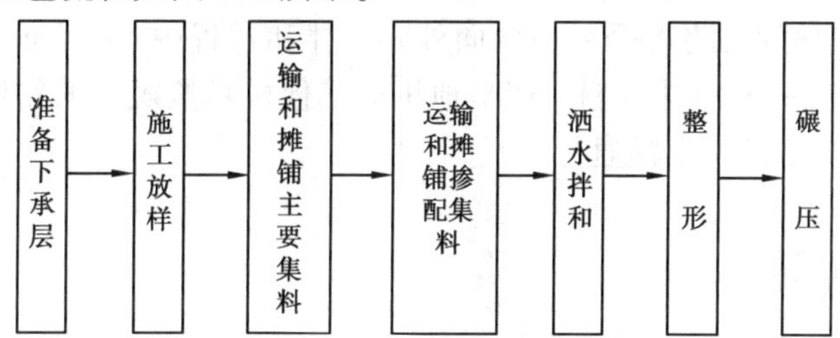

图 7.2　级配砾石施工工艺流程

1. 准备下承层

要求同级配碎石基层。

2. 施工放样

要求同级配碎石基层。

3. 计算材料用量

根据各路段基层或底基层的宽度、厚度及预定的干密度，计算各段需要的集料数量。如级配砾石采用两种集料合成时，分别计算两种集料的数量；根据料场集料的含水量及所用运料车辆的吨位，计算每车材料的堆放距离。

4. 运输和摊铺集料

（1）集料装车时，应控制每车料的数量基本相等。否则，影响布料的准确性。

（2）同一料场供料的路段，由远到近将集料按计算的距离卸置于下承层上。卸料距离应严格掌握，避免集料不够或过多。采用两种集料时，应先将主要集料运到路上，当主要集料摊铺后，再将另一种集料运到路上。如粗细两种集料的最大粒径相差较大，应在粗集料处于潮湿状态下，再摊铺细集料。集料堆每隔一定距离应留一缺口。

（3）集料在下承层上的堆置时间不宜过长。运送集料较摊铺集料工序宜只提前数天。

（4）通过试验确定集料的松铺系数，并确定松铺厚度。人工摊铺混合料时，其松铺系数为 1.40 ~ 1.50；平地机摊铺混合料时，其松铺系数为 1.25 ~ 1.35。

(5)用平地机或其他合适的机具将集料均匀地摊铺在预定的宽度上，表面应力求平整，并有规定的路拱。同时摊铺路肩用料，及时检验松铺材料层的厚度是否符合预计要求，必要时，应进行减料或补料工作。

5. 拌和及整形

(1)用平地机拌和时，每一作业段的长度宜为300～500 m。

①拌和时，平地机刀片应调整至合适的角度，一般需拌和5～6遍。拌和过程中，用洒水车洒足所需的水分(使拌和后的混合料含水量均匀，并较最佳含水量大1%左右)。

②使用符合级配要求的天然沙砾时，如摊铺后发现粗细集料出现离析现象，应及时用平地机进行补充拌和。

③用平地机将拌和均匀的混合料按规定的路拱进行整平和整形。

④用拖拉机、平地机或轮胎压路机在已初平的路段上快速碾压一遍，以暴露潜在的不平整，再用平地机进行整平和整形。

(2)用拖拉机牵引四铧犁或五铧犁进行拌和时，每段宜为100～150 m(根据压路机的工作能力和气温高低确定)。第一遍由路中心开始，将混合料向中间翻，同时机械应慢速前进。第二遍应是相反，从两边开始，将混合料由内向外翻。拌和过程中，用洒水车洒足所需的水分。拌和遍数以双数为宜，一般需拌6遍。用平地机或其他机具按规定的路拱进行整平和整形。在整形过程中，必须禁止任何车辆通行。

6. 碾压

要求同级配碎石基层。

7. 接缝的处理

要求同级配碎石基层。

四、填隙碎石基层

用单一尺寸的粗碎石作主集料，形成嵌锁作用，并用石屑填满碎石间的孔隙，以增加密实度和稳定性的基(垫)层，称为填隙碎石基(垫)层。

填隙碎石基(垫)层施工方法分干法和湿法两种。湿法施工称为水结碎石，干法施工称为干压碎石。干法施工的填隙碎石特别适用于干旱缺水地区。碎石间的孔隙当缺乏石屑时，也可以用细砾砂或粗砂等细集料填加，但其技术性质不如石屑。

第三节　半刚性基层

一、水泥稳定土基层及施工

(一)概述

在粉碎的土和原状松散的土(包括各种粗、中、细粒土)中，掺入适量的水泥和水，按照技术要求，经拌和，在最佳含水量下摊铺、压实及养生成型，其抗压强度符合规定要求的路面基层，称为水泥稳定土基层。用水泥稳定细粒土(砂性土、粉性土或黏性土)制备的混合料，简称水泥土；当所用细粒土属于砂时，简称水泥砂。用水泥稳定粗粒土和中粒土制备的混合料，视原材料类别可相应简称为水泥碎石(级配碎石和未筛分碎石)、水泥石渣(采石场废料)、水泥石屑(碎石场细筛余料)、水泥沙砾、水泥碎石土或水泥沙砾土。

用水泥稳定土铺筑的路面基层和底基层,分别称为水泥稳定(土)基层和水泥稳定(土)底基层。

水泥是水硬性结合料,绝大多数的土类(高塑性黏土和有机质较多的土除外)都可以用水泥来稳定,改善其物理力学性质,且适应各种不同的气候条件与水文地质条件。水泥稳定土具有良好的整体性、足够的力学强度、抗水性、水稳定性和抗冻性。它的水稳定性和抗冻性都较石灰稳定土好。它的初期强度较高,且随龄期增长而增长,所以应用范围很广。近年来,在我国一些路面工程中,水泥稳定土用作路面结构的基层和底基层,在保证路面使用品质上取得了满意的效果。但水泥稳定土禁止用作高速公路或一级公路路面的基层,只能用作底基层。在高等级公路的水泥混凝土路面板下,水泥土也不应用作基层。

(二)强度形成原理

在利用水泥来稳定土的过程中,水泥、土和水之间发生了多种复杂的物理化学作用,使土的性能发生了明显的变化。这些作用可以分为:

(1)化学作用。如水泥颗粒的水化、硬化作用,有机物的聚合作用,以及水泥水化产物与黏土矿物之间的化学作用等。

(2)物理-化学作用。如黏土颗粒与水泥以及水泥水化产物之间的吸附作用,微粒的凝聚作用,水及水化产物的扩散、渗透作用,水化产物的溶解、结晶作用等。

(3)物理作用。如土块的机械粉碎作用,混合料的拌和、压实作用等。

碳酸钙生成过程中产生体积膨胀,也可以对土体起到填充和加固作用,提高土的强度;但是这种作用相对来讲比较弱,并且反应过程缓慢。

总之,水泥稳定土是水泥石的骨架作用与 $Ca(OH)_2$ 的物理化学作用的结果,后者使黏土微粒和微团粒形成稳定的团粒结构,而水泥石则把这些团粒包裹和连接成牢固的整体。

(三)影响强度的因素

(1)土质。土的类别和性质是影响水泥稳定土强度的重要因素。各种沙砾土、砂土、粉土和黏土均可用水泥稳定,但稳定效果不同。试验和生产实践证明:用水泥稳定级配良好的碎(砾)石和沙砾,效果最好,不但强度高,而且水泥用量少;其次是砂性土;再次是粉性土和黏性土。重黏土难以粉碎与拌和,不宜单独用水泥来稳定。因此,一般要求土的塑性指数不应超过17,实际工作中往往用塑性指数小于12的土。有机质含量超过2%和硫酸盐含量超过0.25%的土,不应用水泥稳定。

(2)水泥的成分及剂量。各种类型的水泥都可以用于稳定土。但试验研究证明,水泥的矿物成分和分散度对其稳定效果有明显的影响。对同一种土,通常情况下硅酸盐水泥的稳定效果较好,而铝酸盐水泥的稳定效果较差。终凝时间较长(6 h以上)的及强度等级较低的水泥应优先选用。

在水泥硬化条件相似,矿物成分相同时,随着水泥分散度的增加,其活性强度和硬化能力也有所增大,从而水泥稳定土的强度也大大提高。

水泥剂量是水泥质量占全部粗细颗粒(即砾石、碎石、沙砾、粉粒、黏粒)干质量的百分率。水泥稳定土的强度随水泥剂量的增加而增加,但过多的水泥用量,虽能增加强度,在经济上却不一定合理,在效果上也不一定显著,而且刚性过大容易开裂。考虑到水泥稳定土的抗温缩与抗干缩以及经济性,应有一个合理的水泥用量范围。试验和研究证明,水泥剂量在4% ~8%较为合理。合理的剂量应根据结构层的技术要求进行混合料组成设计。

(3)含水量。含水量对水泥稳定土的强度影响很大,当含水量不足时,就不能保证水泥在混合料中完全水化和水解,发挥不了水泥对土的稳定作用,影响强度形成。同时,含水量小,达不到最佳含水量,也影响水泥稳定土的压实度。因此,使含水量达到最佳含水量的同时,也要满足水泥完全水化和水解的需要。

水泥正常水化所需的水量约为水泥质量的20%,对于砂性土,完全水化达到最高强度的含水量较最佳密度的含水量小;而对于黏性土则相反。

(4)施工工艺过程。水泥、土和水拌和均匀,且在最佳含水量下充分压实,既要达到最佳密实度的含水量,又能满足水泥完全水化和水解的需要。使之干密度最大,其强度和稳定性就高。水泥稳定土从开始加水拌和到完成压实的延迟时间要尽可能短,一般要在6 h以内。若时间过长,水泥凝结,在碾压时,不但达不到压实度要求,而且也会破坏已结硬水泥的胶凝作用,反而使水泥稳定土强度下降。在水泥终凝时间达不到规定要求时,可以使用一定剂量的缓凝剂,缓凝剂的品种和数量应根据试验确定。

水泥稳定土需要进行湿法养生,以满足水泥水化形成强度的需要。养生温度越高,强度增长得越快。因此,必须保证水泥稳定土养生的温度和湿度条件。施工最低气温及冻前龄期的要求与石灰稳定土相同。

(四)减少水泥稳定土基层收缩裂缝的措施

为了减少半刚性基层上沥青面层由于水泥稳定土基层的收缩裂缝而产生反射裂缝或对应裂缝,应采取必要的措施来减少水泥稳定土基层本身的收缩裂缝。

(1)控制集料中细料的含量和塑性指数,以减少水泥稳定土集料中的黏土含量。通过0.075 mm筛孔的颗粒含量应控制在5% ~7%。细粒土无塑性指数时,可放宽到7%;有塑性指数时不得大于5%。细粒土的塑性指数要尽可能低,不宜大于4%。如果某种粒料土中,粉料含量过多或塑性指数过大,宜筛除塑性细粒土,并用部分粉煤灰代替,或先用石灰处治。

(2)设计水泥稳定土基层混合料的干缩应变不大于$(200\sim250)\times10^{-6}$。

(3)在达到强度标准的前提下,采用最小水泥剂量,但不小于4.5%。

(4)改善集料级配,减少水泥用量,使水泥剂量不大于6%。

(5)在水泥稳定土混合料中掺入缓凝阻裂剂,如用HF-6(掺量为3% ~5%)补偿收缩。

(6)严格控制施工碾压的含水量不超过基层施工规范所规定的值。

(7)水泥稳定土基层养生结束,喷洒透层沥青或做下封层后,立即铺筑沥青面层,保护基层混合料不使其过分变干和产生干缩裂缝。

(五)水泥稳定土基层施工

按拌和方法分,水泥稳定土基层的施工方法主要有两种。第一种方法是就地拌和法或称为路拌法;第二种方法是中心站拌和法或称为集中厂拌法,即集中在某一场地,用固定式拌和机拌和水泥混合料,用自卸车将拌成的混合料运送到铺筑工地,然后进行摊铺和压实。

1.路拌法施工

水泥稳定土路拌法施工的工艺流程如图7.3所示。

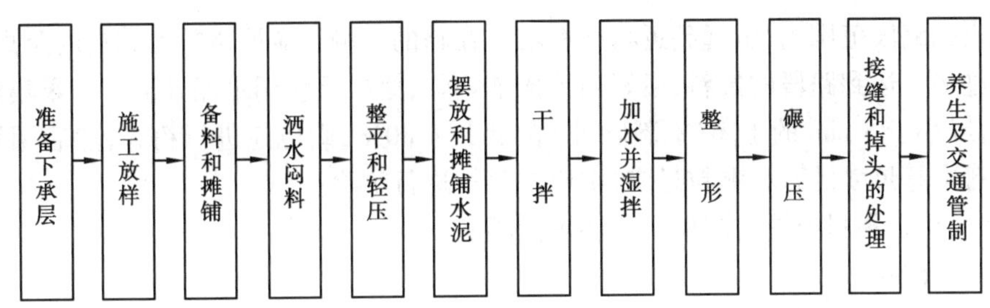

图 7.3　水泥稳定土路拌法施工工艺流程

(1)准备下承层。

①水泥稳定土的下承层表面应平整、坚实,具有规定的路拱,下承层的平整度和压实度应符合施工技术规范的要求。

②当水泥稳定土用作基层时,要准备底基层。当水泥稳定土用作老路面的加强层时,要准备老路面。当水泥稳定土用作底基层时,要准备土基。

③在槽式断面的路段,两侧路肩上每隔一定距离(如 5 ~ 10 m)应交错开挖泄水沟(或做盲沟)。

(2)施工放样。

①在底基层或老路面或土基上恢复中线,直线段每 15 ~ 20 m 设一桩,平曲线段每 10 ~ 15 m 设一桩,并在两侧路肩边缘外设指示桩。

②进行水平测量,在两侧指示桩上用明显标记标出水泥稳定土层边缘的设计高程。施工过程中,标桩如有丢失或移动,应及时补桩抄平。

③如果水泥稳定土层铺筑在符合要求的新建的下承层上,可以不再进行施工放样。

(3)备料。

一般情况下,水泥稳定土层(特别是水泥稳定基层)所用的土是经过选择的且技术经济都比较合理的土料。

①料场选择。将沿线所有料场的土料,用肉眼鉴别,初步选定一些备用料场。从每个用料场取有代表性的土料,送实验室进行原土料及水泥土混合料的物理力学性质试验。根据试验结果,选定准备开采使用的料场(同时确定水泥剂量)。

选料采集时如料层上有覆盖土、树木、草皮等杂物,则首先应该将它们清除干净(通常使用推土机)。在推选集料的过程中,应该在预定采料深度范围内自上而下采集集料。不应分层采集,避免将不合格的土料推入选料堆中。如发现土料有明显变化,则应及时采取有代表性的样品送实验室进行规定的各项试验。

②计算材料用量。根据各路段水泥稳定土层的宽度、厚度及预定的干密度,计算各路段需要的干燥集料数量;根据料场集料的含水量和所有运料车辆的吨位,计算每车料的堆放距离;根据水泥稳定土层的厚度和预定的干密度及水泥剂量,计算每 1 m^2 水泥稳定土需用的水泥用量,并计算每袋(通常重 50 kg)水泥的摊铺面积;根据水泥稳定土层的宽度确定摆放水泥的行数,并计算每行水泥的间距;根据每包水泥的摊铺面积和每行水泥的间距计算每袋水泥的纵向间距。

③材料的运输与堆放。集料装车(通常用装载机或挖掘机)及运输时,应该注意每辆载货汽车(通常用自卸车)的装载数量基本相等。根据各路段需要的集料数量按计算距离卸料。

在料场供应的路段范围内,由远到近将土料堆放在路的一侧。应严格掌握卸料的距离,避免集料不够或过多。运到路段的集料,最好当天摊铺均匀,第二天就用水泥处治。如果集料中有较大的土块,或小于5 mm的土团(石料除外)含量少于80%,则也应进行粉碎,然后用平地机整平。如集料中超尺寸的石料颗粒过多,则应在料场进行筛除。

必须注意,在集料摊铺前应使下承层表面湿润。

(4)摊铺集料。

①应事先通过试验确定集料的松铺系数(或压实系数,它是混合料的松铺干密度与压实干密度的比值)。人工摊铺混合料时,其松铺系数可参考表7.1。

表7.1 混合料松铺系数

材料名称	松铺系数	备注
水泥稳定沙砾	1.30～1.35	
水泥土	1.53～1.58	现场人工摊铺土和石灰,机械拌和,人工整平

②摊铺集料应在摊铺水泥的前一天进行。摊料长度应以日进度的需要量控制,满足次日完成掺加水泥、拌和、碾压成型即可。但在雨期施工,不宜提前一天将料铺开,应及时摊铺集料并保证后续工艺在降雨之前全部完成。

③用平地机或其他合适的机具将料均匀地摊铺在预定的宽度上,表面应力求平整,并有规定的路拱。摊料过程中,应将土块、超尺寸颗粒及其他杂物拣除。如集料中有较多土块,应进行粉碎。

④及时检验松铺材料层的厚度,按公式(摊铺厚度=压实厚度×松铺系数)确定是否符合预计要求。必要时,应进行减料或补料工作。

⑤除洒水车外,严禁其他车辆在集料层上通行。

(5)洒水闷料。

①实际上在翻松和粉碎土的过程中,就需要洒水预湿土。对运到底基层或路基的集料(包括各种沙砾土和细粒土),也应该洒水预湿。洒水预湿素土,可以使水在土中分布较为均匀,可以节省摊铺水泥后的加工操作时间。如已整平的土含水量过小,应在土层上洒水闷料,洒水应均匀,防止局部出现水分过多,或水分不足的现象。

②对水泥和石灰综合稳定土,应先将石灰和土拌和,再一起洒水闷料。

③严禁洒水车在洒水段停留和掉头。

(6)整平和轻压。土经过预湿之后,应该整形成要求的路拱和坡度,并用6～8 t的两轮光面压路机碾压1～2遍,使素土层具有平整光滑的表面,同时具有一定的密实度,以便摊铺水泥。

(7)摆放和摊铺水泥。

①按计算得到的每袋水泥的纵横间距,用石灰或水泥在集料层上做安放水泥的标记。水泥应在当日用汽车直接送到摊铺路段,直接卸在做标记的地点,并检查有无遗漏和多余。运水泥的车辆应有防雨设备。

②用刮板将水泥均匀摊开,应注意每袋水泥的摊铺面积相等。水泥摊铺完毕后,表面应没有空白位置,也没有水泥过分集中的地方。

③在大的施工工地，有时用散装水泥撒布车(可装25 t水泥)撒铺水泥。用撒布车撒铺水泥比用人工撒铺水泥要均匀得多。使用效率高的撒布车时，即使水泥剂量只有1%也能撒匀。而用人工摊铺水泥时，实际可能操作的最小水泥剂量约为2%。

(8)拌和。这个阶段的目的是使水泥完全均匀地分布到土中。

①二级及二级以上公路，应采用专用稳定土拌和机进行拌和，并设专人跟随拌和机，随时检查拌和深度，配合拌和机操作员调整拌和深度。拌和深度应达到稳定层底并宜侵入下承层5～10 mm，以利上下层黏结。严禁在拌和层底部留有素土夹层。通常应拌和两遍以上，在最后一遍拌和之前，必要时可先用多铧犁紧贴底面翻拌一遍，直接铺在土基上的拌和层也应避免素土夹层。

②用旋转式松土机或专门的稳定土拌和机进行拌和，在用机械拌和的头1～2遍，通常是进行干拌。然后边洒水边拌和，即进行湿拌。干拌的目的是使水泥分布到全部土中，不要求达到完全拌和，而是预防加水过程中水泥成团。所谓干拌，实际上是拌和预湿的土及水泥，并不是真要求土是干的。

③三级、四级公路，在无专用拌和机械的情况下，可用农用旋转耕作机与多铧犁或平地机相配合进行，也可以用缺口圆盘耙与多铧犁或平地机相配合，但应注意拌和效果，拌和时间不宜过长。

(9)整形。

①平地机整形。混合料拌和均匀后，立即用平地机进行初步整形。在直线段，平地机由两侧向路中心进行刮平；在曲线段，平地机由内侧向外侧进行刮平。必要时，再返回刮一遍。用轮胎压路机、轮胎拖拉机或平地机立即在刚初平的路段上快速碾压1～2遍，以暴露潜在的不平整，再用平地机整平一次。整形前应用齿耙将轮迹低洼处表层耙松50 mm以上，再碾压一遍。最后用平地机整平一次，应将高出料直接刮出路外，不应形成薄层贴补现象。每次整平都要按照要求的坡度和路拱进行，特别要注意接缝处的整平，务必使接缝顺适平整。整平工作还应该包括路肩在内。

②人工整形。人工用锹和耙先将混合料摊平，用路拱板进行初步整形。用拖拉机初压1～2遍后，根据试验确定的松铺系数，定出纵、横断面的标高，并设置标记和挂线。利用锹、耙按线整形，并用路拱板校正成型。整形过程中，严禁任何车辆通行，并保持无明显的粗细集料离析现象。

(10)碾压。

①制订碾压方案。根据路宽、压路机的轮宽和轮距的不同，制订碾压方案，以求各部分碾压到的次数尽量相同(通常路面的两侧应多压2～3遍)。

②掌握碾压方法，控制碾压质量。水泥稳定土层整平到需要的断面和坡度后，混合料的含水量等于或略大于最佳含水量(±1%～±2%)时立即用12 t以上三轮压路机、重型轮胎压路机或振动压路机在路基全宽内进行碾压。直线段由两侧路肩向路中心碾压；平曲线段由内侧路肩向外侧路肩进行碾压。碾压时，应重叠1/2轮宽，后轮必须超过两段的接缝处，后轮压完路面全宽时，即为一遍。一般需要碾压6～8遍。压路机的碾压速度头两遍以1.5～1.7 km/h为宜，以后宜采用2.0～2.5 km/h。采用人工摊铺整形的稳定土层，宜先用拖拉机或6～8 t两轮压路机或轮胎压路机碾压1～2遍，然后再利用重型压路机碾压。

碾压过程中，水泥稳定土的表面应始终保持湿润，如水分蒸发过快，应及时补洒少量的水，但严禁大量洒水碾压。碾压时如发生“弹簧”、松散起皮等现象,应及时翻开换以新的水泥土混合料或添加适量的水泥重新拌和,或用其他方法处理,使其达到质量要求。经过拌和整形的水泥稳定土,宜在水泥初凝前并应在试验确定的延迟时间内完成碾压,并达到要求的密实度,同时没有明显的轮迹。

在碾压结束之前,用平地机再终平一次,使其顺适,且路拱和超高符合设计要求。终平应仔细进行,必须将局部高出部分刮除并扫出路外,对于局部低洼之处,不再进行找补,可留待铺筑沥青面层或水泥混凝土面层时处理。

严禁压路机在已完成的或正在碾压的路段上掉头或制动,应保证稳定土层表面不受破坏。

(11)接缝和掉头处的处理。同时施工的两工作段的衔接,应采用搭接,前一段拌和整形后,留 5 ~ 8 m 不进行碾压,后段施工时,前段留下未碾压部分,应再加部分水泥重新拌和,并与后一段一起碾压。经过拌和、整形的水泥稳定土应在试验确定延迟时间内完成碾压。同时,应注意接缝和掉头处的处理。

①工作缝的处理。工作缝是指每天施工最后一段的末端缝,该缝可采用下述处理办法:在已碾压完成的水泥稳定土层末端,沿稳定土挖一条横贯铺筑层全宽约 300 mm 的槽,一直挖到下承层顶面。此槽应与路的中心线垂直,靠稳定土的一面应切成垂直面,并放两根厚度与压实厚度相同、长为全宽一半的方木紧贴其垂直面。用原先挖出的素土回填槽内其余部分。第二天,邻接作业段拌和后,除去方木和素土,用混合料回填。靠近方木未能拌和的一小段,应采用人工进行补充拌和。整平时,接缝处的水泥稳定土应较已完成断面高出约 50 mm,以便形成一个平顺的接缝。

②纵缝的处理。水泥稳定土施工应避免纵向接缝,在必须分两幅施工时,纵缝必须垂直相接,不应斜接。纵缝可采用下述处理方法:前一幅施工时,在靠中央一侧用方木或钢模板作支撑,方木或钢模板的高度与稳定土层的压实厚度相同。混合料拌和结束后,靠近支撑木(或板)的一部分,应人工进行补充拌和,然后整形和碾压。养生结束后,在铺筑另一幅之前,拆除支撑木(或板)。同样的,第二幅混合料拌和结束后,靠近第一幅的部分,应人工进行补充拌和,然后进行整形和碾压。

③掉头处的处理。如拌和机械或其他机械必须到已压成的水泥稳定土层上掉头,应采取措施保护掉头作业段。一般可在准备用于掉头约 8 ~ 10 m 长的稳定土层上,先覆盖一张厚塑料布或油毡纸,然后铺上约 100 mm 厚的土、砂或沙砾。整平后,用平地机将塑料布上大部分土除去(注意勿刮破塑料布),然后人工除去余下的土,并收起塑料布。

(12)养生及交通管制。水泥稳定土底基层(或基层)分层施工时,下层水泥稳定土碾压完后,在采用重型振动压路机碾压时,宜养生 7 d 后铺筑上层水泥稳定土。在铺筑上层稳定土之前,应始终保持下层表面湿润。在铺筑上层稳定土时,宜将下层表面清扫干净后撒少量水泥或水泥浆。底基层养生 7 d 后,方可铺筑基层。

每一段碾压完成并经压实度检查合格后,应立即开始养生。养生宜采用厚度为 70 ~ 100 mm 的湿砂进行,砂铺匀后及时洒水,并在整个养生期间使砂保持潮湿状态。不得用黏质土覆盖,因为黏质土会黏结在稳定土层的表面,难以清除干净,这是一个十分重要的问题。可以用潮湿的帆布、粗麻袋、稻草麦秸或其他合适的潮湿材料覆盖,防止其中水分蒸发,使稳定土层表面经常保持湿润,避免其表面干燥或忽干忽湿,从而保证水泥的水化作用。无条件时,可采用洒水车经常洒水进行养生,每天洒水的次数视天气情况而定。整个养生期间应始终保持稳定土层表面潮湿,同时注意表面平整密实情况,必要时用两轮压路机补压。

对于高速公路和一级公路,基层的养生期不宜少于 7 d;对于二级和二级以下的公路,养生期少于 7 d 即可较早铺筑沥青面层,但应限制重型车辆通行。基层养生结束后,不宜长期暴晒,以免开裂。

在未采用覆盖措施的水泥稳定土层上,在养生期间除洒水车外,应封闭交通;在采用覆盖措施的水泥稳定土层上,不能封闭交通时,应限制重车通行,且其他车辆车速不应超过 30 km/h。

2. 中心站集中厂拌法施工

对高速公路和一级公路应采用集中拌和法制备基层和底基层混合料(直接放在土基上的一层可以采用路拌法),以保证拌和质量,消除素土夹层的危险。

厂拌法施工应注意以下几个问题:

(1)下承层准备、施工放样同路拌法。

(2)备料。材料选择原则上同路拌法。材料(水泥、土、外掺剂等)及不同规格集料(碎石或砾石、石屑、砂)应隔离,分别堆放。在潮湿多雨地区或其他地区的雨期施工时,应采取措施,保护集料,特别是细集料(如石屑和砂等)应有覆盖,防止雨淋。水泥防潮更为重要。

(3)拌和。集中拌和时应注意以下事项:

①拌和机与摊铺机的生产能力应互相匹配。对于高速公路和一级公路,为了保持摊铺机连续摊铺,拌和机的产量宜大于 400 t/h,并宜采用两台拌和机。

②在正式拌制混合料之前,必须先调试所用的设备,使混合料的颗粒组成和含水量都达到规定的要求。原集料的颗粒组成发生变化时,应重新调试设备。

③配料应准确,拌和应均匀。

④拌和好的混合料,其含水量宜略大于最佳值,使混合料运到现场摊铺碾压后的含水量不小于最佳值。因此,在拌和过程中应根据集料和混合料含水量的大小,及时调整加水量。

⑤当采用连续式稳定土拌和设备集中厂拌时,应保证集料的最大粒径和级配符合要求。

(4)运输、摊铺和碾压。将拌和好的混合料从拌和机直接卸入自卸车,尽快送到铺筑现场。车上的混合料应该覆盖,减少水分损失。运输的时间一般要限制在 30 min 内。

对于高速公路和一级公路,必须采用沥青混凝土摊铺机或专用的稳定粒料摊铺机摊铺。最好选用两台摊铺机,一前一后、错列前进,同时摊铺。只能采用一台小型摊铺机工作时,可以在两条线或几条工作道上交替摊铺,但任何一条道都不能比邻接的工作道摊铺得太前。

摊铺均匀布料后应立即碾压。对其他等级的公路,有条件时宜用摊铺机摊铺,至少必须采用平地机摊铺,个别面积较小的路段可以采用人工摊铺。

另外,为了得到一个平整的基层顶面,可以采取下列措施:

①保持整平板前的混合料的高度不变。

②保持螺旋分料器有 80% 的时间在工作状态。

③减少停机、开动的次数,避免运料载货汽车碰撞摊铺机。

④一次铺筑厚度不超过 250 mm,分层摊铺时,上层厚度取 100 mm。

⑤工程中要减少横向接缝。

⑥做好横向接缝,立即用直尺检验。

⑦经常检验控高钢丝,调整传感器。

⑧经常用直尺检验表面。

⑨保持摊铺机在良好工作状态。

用摊铺机和平地机摊铺混合料后的整形和碾压均与路拌法相同。

(5)接缝处理。

①横向接缝。用摊铺机摊铺混合料时,不宜中断,如因故中断时间超过2 h,应设置横向接缝,摊铺机应驶离混合料末端。人工将末端含水量合适的混合料弄整齐,紧靠混合料放两根方木,方木的高度应与混合料的压实厚度相同,整平紧靠方木的混合料。方木的另一侧用沙砾或碎石回填约3 m长,其高度应高出方木几厘米,并将混合料碾压密实。在重新开始摊铺混合料之前,将沙砾或碎石和方木除去,并将下承层顶面清扫干净。摊铺机返回到已压实层的末端,重新开始摊铺混合料。如摊铺中断后,未按上述方法处理横向接缝,而中断时间已超过2 h,则应将摊铺机附近及其下面未经压实的混合料铲除,并将已碾压密实且高程和平整度符合要求的末端挖成与路中心线垂直并垂直向下的断面,然后再摊铺新的混合料。

②纵向接缝。应避免纵向接缝。高速公路和一级公路的基层应分两幅摊铺,宜采用两台摊铺机一前一后相隔5～10 m同步向前摊铺混合料,并一起进行碾压,但必须注意横坡的一致性。在不能避免纵向接缝的情况下,纵缝必须垂直相接,严禁斜接。摊铺前一幅时,在靠中央的一侧用方木或钢模板作支撑,方木或钢模板的高度应与稳定土层的压实厚度相同。养生结束后,在摊铺另一幅之前,拆除支撑木(或板)。

用平地机摊铺混合料时,横向接缝和纵向接缝的处理方法同路拌法。

(6)养生及交通管制同路拌法。

(六)水泥稳定土的应用

水泥稳定土的水稳定性和抗冻性都比石灰稳定土好,但暴露的水泥稳定土因干缩和冷缩也易产生裂缝。水泥土与水泥沙砾、水泥稳定碎石相比有以下3个不利的特征:

①水泥土容易产生严重的收缩裂缝,并影响沥青面层。

②水泥土的强度没有充分形成时,其表层遇水会发生软化。

③水泥土的抗冲刷能力小,表面水由面层裂隙渗入后易产生唧泥现象。

水泥稳定土可用作各级公路路面的基层和底基层,但水泥土禁止用作高级沥青路面的基层,只能用作底基层。各类高等级公路的水泥混凝土面板下,水泥土也只能用作底基层。

二、石灰稳定土基层及施工

(一)概述

在粉碎的土和原状松散的土(包括各种粗、中、细粒土)中,掺入适量的石灰和水,按照一定技术要求,经拌和,在最佳含水量下摊铺、压实及养生成型,其抗压强度符合规定要求的路面基层,称为石灰稳定土基层。用石灰稳定细粒土制成的混合料简称石灰土。用石灰稳定中粒土和粗粒土制成的混合料,原材料为天然沙砾土时,简称石灰沙砾土;原材料为天然碎石土时,简称石灰碎石土。用石灰土稳定级配沙砾(沙砾中无土)和级配碎石(包括未筛分碎石)制成的混合料,分别简称石灰土沙砾或石灰土碎石。用石灰稳定土铺筑的路面基层和底基层,分别称为石灰稳定(土)基层和石灰稳定(土)底基层。

石灰剂量是石灰质量占全部土颗粒的干质量的百分率,即石灰剂量＝石灰质量/干土质量。

石灰稳定土具有良好的力学性能,初期主要表现在土的结团、塑性降低、最佳含水量的增大和最大密实度的减小,以及强度和水稳定性较差等方面;后期主要表现在结晶结构的形成,板体性、强度和稳定性的提高等方面。

石灰稳定土可用作各类路面的底基层和二级以下公路的基层,石灰土不得用作二级公路的基层和二级以下公路高级路面的基层。在冰冻地区的潮湿路段和其他地区的过分潮湿路段,不宜采用石灰土作基层和低基层。只能采用石灰土时,应采取措施防止水分侵入石灰土基层。

石灰稳定土属于整体性半刚性材料,后期刚度较大,为避免灰土层受弯拉而断裂,并使其在施工中碾压时能够压稳而不起皮,灰土层厚度不宜小于 10 cm。为便于拌和均匀和碾压密实,用 12 ~15 t 压路机碾压时,厚度不宜大于 15 cm;用 15 ~20 t 压路机碾压时,压实厚度应大于 20 cm,且采用先轻后重碾压次序(分层铺筑时,下层宜稍厚)。石灰稳定土基层施工在最低气温 0 ℃之前完成,如次年直接铺筑沥青路面,视南、北方气候不同,应在冰冻前 1 ~2 个月完工,并尽量避免在雨期施工。

(二)石灰稳定土强度形成原理

在土中掺入适量石灰,并在最佳含水量下拌匀压实,使石灰与土发生一系列的物理、化学作用,从而使土的性质发生根本的变化。物理、化学作用一般分为 4 个方面:离子交换作用、结晶硬化作用、火山灰作用、碳酸化作用。

$CaCO_3$ 和其他生成的复杂盐类把土粒胶结起来,从而大大地提高了土的强度和整体性。$CaCO_3$ 是坚硬的结晶体,具有较高的强度和水稳性,它对土的胶结作用使土得到了加固。当石灰土的表层碳酸化后形成一层硬壳,阻碍 CO_2 进一步渗入,因而碳酸化作用是个相当长的反应过程,也是形成石灰土后期强度的主要原因之一。

(三)影响石灰土强度的因素

(1)土质。各种成因的亚砂土、亚黏土、粉土类土和黏土类土都可以用石灰来稳定。但生产实践表明,黏性土效果较好。黏土颗粒的活性强、比表面积大、表面能量也较大,因而掺入石灰等活性材料后,所形成的离子交换作用、碳酸化作用、结晶作用和火山灰作用都比较活跃,故石灰土强度随土的塑性指数增加而增大。当采用高液限黏土时,施工中不易粉碎;采用粉性土的石灰土早期强度较低,但后期强度也可满足行车要求;采用低液限土质时易拌和,但难以碾压成型,稳定的效果不显著。所采用的土质,既要考虑其强度,还要考虑到施工时易于粉碎,便于碾压成型。一般采用塑性指数 12 ~20(100 g 平衡锥测液限,搓条法测塑限)的黏性土为好。塑性指数偏大的黏性土,要加强粉碎,粉碎后,土中 15 ~25 mm 的土块含量不宜超过 5%。经验证明,塑性指数小于 12 的土不宜用石灰稳定,塑性指数大于 18 的黏性土更宜用水泥石灰综合稳定。对硫酸盐类含量超过 0.8% 或腐殖质含量超过 10% 的土,对强度有显著影响,不宜直接采用。

(2)灰质。各种化学组成的石灰均可用于稳定土。白云石石灰的稳定效果优于方解石石灰。活性 CaO + MgO 的含量越高,稳定效果越好。石灰细度越大,其比表面越大,在相同剂量下与土粒的作用越充分,反应进行得越快,因而效果越好。生石灰在灰土中消解可释放出大量热能,加速灰土的硬化,另外,刚消解的石灰呈胶状 $Ca(OH)_2$,其活性和溶解度均较高,能保证石灰与土中胶粒更好地作用,因而,采用生石灰稳定土的效果优于采用熟石灰稳定土。但应注意,用磨细生石灰稳定土时,成型时间对其使用效果有着重要的影响。成型过早,会因产生的水化热过多使土体胀松；成型过晚，则水化热不能得到充分利用，也会影响其效果。一般磨细生石灰与土拌匀后闷料约 3 h 成型可取得最佳效果。

对于高速公路和一级公路，宜采用磨细生石灰粉。石灰质量应符合表 7.2 中合格品以上的技术标准，等外石灰、贝壳石灰、珊瑚石灰等应通过试验方可采用。

表 7.2　石灰的技术指标

项目类型		钙质生石灰			镁质生石灰		
		优等品	一等品	合格品	优等品	一等品	合格品
(CaO + MgO)含量/%，≥		90	85	80	85	80	75
未消解残渣筛余/%，≤		5	10	15	5	10	15
CO_2 含量/%，≤		5	7	9	6	8	10
细度	0.9 mm 筛筛余/%，≤	0.2	0.5	1.5	0.2	0.5	1.5
	0.125 mm 筛累计筛余/%，≤	7.0	12.0	18.0	7.0	12.0	18.0
钙镁石灰的分界线 MgO/%		≤5			>5		

为了保证石灰的质量，要尽量缩短石灰的存放时间，最好在生产后不超过 3 个月内使用。石灰在野外堆放时间过长时，应妥善保管，必要时加以覆盖，避免遭受日晒雨淋。

(3)石灰剂量。石灰剂量对石灰土的强度影响显著。石灰剂量较低时(小于 3% ~4%)，石灰主要起稳定作用，使土的塑性、膨胀、吸水量、聚水量减小，土的密实度、强度得到改善。随着石灰剂量的增加，石灰土的强度和稳定性增大，但当剂量超过一定范围时，强度反而下降。石灰的最佳剂量随土质不同，土的分散度越高则最佳剂量越大。最佳石灰剂量也与养生龄期有关，在 28 d 内，最佳石灰剂量随着龄期的增长而增大，28 d 后基本趋于稳定。这是因为时间短，参与反应的石灰数量就少，多余的石灰以自由状态存在，对强度不利。随着龄期的增长，参与反应的石灰逐渐增多，所需的石灰数量也相应增多，而 28 d 后，反应渐趋缓慢，最佳石灰剂量也就趋于稳定。生产实践中常用的最佳剂量范围，对黏性土及粉性土为 8% ~14%；对砂性土则为 9% ~16%。

(4)含水量。水是石灰土的重要组成部分。它促使石灰土发生物理-化学变化，形成强度；便于土的粉碎、拌和与压实，并且有利于养生。不同土质的石灰土，有不同的最佳含水量。最佳含水量需要通过重型标准击实试验确定，并用以控制施工中的实际含水量。所用水应是干净、可供饮用的水。

(5)拌和及压实。土的粉碎程度和拌和的均匀程度，对石灰稳定土的强度有很大影响。应尽可能采用粉碎与拌和效率高的机械，提高粉碎程度与拌和的均匀程度。压实对石灰土强度的影响也很大，交通运输部公路科研所统计分析了 121 组无机结合料稳定细粒土的室内试验资料，结果表明：压实度每增加 2%，抗压强度增加的最大值为 29.7%，最小值为 2.5%，平均增加 14.1%。而密实的石灰土，其抗冻性、水稳定性也好，缩裂现象也少。

(6)养生条件。养生条件主要是指温度与湿度。养生条件不同，石灰土强度也不同。当温度高时，物理-化学反应快、硬化快、强度增长快，反之强度增长缓慢。在负温条件下，强度甚至不增长。因此，要求施工期的最低温度应在 5 ℃以上，并在第一次重冰冻(-5 ~ -3 ℃)到来之前1~1.5个月完成施工。

多年的施工经验表明，温暖或高温季节施工的灰土强度高，质量可以保证，一般在使用中很少损坏。

养生的湿度条件，对石灰土的强度也有很大的影响。实践证明，在一定潮湿条件下养生强度的形成比在一般空气中养生要好。

(7)石灰土的龄期。石灰土的强度具有随龄期而增长的特点。一般石灰土初期强度低，前期(1~2个月)增长速率较后期快。

(四)石灰土基层的应用

石灰稳定土不仅具有较高的抗压强度，而且也具有一定的抗弯强度。其强度随龄期逐渐增长，稳定性好，具有一定的抗冻性。因此，石灰稳定土一般可用于各类路面的基层或底基层。因石灰稳定土的吸水性、透水性和水稳定性较差，不得用作二级及二级以上各等级公路的基层和底基层。在冰冻地区的潮湿路段以及其他地区的过分潮湿路段，不宜采用石灰土作基层和底基层。当低等级公路采用高级路面时，也不宜用石灰土作基层。

(五)石灰稳定土基层的缩裂防治

(1)控制压实含水量。石灰稳定土因含水量过多产生的干缩裂缝显著，因而压实时含水量一定不要大于最佳含水量，其含水量应略小于最佳含水量。

(2)严格控制压实标准。实践证明，压实度小时产生的干缩要比压实度大时严重，因此，应尽可能达到最大压实度。

(3)温缩的最不利季节是温度在0~-10 ℃的季节。因此，施工要在当地气温降至0 ℃前一个月结束，以防在不利季节产生严重温缩。

(4)干缩的最不利情况发生在石灰稳定土成型初期，因此，要重视初期养护。保证石灰土表面处于潮湿状况，防止干晒。

(5)石灰稳定土施工结束后，要及早铺筑面层，使石灰土基层含水量不发生较大变化，可减轻干缩裂缝。

(6)在石灰稳定土中掺加集料(沙砾、碎石等)，使其集料含量为60%~70%，使混合料满足最佳组成要求。这样不但提高了石灰稳定土的强度和稳定性，而且使其具有较好的抗裂性能。

(7)基层的缩裂会反射到面层，为了防止基层裂缝的反射，国内外常采取以下措施：

①设置联接层。设置沥青碎石或沥青贯入式联接层，是防止产生反射裂缝的有效措施。

②铺筑碎石隔裂过渡层。在石灰土与沥青面层间铺筑厚10~20 cm的碎石层或玻璃纤维网格，可减轻反射裂缝出现。

(六)石灰稳定土基层的施工

近年来，随着高速公路的建设速度加快和规模增大，在部分地区，高速公路和一级公路路面施工中，也开始采用厂拌法施工。厂拌法施工的比例在不断提高。在某些地区，高速公路建设强制要求采用厂拌法施工。厂拌法施工时其材料及混合料组成应满足规范要求。

当前，我国仍广泛采用路拌法施工。这里主要讲述路拌法施工。

石灰稳定土路拌法施工工艺流程如图7.4所示。

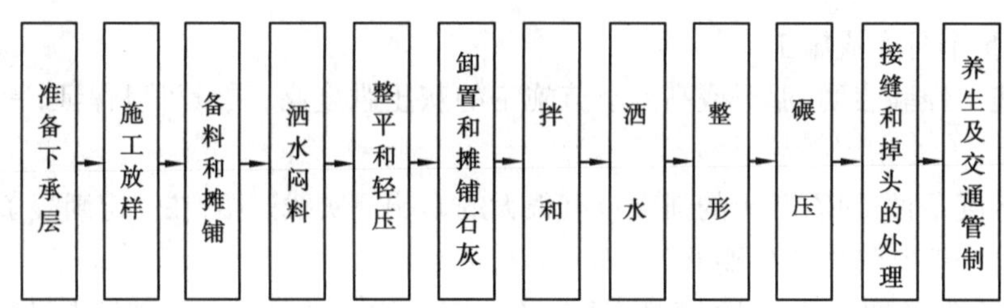

图 7.4 石灰稳定土路拌法施工工艺流程

(1)准备下承层。要求同水泥稳定土。

(2)施工放样。要求同水泥稳定土。

(3)备料。除应符合水泥稳定土中的相关要求外,还应符合下列规定:

①对于塑性指数小于 15 的黏性土,机械拌和时,可视土质和机械性能确定是否需要过筛。人工拌和时,应筛除 15 mm 以上的土块。

②当分层采集土时,则应将土先分层堆放在场地上,然后从前到后(上下层一起装入汽车)将料运送到施工现场,以利土质均匀。

③石灰应选在公路两侧宽敞、临近水源且地势较高的场地集中堆放。预计堆放时间较长时,应覆盖封存;当堆放在拌和场的时间较长时,也应覆盖封存。同时做好堆放场地的临时排水设施。

④生石灰块,应在使用前 7 ~ 10 d 充分消解,且消解后的石灰应保持一定的湿度,以免过干飞扬污染环境,但也不能过湿成团而造成使用困难。消石灰原则上应过孔径为 10 mm 的筛,并尽快使用。每吨生石灰消解需要用水量一般为 500 ~ 800 kg。

⑤计算材料用量。根据各路段石灰稳定土层的宽度、厚度及预定的干密度,计算各路段需要的干燥材料用量。

(4)摊铺。应事先通过试验确定土的松铺系数。人工摊铺混合料时,其松铺系数可参考表 7.3。

表 7.3 人工摊铺混合料松铺系数

材料名称	松铺系数	备注
石灰土	1.53 ~ 1.58	现场人工摊铺土和石灰,机械拌和,人工整平
	1.65 ~ 1.70	路外集中拌和,运到现场人工摊铺
石灰土沙砾	1.52 ~ 1.56	路外集中拌和,运到现场人工摊铺

(5)洒水闷料。同水泥稳定土。

(6)整平和轻压。同水泥稳定土。

(7)卸置和摊铺石灰。按事先计算得到的每车或每袋石灰的纵横距,用石灰在土层或集料层上做卸置石灰的标记。同时划出摊铺石灰的边线。用刮板将石灰均匀摊开,石灰摊铺后,表面应没有空白位置。然后,量测石灰的松铺厚度,根据石灰的含水量和松密度,校核石灰用量是否合适。

(8)拌和与洒水。同水泥稳定土。

(9)整形。同水泥稳定土。

(10)碾压。同水泥稳定土。

(11)接缝和掉头处的处理。

①横缝的处理。两工作段的搭接部分应采用对接形式。前一段拌和后,留 5 ~8 m 不进行碾压。后一段施工时,将前段留下未压部分,一起再进行拌和。

②纵缝的处理。石灰稳定土层的施工应该尽可能避免纵向接缝,必须分两幅施工时,纵缝必须垂直相接,不应斜接。纵缝处理方法同水泥稳定土。

③掉头处的处理。拌和机械及其他机械不宜在已压成的石灰稳定土层上掉头。如必须在其上进行掉头,应采取措施(如覆盖一层 100 mm 厚的砂或沙砾),保护掉头部分,使石灰稳定土表层不受破坏。

(12)养生及交通管制。石灰稳定土养生期一般不宜少于 7 d。在养生期间,应使灰土层保持一定湿度,不应过湿或忽干忽湿,且每次洒水后应用两轮压路机将表面压实。石灰稳定土碾压结束后 1 ~2 d,当其表面较干燥(如灰土的含水量不大于 10%,石灰粒料土的含水量为 5% ~6%)时,可以立即喷洒透层沥青,然后做下封层或铺筑面层,但初期应禁止重型车辆通行。

在养生期间未采取覆盖措施的石灰稳定土层上,除洒水车外,应禁止其他车辆通行;在采取覆盖措施(如覆盖砂养生或喷洒沥青膜养生)的石灰稳定土层上,不能封闭交通时,应限制车速不得超过 30 km/h。

养生期结束后,应根据面层厚度及结构情况,清扫基层并尽快铺筑其上的结构层。如果其上直接为沥青面层,应立即铺沥青面层,以保护石灰稳定土基层,不让其产生收缩裂缝(对较厚的沥青面层);或者先铺一封层,通车一段时间让石灰稳定土基层充分开裂后再铺筑沥青面层(对较薄的沥青面层),以减少反射裂缝。

石灰稳定土一层的施工厚度为 150 ~200 mm(当采用振动羊足碾与三轮压路机配合碾压时,其压实厚度可能达到250 mm,但应通过试验确定合适的压实厚度)。当设计厚度超过一层施工厚度时,应分层施工。此时,下层石灰稳定土应厚些,以便为后续施工造成一个较强的工作平台,但上层石灰稳定土的厚度不宜少于 100 mm。下层石灰稳定土碾压完毕后,可以立即铺筑上层石灰稳定土,不需留专门的养生期。

三、石灰工业废渣稳定土基层及施工

(一)概述

随着工业的发展,工业废渣逐渐增多,如何综合利用工业废渣引起了国内外的重视。近年来,我国利用工业废渣铺筑路面基层,取得了显著的成绩,不但提高了路面使用品质,而且降低了工程造价,变废为宝,具有显著的经济效益。

公路上常用的工业废渣有:火力发电厂的粉煤灰和煤渣、钢铁厂的高炉渣和钢渣、化肥厂的电石渣,以及煤矿的煤矸石等。粉煤灰和煤渣中含有较多的 SiO_2、CaO 或 Al_2O_3 等活性物质。用石灰稳定工业废渣时,石灰在水的作用下形成饱和的 $Ca(OH)_2$ 溶液。废渣的活性 SiO_2 和 Al_2O_3 在 $Ca(OH)_2$ 液中发生火山灰反应,生成水化硅酸钙和铝酸钙凝胶,把颗粒胶凝在一起,随水化产物不断产生而结晶硬化,具有水硬性。温度较高时,强度增长快,因此,石灰稳定工业废渣最好在温暖或高温季节施工,并加强保湿养生。

工业废渣材料主要用石灰与之综合稳定,即石灰工业废渣材料。常用的石灰工业废渣材

料有石灰粉煤灰类及石灰其他废渣类。

石灰稳定工业废渣基层具有水硬性、缓凝性，强度高、稳定性好，成板体且强度随龄期不断增加，抗水、抗冻、抗裂，收缩性小，适应各种气候环境和水文地质条件等特点。所以，近几年来，修建高等级公路，常选用石灰稳定工业废渣作高级或次高级路面的基层或底基层。

（二）材料要求

（1）石灰。工业废渣基层所用结合料是石灰或石灰下脚料。石灰的质量应符合Ⅲ级以上技术指标。

（2）废渣材料。粉煤灰是火力发电厂燃烧煤粉产生的粉状灰渣，主要成分是二氧化硅（SiO_2）、三氧化二铝（Al_2O_3）和三氧化二铁（Fe_2O_3），这些氧化物总含量一般要求超过70%。粉煤灰的烧失量一般要小于20%，如达不到上述要求，应通过试验后才能采用。干粉煤灰和湿粉煤灰都可以应用。干粉煤灰堆放时应洒水以防飞扬。湿粉煤灰堆放时，含水量不宜超过35%。粉煤灰比表面积宜大于2 500 m^2/g（或70%通过0.075 mm筛孔）。

（3）粒料（砾料）。高速公路和一级公路集料的压碎值应不大于30%，二级及二级以下公路集料的压碎值应不大于35%。颗粒最大粒径，高速公路和一级公路不大于31.5 mm，二级及二级以下公路不大于37.5 mm。

石灰工业废渣混合料中粒料质量宜占80%以上，并有良好的级配；石灰粉煤炭（简称二灰）沙砾混合料的级配范围应符合表7.4规定，二灰碎石混合料的级配范围应符合表7.5规定。

表7.4　二灰沙砾混合料的级配范围

筛孔尺寸/mm	37.5	31.5	19	9.5	4.75	2.36	1.18	0.6	0.075
通过百分率/%（基层）		100	81~98	52~70	30~50	18~38	10~27	6~20	0~7
通过百分率/%（底基层）	100	85~100	72~80	48~68	30~50	18~38	10~27	6~20	0~7

表7.5　二灰碎石混合料的级配范围

筛孔尺寸/mm	37.5	31.5	19	9.5	4.75	2.36	1.18	0.6	0.075
通过百分率/%（基层）		100	85~100	55~75	39~59	27~47	17~35	10~25	0~10
通过百分率/%（底基层）	100	90~100	65~85	50~70	35~55	25~45	17~35	10~27	0~15

（三）混合料组成设计

石灰工业废渣混合料组成设计的内容包括：根据表7.6的强度标准，通过试验选取适宜、稳定的土，确定石灰与粉煤灰或石灰与煤渣的比例，确定石灰粉煤灰或石灰煤渣与土的比例（均为质量比），确定混合料的最佳含水量。

表7.6　二灰混合料的强度和压实度

基层类型	高速公路和一级公路		二级和二级以下公路	
	强度/MPa	压实度/%	强度/MPa	压实度/%
基层	0.8~1.1	≥98	0.6~0.8	中、粗粒土97，细粒土95
底基层	≥0.6	中、粗粒土97，细粒土95	≥0.5	中、粗粒土95，细粒土93

(四)石灰粉煤灰类基层

石灰粉煤灰稳定类包括二灰、二灰土、二灰砂、二灰沙砾和二灰碎石等。

石灰粉煤灰基层是用石灰和粉煤灰按一定配比,加水拌和、摊铺、碾压及养生成型的基层。在二灰中掺入一定量的土,加水拌和、摊铺、碾压及养生成型的基层,称为二灰土基层。混合料的配合比组成要符合表7.6的强度标准,各地可根据当地的实践经验参考以下配比选用。

采用石灰粉煤灰土作基层或底基层时,石灰与粉煤灰的比例常用1∶4～1∶2(对于粉土,以1∶2为宜)。石灰粉煤灰与细粒土的比例可以是10∶90～30∶70。若采用30∶70的比例,石灰与粉煤灰之比宜为1∶3～1∶2。

采用石灰粉煤灰与级配的中粒土和粗粒土时,石灰与粉煤灰的比例为1∶4～1∶2,石灰粉煤灰与级配的中粒土和粗粒土的比例常采用1∶6～1∶4。

研究表明,为了防止裂缝,采用的石灰与粉煤灰的比例为1∶4～1∶3,集料含量为80%～85%最佳(沪宁高速公路达88%),既可抗干缩又可抗温缩。不少地区在修筑高级或次高级路面时选用这种基层和底基层,减少了因基层反射裂缝而引起的面层开裂问题,同时还减轻了沥青路面的车辙。

石灰粉煤灰类基层的施工,同石灰稳定土基层的施工。施工应尽量安排在温暖或高温季节,以利于形成早期强度而成型。

(五)石灰煤渣类基层

石灰煤渣(以下简称“二渣”)基层是用石灰和煤渣按一定配合比,加水拌和、摊铺、碾压、养生成型的基层。二渣中掺入一定量的粗集料称为三渣;掺入一定量的土,就成为石灰煤渣土。混合料的配合比组成,各地可根据当地气候、水文地质条件、公路等级及实践经验参考以下配比选用。

采用石灰煤渣作基层或底基层时,石灰与煤渣的比例可以是15∶85～20∶80。

采用石灰煤渣土作基层或底基层时(土为细粒土),石灰与煤渣的比例可以用1∶4～1∶1,但混合料的石灰不得少于10%,石灰煤渣与土的比例可用1∶4～1∶1。

采用石灰煤渣土粒料作基层或底基层时,石灰∶煤渣∶粒料=(7～9)∶(26～33)∶(58～67)。

为了提高石灰煤渣和石灰煤渣土的早期强度,可外加1%～2%的水泥。

石灰煤渣、石灰煤渣土和三渣都具有水硬性,物理力学性能基本上与石灰土相似,但是强度与水稳定性都比石灰土好。石灰煤渣的28 d强度可达1.5～3.0 MPa,并随龄期增长。初期强度增长慢,有一定的塑性。研究表明,当采用石灰煤渣粒料时,基层抗缩裂能力有所改善。

石灰煤渣类基层的施工程序和方法基本上与石灰土基层相同,但要加强养护,重视提高初期强度,防止早期重交通下发生破坏现象。

四、无机结合料稳定类材料应用的局限性

稳定细粒土如石灰土、水泥土、石灰水泥土及二灰土不宜用作高等级沥青路面的基层,宜用作底基层,具有一定的局限性,原因在于:

①稳定细粒土的干缩量和温缩量均比稳定粗粒土的干缩量和温缩量大很多,因此稳定细粒土基层可能会产生相对更加严重的收缩裂缝,并反射到沥青面层上形成反射裂缝。

②裂缝产生后,雨水的进入会加剧沥青路面的病害。

③稳定细粒土基层对施工环境和工序的要求更加严格,会导致施工污染或者施工质量差等不利情况。

第四节　路面基层施工质量控制

基层是路面面层的基础，是路面各组成层的关键层，主要起承重作用，因此必须精心施工、科学管理，坚持质量标准要求。

确保基（垫）层的施工质量符合设计文件和技术规范要求是施工的首要任务。施工过程中应采取有效措施控制施工质量，如建立、健全工地现场试验、质量检查与工序间的交接验收制度。各工序完成后应进行相应指标的检查验收，上一道工序完成且质量符合要求方可进入下一道工序的施工。施工质量涉及原材料技术指标的试验、铺筑试验路段及施工过程中的质量控制和外形管理 3 个部分。

一、原材料技术指标的试验

基层施工前及施工过程中原材料出现变化时，应对所采用的原材料进行规定项目的质量技术指标试验，以试验结果作为判定材料是否适用于基层的主要依据。原材料技术指标试验项目及试验方法参见有关规范内容。

二、铺筑试验路段

为了有一个标准的施工方法作指导，在正式施工前应铺筑一定长度的试验路段，以便考察混合料的配合比是否适宜，确定混合料的松铺系数、标准施工方法及作业段的长度等，并根据铺筑试验路段的实际过程优化基层的施工组织设计。

三、质量控制和外形管理

基层施工质量控制是施工过程中对混合料的含水量、集料级配、结合料剂量、混合料抗压强度、拌和均匀性、压实度、表面回弹弯沉值等项目进行检查。外形管理涉及基层的宽度和厚度、路拱横坡、平整度等，施工时应按规定的外形管理测量频率和质量标准进行检查。

（一）填隙碎石（矿渣）基层和底基层

（1）粗粒料应为质地坚硬、无杂质的轧制石料或分解稳定的轧制矿渣，填缝料为 5 mm 以下的轧制细料或粗砂。

（2）应使用振动压路机碾压，使填缝料填满粗粒料空隙。

填隙碎石（矿渣）基层和底基层实测项目见表 7.7。

表 7.7　填隙碎石（矿渣）基层和底基层实测项目

项次	检查项目		规定值或允许偏差				检查方法和频率	权值
			基层		底基层			
			高速公路 一级公路	其他公路	高速公路 一级公路	其他公路		
1△	固体体积率/%	代表值	—	85	85	83	灌砂法：每 200 m 每车道 2 处	3
		极值	—	82	82	80		

续表

项次	检查项目		规定值或允许偏差				检查方法和频率	权值
			基层		底基层			
			高速公路 一级公路	其他公路	高速公路 一级公路	其他公路		
2	弯沉值/0.01 mm		符合设计要求		符合设计要求		按路基、柔性路基、沥青路面弯沉值评定检查	2
3	平整度/mm		—	12	12	15	3 m 直尺：每 200 m 测 2 处×10 尺	2
4	纵断面高程/mm		—	+5，-15	+5，-15	+5，-20	水准仪：每 200 m 测 4 个断面	1
5	宽度/mm		符合设计要求		符合设计要求		尺量：每 200 m 测 4 处	1
6△	厚度 /mm	代表值	—	-10	-10	-12	按路面结构层厚度评定检查，每 200 m 每车道 1 点	2
		合格值	—	-20	-25	-30		
7	横坡坡度/%		—	±0.5	±0.3	±0.5	水准仪：每 200 m 测 4 个断面	1

注：△表示关键项目。

(二)级配碎(砾)石基层和底基层

(1)选用质地坚硬、无杂质的碎石、沙砾、石屑或砂，级配应符合要求。

(2)配料必须准确，塑性指数必须符合规定。

(3)混合料应拌和均匀，无明显离析现象。

(4)碾压应遵循先轻后重的原则，洒水碾压至要求的密实度。

级配碎(砾)石基层和底基层实测项目见表 7.8。

表 7.8　级配碎(砾)石基层和底基层实测项目

项次	检查项目		规定值或允许偏差				检查方法和频率	权值
			基层		底基层			
			高速公路 一级公路	其他公路	高速公路 一级公路	其他公路		
1△	压实度 /%	代表值	98	98	96	96	按路基、路面压实度评定检查，每 200 m 每车道 2 处	3
		极值	94	94	92	92		
2	弯沉值/0.01mm		符合设计要求		符合设计要求		按路基、柔性路基、沥青路面弯沉值评定检查	3

续表

项次	检查项目		规定值或允许偏差				检查方法和频率	权值
			基层		底基层			
			高速公路 一级公路	其他公路	高速公路 一级公路	其他公路		
3	平整度/mm		8	12	12	15	3 m 直尺:每200 m测2处×10尺	2
4	纵断面高程/mm		+5,-10	+5,-15	+5,-15	+5,-20	水准仪:每200 m测4个断面	1
5	宽度/mm		符合设计要求		符合设计要求		尺量:每200 m测4处	1
6△	厚度/mm	代表值	-8	-10	-10	-12	按路面结构层厚度评定检查,每200 m每车道1点	2
		合格值	-15	-20	-25	-30		
7	横坡坡度/%		±0.3	±0.5	±0.3	±0.5	水准仪:每200 m测4个断面	1

注:△表示关键项目。

(三)无机结合料稳定类材料基层的质量评定

1.石灰土基层和底基层

(1)土质应符合设计要求,土块应经粉碎。

(2)石灰质量应符合设计要求,块灰须经充分消解才能使用。

(3)石灰和土的用量应按设计要求控制准确,未消解的生石灰块必须剔除。

(4)路拌深度要达到层底。

(5)混合料应处于最佳含水量状况下,用重型压路机碾压至要求的压实度。

(6)保湿养生,养生期要符合规范要求。

石灰土基层和底基层实测项目见表7.9。

表7.9 石灰土基层和底基层实测项目

项次	检查项目		规定值或允许偏差				检查方法和频率	权值
			基层		底基层			
			高速公路 一级公路	其他公路	高速公路 一级公路	其他公路		
1△	压实度/%	代表值	—	95	95	93	按路基、路面压实度评定检查,每200 m每车道2处	3
		极值	—	91	91	89		
2	平整度/mm		—	12	12	15	3 m 直尺:每200 m测2处×10尺	2

续表

<table>
<tr><th rowspan="3">项次</th><th rowspan="3" colspan="2">检查项目</th><th colspan="4">规定值或允许偏差</th><th rowspan="3">检查方法和频率</th><th rowspan="3">权值</th></tr>
<tr><th colspan="2">基层</th><th colspan="2">底基层</th></tr>
<tr><th>高速公路
一级公路</th><th>其他公路</th><th>高速公路
一级公路</th><th>其他公路</th></tr>
<tr><td>3</td><td colspan="2">纵断面高程/mm</td><td>—</td><td>+5，-15</td><td>+5，-15</td><td>+5，-20</td><td>水准仪：每 200 m 测 4 个断面</td><td>1</td></tr>
<tr><td>4</td><td colspan="2">宽度/mm</td><td colspan="2">符合设计要求</td><td colspan="2">符合设计要求</td><td>尺量：每 200 m 测 4 处</td><td>1</td></tr>
<tr><td rowspan="2">5△</td><td rowspan="2">厚度
/mm</td><td>代表值</td><td>—</td><td>-10</td><td>-10</td><td>-12</td><td rowspan="2">按路面结构层厚度评定检查，每 200 m 每车道 1 点</td><td rowspan="2">2</td></tr>
<tr><td>合格值</td><td>—</td><td>-20</td><td>-25</td><td>-30</td></tr>
<tr><td>6</td><td colspan="2">横坡坡度/%</td><td>—</td><td>±0.5</td><td>±0.3</td><td>±0.5</td><td>水准仪：每 200 m 测 4 个断面</td><td>1</td></tr>
<tr><td>7△</td><td colspan="2">强度/MPa</td><td colspan="2">符合设计要求</td><td colspan="2">符合设计要求</td><td>按半刚性基层和底基层材料强度评定检查</td><td>3</td></tr>
</table>

注：△表示关键项目。

2. 石灰稳定粒料（碎石、沙砾或矿渣等）基层和底基层

（1）粒料应符合设计和施工规范要求，矿渣应分解稳定后才能使用。

（2）石灰质量应符合设计要求，块灰须经充分消解才能使用。

（3）石灰的用量应按设计要求控制准确，未消解生石灰必须剔除。

（4）路拌深度要达到层底。

（5）混合料应处于最佳含水量状况下，用重型压路机碾压至要求的压实度。

（6）保湿养生，养生期应符合规范要求。

石灰稳定粒料（碎石、沙砾或矿渣等）基层和底基层实测项目见表 7.10。

表 7.10　石灰稳定粒料（碎石、沙砾或矿渣等）基层和底基层实测项目

<table>
<tr><th rowspan="3">项次</th><th rowspan="3" colspan="2">检查项目</th><th colspan="4">规定值或允许偏差</th><th rowspan="3">检查方法和频率</th><th rowspan="3">权值</th></tr>
<tr><th colspan="2">基层</th><th colspan="2">底基层</th></tr>
<tr><th>高速公路
一级公路</th><th>其他公路</th><th>高速公路
一级公路</th><th>其他公路</th></tr>
<tr><td rowspan="2">1△</td><td rowspan="2">压实度
/%</td><td>代表值</td><td>—</td><td>97</td><td>96</td><td>95</td><td rowspan="2">按路基、路面压实度评定检查，每 200 m 每车道 2 处</td><td rowspan="2">3</td></tr>
<tr><td>极值</td><td>—</td><td>93</td><td>92</td><td>91</td></tr>
<tr><td>2</td><td colspan="2">平整度/mm</td><td>—</td><td>12</td><td>12</td><td>15</td><td>3 m 直尺：每 200 m 测 2 处×10 尺</td><td>2</td></tr>
<tr><td>3</td><td colspan="2">纵断面高程/mm</td><td>—</td><td>+5，-15</td><td>+5，-15</td><td>+5，-20</td><td>水准仪：每 200 m 测 4 个断面</td><td>1</td></tr>
</table>

续表

项次	检查项目		规定值或允许偏差				检查方法和频率	权值
			基层		底基层			
			高速公路 一级公路	其他公路	高速公路 一级公路	其他公路		
4	宽度/mm		符合设计要求		符合设计要求		尺量:每 200 m 测 4 处	1
5△	厚度/mm	代表值	—	-10	-10	-12	按路面结构层厚度评定检查,每 200 m 每车道 1 点	2
		合格值	—	-20	-25	-30		
6	横坡坡度/%		—	±0.5	±0.3	±0.5	水准仪:每 200 m 测 4 个断面	1
7△	强度/MPa		符合设计要求		符合设计要求		按半刚性基层和底基层材料强度评定检查	3

注:△表示关键项目。

3. 水泥土基层和底基层

(1)土质应符合设计要求,土块应经粉碎。

(2)水泥用量应按设计要求控制准确。

(3)路拌深度应达到层底。

(4)混合料应处于最佳含水量状况下,用重型压路机碾压至要求的压实度。从加水拌和到碾压终了的时间不应超过 4 h,并应短于水泥的终凝时间。

(5)碾压检查合格后立即覆盖或洒水养生,养生期应符合规范要求。

水泥土基层和底基层实测项目见表 7.11。

表 7.11 水泥土基层和底基层实测项目

项次	检查项目		规定值或允许偏差				检查方法和频率	权值
			基层		底基层			
			高速公路 一级公路	其他公路	高速公路 一级公路	其他公路		
1△	压实度/%	代表值	—	95	95	93	按路基、路面压实度评定检查,每 200 m 每车道 2 处	3
		极值	—	91	91	89		
2	平整度/mm		—	12	12	15	3 m 直尺:每 200 m 测 2 处×10 尺	2
3	纵断面高程/mm		—	+5,-15	+5,-15	+5,-20	水准仪:每 200 m 测 4 个断面	1
4	宽度/mm		符合设计要求		符合设计要求		尺量:每 200 m 测 4 处	1

续表

<table>
<tr><th rowspan="3">项次</th><th rowspan="3" colspan="2">检查项目</th><th colspan="4">规定值或允许偏差</th><th rowspan="3">检查方法和频率</th><th rowspan="3">权值</th></tr>
<tr><th colspan="2">基层</th><th colspan="2">底基层</th></tr>
<tr><th>高速公路
一级公路</th><th>其他公路</th><th>高速公路
一级公路</th><th>其他公路</th></tr>
<tr><td rowspan="2">5△</td><td rowspan="2">厚度
/mm</td><td>代表值</td><td>—</td><td>-10</td><td>-10</td><td>-12</td><td rowspan="2">按路面结构层厚度评定检查,每 200 m 每车道 1 点</td><td rowspan="2">2</td></tr>
<tr><td>合格值</td><td>—</td><td>-20</td><td>-25</td><td>-30</td></tr>
<tr><td>6</td><td colspan="2">横坡坡度/%</td><td>—</td><td>±0.5</td><td>±0.3</td><td>±0.5</td><td>水准仪:每 200 m 测 4 个断面</td><td>1</td></tr>
<tr><td>7△</td><td colspan="2">强度/MPa</td><td colspan="2">符合设计要求</td><td colspan="2">符合设计要求</td><td>按半刚性基层和底基层材料强度评定检查</td><td>3</td></tr>
</table>

注:△表示关键项目。

4. 水泥稳定粒料(碎石、沙砾或矿渣等)基层和底基层

(1)粒料应符合设计和施工规范要求,并应根据当地料源选择质地坚硬、无杂质的粒料;矿渣应分解稳定,未分解渣块应予剔除。

(2)水泥用量和矿料级配应按设计控制准确。

(3)路拌深度应达到层底。

(4)摊铺时应注意消除离析现象。

(5)混合料应处于最佳含水量状况下,用重型压路机碾压至要求的压实度。从加水拌和到碾压终了的时间不应超过 4 h,并应短于水泥的终凝时间。

(6)碾压检查合格后立即覆盖或洒水养生,养生期要符合规范要求。

水泥稳定粒料(碎石、沙砾或矿渣等)基层和底基层实测项目见表 7.12。

表 7.12　水泥稳定粒料(碎石、沙砾或矿渣等)基层和底基层实测项目

<table>
<tr><th rowspan="3">项次</th><th rowspan="3" colspan="2">检查项目</th><th colspan="4">规定值或允许偏差</th><th rowspan="3">检查方法和频率</th><th rowspan="3">权值</th></tr>
<tr><th colspan="2">基层</th><th colspan="2">底基层</th></tr>
<tr><th>高速公路
一级公路</th><th>其他公路</th><th>高速公路
一级公路</th><th>其他公路</th></tr>
<tr><td rowspan="2">1△</td><td rowspan="2">压实度
/%</td><td>代表值</td><td>98</td><td>95</td><td>96</td><td>95</td><td rowspan="2">按路基、路面压实度评定检查,每 200 m 每车道 2 处</td><td rowspan="2">3</td></tr>
<tr><td>极值</td><td>94</td><td>91</td><td>92</td><td>91</td></tr>
<tr><td>2</td><td colspan="2">平整度/mm</td><td>8</td><td>12</td><td>12</td><td>15</td><td>3 m 直尺:每 200 m 测 2 处×10 尺</td><td>2</td></tr>
<tr><td>3</td><td colspan="2">纵断面高程/mm</td><td>+5,-10</td><td>+5,-15</td><td>+5,-15</td><td>+5,-20</td><td>水准仪:每 200 m 测 4 个断面</td><td>1</td></tr>
<tr><td>4</td><td colspan="2">宽度/mm</td><td colspan="2">符合设计要求</td><td colspan="2">符合设计要求</td><td>尺量:每 200 m 测 4 处</td><td>1</td></tr>
</table>

续表

项次	检查项目		规定值或允许偏差				检查方法和频率	权值
			基层		底基层			
			高速公路一级公路	其他公路	高速公路一级公路	其他公路		
5△	厚度/mm	代表值	-8	-10	-10	-12	按路面结构层厚度评定检查,每 200 m 每车道 1 点	3
		合格值	-15	-20	-25	-30		
6	横坡坡度/%		+0.3	±0.5	±0.3	±0.5	水准仪:每 200 m 测 4 个断面	1
7△	强度/MPa		符合设计要求		符合设计要求		按半刚性基层和底基层材料强度评定检查	3

注:△表示关键项目。

5. 石灰、粉煤灰土基层和底基层

(1)土质应符合设计要求,土块应经粉碎。

(2)石灰和粉煤灰质量应符合设计要求,石灰须经充分消解才能使用。

(3)混合料配合比应准确,不得含有灰团和生石灰块。

(4)碾压时应先用轻型压路机稳压,后用重型压路机碾压至要求的压实度。

(5)保湿养生,养生期应符合规范要求。

石灰、粉煤灰土基层和底基层实测项目见表 7.13。

表 7.13 石灰、粉煤灰土基层和底基层实测项目

项次	检查项目		规定值或允许偏差				检查方法和频率	权值
			基层		底基层			
			高速公路一级公路	其他公路	高速公路一级公路	其他公路		
1△	压实度/%	代表值	—	95	95	93	按路基、路面压实度评定检查,每 200 m 每车道 2 处	3
		极值	—	91	91	89		
2	平整度/mm		-	12	12	15	3m 直尺:每 200 m 测 2 处×10 尺	2
3	纵断面高程/mm		—	+5,-15	+5,-15	+5,-20	水准仪:每 200 m 测 4 个断面	1
4	宽度/mm		符合设计要求		符合设计要求		尺量:每 200 m 测 4 处	1
5△	厚度/mm	代表值	—	-10	-10	-12	按路面结构层厚度评定检查,每 200 m 每车道 1 点	2
		合格值	—	-20	-25	-30		

续表

项次	检查项目	规定值或允许偏差				检查方法和频率	权值
		基层		底基层			
		高速公路 一级公路	其他公路	高速公路 一级公路	其他公路		
6	横坡坡度/%	—	±0.5	±0.3	±0.5	水准仪:每200 m测4个断面	1
7△	强度/MPa	符合设计要求		符合设计要求		按半刚性基层和底基层材料强度评定检查	3

注:△表示关键项目。

6. 石灰、粉煤灰稳定粒料(碎石、沙砾或矿渣等)基层和底基层

(1)粒料应符合设计和施工规范要求,并应根据当地料源选择质地坚硬、无杂质的粒料。矿渣应分解稳定,未分解渣块应予剔除。

(2)石灰和粉煤灰质量应符合设计要求,石灰须经充分消解才能使用。

(3)混合料配合比应准确,不得含有灰团和生石灰块。

(4)摊铺时应注意消除离析现象。

(5)碾压时应先用轻型压路机稳压,再用重型压路机碾压至要求的压实度。

(6)保湿养生,养生期应符合规范要求。

石灰、粉煤灰稳定粒料(碎石、沙砾或矿渣等)基层和底基层实测项目见表7.14。

表7.14　石灰、粉煤灰稳定粒料(碎石、沙砾或矿渣等)基层和底基层实测项目

项次	检查项目		规定值或允许偏差				检查方法和频率	权值
			基层		底基层			
			高速公路 一级公路	其他公路	高速公路 一级公路	其他公路		
1△	压实度/%	代表值	98	97	96	95	按路基、路面压实度评定检查,每200 m每车道2处	3
		极值	94	93	92	91		
2	平整度/mm		8	12	12	15	3 m直尺:每200 m测2处×10尺	2
3	纵断面高程/mm		+5,-10	+5,-15	+5,-15	+5,-20	水准仪:每200 m测4个断面	1
4	宽度/mm		符合设计要求		符合设计要求		尺量:每200 m测4处	1
5△	厚度/mm	代表值	-8	-10	-10	-12	按路面结构层厚度评定检查,每200 m每车道1点	3
		合格值	-15	-20	-25	-30		

续表

项次	检查项目	规定值或允许偏差				检查方法和频率	权值
		基层		底基层			
		高速公路 一级公路	其他公路	高速公路 一级公路	其他公路		
6	横坡坡度/%	+0.3	±0.5	±0.3	±0.5	水准仪:每 200 m 测 4 个断面	1
7△	强度/MPa	符合设计要求		符合设计要求		按半刚性基层和底基层材料强度评定检查	3

注:△表示关键项目。

第八章 路基路面养护与管理

第一节 路基技术状况评价与养护

一、公路路基养护评价指标体系

路基的稳定性和强度直接影响路面的平整度和强度，是保证路面稳定的前提条件。一方面，路基质量的好坏，会直接影响路面的使用性能，进而对道路行车的舒适性、安全性和行驶速度产生重大影响。另一方面，路面的损坏，往往和路基构造物的破损、路基的排水不畅有着密切关系。近年来，伴随着我国公路建设里程的不断增长，交通运输部门对路基性能的要求也逐步提高。然而由于我国公路建设环境复杂，路基工程受温度、雨水等外部环境的破坏严重，往往不能满足高等级公路对路基的稳定性和强度的要求。因此，在公路日常管理中有必要对路基的工作性能进行评价，从而为路基的养护工作提供参考和决策依据。

公路路基养护评价指标体系是一套用来评价等级公路路基及其使用性能的指标体系，主要用来对公路路基的整体性能做初步判断及评价，为道路养护管理工作者提供参考，同时也为公路日常养护管理提供依据。路基技术状况评价指标的选择要能够反映出路基的特性，能够提供路基的主客观信息和养护质量性能。

根据《公路技术状况评定标准》(JTG H20—2007)，我国将路基的损害分为8类，分别为路肩边沟不洁、路肩损坏、边坡坍塌、水毁冲沟、路基构造物损坏、路缘石缺损、路基沉降和排水系统淤塞。在路基损坏中，不同的路基损坏类型会对路基损坏和公路运营产生不同的影响效果。为了反映不同类型损坏的影响程度，《公路技术状况评定标准》(JTG H20—2007)在路基损坏扣分标准中引入了权重参数，如表8.1所示。

表8.1 路基损坏扣分标准

类型 i	损坏名称	损坏程度	计量单位	单位扣分	权重 w_i
1	路肩边沟不洁	—	m	0.5	0.05

续表

<table>
<tr><th>类型 i</th><th>损坏名称</th><th>损坏程度</th><th>计量单位</th><th>单位扣分</th><th>权重 w_i</th></tr>
<tr><td rowspan="2">2</td><td rowspan="2">路肩损坏</td><td>轻</td><td rowspan="2">m^2</td><td>1</td><td rowspan="2">0.10</td></tr>
<tr><td>重</td><td>2</td></tr>
<tr><td rowspan="3">3</td><td rowspan="3">边坡坍塌</td><td>轻</td><td rowspan="3">处</td><td>20</td><td rowspan="3">0.25</td></tr>
<tr><td>中</td><td>30</td></tr>
<tr><td>重</td><td>50</td></tr>
<tr><td rowspan="3">4</td><td rowspan="3">水毁冲沟</td><td>轻</td><td rowspan="3">处</td><td>20</td><td rowspan="3">0.25</td></tr>
<tr><td>中</td><td>30</td></tr>
<tr><td>重</td><td>50</td></tr>
<tr><td rowspan="3">5</td><td rowspan="3">路基构造物损坏</td><td>轻</td><td rowspan="3">处</td><td>20</td><td rowspan="3">0.10</td></tr>
<tr><td>中</td><td>30</td></tr>
<tr><td>重</td><td>50</td></tr>
<tr><td>6</td><td>路缘石缺损</td><td>—</td><td>m</td><td>4</td><td>0.05</td></tr>
<tr><td rowspan="3">7</td><td rowspan="3">路基沉降</td><td>轻</td><td rowspan="3">处</td><td>20</td><td rowspan="3">0.10</td></tr>
<tr><td>中</td><td>30</td></tr>
<tr><td>重</td><td>50</td></tr>
<tr><td rowspan="2">8</td><td rowspan="2">排水系统淤塞</td><td>轻</td><td>m</td><td>1</td><td rowspan="2">0.10</td></tr>
<tr><td>重</td><td>处</td><td>20</td></tr>
</table>

根据现场路基病害人工调查情况,《公路技术状况评定标准》(JTG H20—2007)中路基技术状况用路基技术状况指数(SCI)评价,按式(8.1)计算。

$$SCI = \sum_{i=1}^{8} w_i(100 - GD_{iSCI}) \tag{8.1}$$

式中 GD_{iSCI}——第 i 类路基损坏的总扣分(Global Deduction),最高分值为 100,按表 8.1 计算;

w_i——第 i 类路基损坏的权重,按表 8.1 取值;

i——路基损坏类型。

公路管理部门在进行路基状况调查时,计算路基技术状况指数(SCI),从而对路基使用状态进行评价,建立相应的路基养护对策。

二、路基养护的工作内容

为了保证路基的坚实和稳定,保证排水性能良好,使各部分尺寸和坡度符合规定,及时消除不稳定的因素,并尽可能地提高路基的技术状况,必须对路基进行及时养护、维修与改善,路基养护工作的主要内容包括以下几个方面。

(1)维修、加固路肩边坡及错道。

(2)疏通、改善、铺砌排水系统。对边沟、截水沟、排水沟以及暗沟(管)等排水设施,应及时排除堵塞,疏导水流,保持水流畅通,并结合地形、地质、纵坡、流速等情况,综合考虑铺砌加固。

(3)维护、修理各种防护构造物及透水路堤,管理并保护好公路两旁用地。公路沿线的防护构造物包括护坡、护面墙、石笼、植树、铺草皮、丁坝、顺坝以及各种类型的挡土墙等,要保证这些构造物完整无损,发挥其对路基防护与加固的作用。

(4)观察、预防、处理滑坡、翻浆、泥石流、坍方及其他路基病害,及时清除坍方、积雪,及时检查路基的各种险情并向上级报告,加强对水毁的预防与治理。

(5)有计划地局部加宽、加高路基,改善急弯、陡坡和视距,使之逐步达到所要求的技术标准和服务水平。

三、路基养护的基本要求

我国《公路养护技术规范》(JTG H10—2009)对公路养护的质量要求是:保持路面清洁,横坡适度,行车舒适;路肩整洁,边坡稳定,排水通畅;构造物完好;沿线设施完善;绿化协调美观,逐步实现 GBM 工程,力争构成畅、洁、绿、美的公路交通环境。具体到路基部分,必须保持路基土的密实,排水性能良好,各部尺寸和坡度符合要求,及时消除不稳定因素。路基养护工作应符合下列基本要求:

(1)加强日常巡查,发现病害及时处理,保持良好的技术状态,各部分尺寸符合原设计标准。

(2)路肩无坑洼、缺口等病害;横坡适度、边缘适顺、表面平整,与路面接茬平顺无错台。

(3)边坡稳定、坚固,平顺无冲沟、松散,坡度满足设计要求。

(4)边沟、排水沟、截水沟等排水设施完好有效,无淤塞,纵坡顺适,排水畅通,进出口完好,路基范围不积水。

(5)挡土墙、护坡等防护设施保持良好无损坏,泄水孔无堵塞。

(6)做好水毁、边坡坍塌、泥石流等自然灾害的巡查、防治和抢修工作。

四、路基养护的对象与措施

结合路基养护的基本要求,确定路基养护评价的研究对象为路肩、边坡、排水设施和挡土墙 4 个部分。

(一)路肩

路肩是路基基本构造中的一部分,分为硬路肩和土路肩两大类。路肩是保证路基、行车道等主要结构的整体稳定性和排除路面雨水的重要结构物,同时也是为了确保临时停车所需两侧余宽的重要组成部分。如果养护不当,路肩松软,往往使路面边缘发生毁坏,从而影响路基路面的强度、稳定性和日常行车安全。

路肩养护与维修工作的重点是减少或消除水对路肩的危害,主要方法如下:

(1)用粒料加固土路肩或有计划地铺成硬路肩。

(2)在陡坡路段的路肩和边坡上全范围人工植草,以防冲刷。

(3)设置截水明槽,应自纵坡坡顶起,每隔 20 m 左右两侧交叉设置 30 ~ 50 cm 宽的斜向截水明槽,并用碎石填平,同时在路肩边缘处设置高 10 cm、顶宽 10 cm、底宽 20 cm 的拦水土埂,在每条截水明槽处留一淌水缺口，其下边的边坡用草皮或砌石加固，使雨水集中在截水明槽内排出。路肩上严禁种植农作物和堆放任何杂物。如有养路材料需要存放，应在公路以外连接路肩处，根据地形条件，选择适宜地点设置堆料台，堆料台间距以 200～500 m 为宜。

(二)边坡

边坡包括路堑边坡和路堤边坡。边坡养护与维修工作的重点是保持其稳定性，即边坡坡面应经常保持平顺、坚实、无裂缝。严禁在边坡上及路堤坡脚、护坡道上挖土取料或种植农作物。

对石质路堑边坡，应经常注意边坡坡面岩石风化发展情况以及边坡上的危岩、浮石的变动，发现问题，及时采取适当的措施处理，如抹面、喷浆、勾缝、灌浆、嵌补、锚固等，以免堵塞边沟或危及行车和行人。

对土质路堑边坡、碎落台、护坡道等，如经常出现缺口、冲沟、沉陷、塌落或受洪水、边沟流水冲刷及浸水时，应根据水流、土质等情况，选用种草、铺草皮、栽灌木丛、铺柴束、篱格填石、投放石笼、干砌或浆砌片石护坡等措施，进行防护和加固。

(三)排水设施

路基排水系统能否正常工作，直接影响路基的稳定性。因此，加强对各排水设施的日常养护与维修，是确保路基稳定的关键环节。

对边沟、截水沟、排水沟以及暗沟(管)等排水设施，在春融前，特别是汛前，应全面进行检查，雨中必须上路巡查，及时排除堵塞、疏导水流，保持水流通畅，并防止水流集中冲坏路基。暴雨后应进行重点检查，如有冲刷、损坏，须及时修理加固；如有堵塞，应立即清除。针对现有排水系统不完善的部分逐步加以改进、完善，充分发挥各种排水设施的功能。例如，对有积水的边沟应将水引至附近低洼处；对疏松土质或黏土上的沟渠，需结合地形、地质、纵坡、流速等实际情况，综合考虑加固。在养护管理工作中，如发现渗沟、盲沟出水口处长草、堵塞，应进行清除和冲洗；对有管渗沟应经常检查疏浚，以保证管内水流通畅；如发现反滤层淤塞失效，则应翻修，并剔除其中较小颗粒的砂石，以保证其空隙，便利排水；如位置不当，则应另建渗沟或盲沟。

(四)挡土墙

挡土墙是支承路基填土或山坡土体，防止路基填土或山坡岩土坍塌而修筑的承受土体侧压力的墙式构造物，主要用来支撑天然边坡或人工填土边坡，以保证土体的稳定。挡土墙主要有重力式挡土墙、悬臂式挡土墙、扶臂式挡土墙、柱板式挡土墙、锚杆式挡土墙、加筋土挡土墙等不同的结构形式。

挡土墙的日常养护除经常检查外，还应在每年春秋两季进行定期检查。在北方冰冻严重地区，尤应注意检查挡土墙在冰冻融化后墙身及基础的变化情况以及在冻前采取的防护措施。另外，在气候反常、地震或超载重车通过等特殊情况下，还应进行专门检查。发现裂缝、断裂、倾斜、鼓肚、滑动、下沉、表面风化、泄水孔不通、墙后积水、周围地基错台或出现空隙等情况，应查明原因，并观察其发展情况，采取合理的措施进行修理加固，同时建立技术档案备查。

挡土墙的泄水孔应保持通畅，如有堵塞，应加以疏通，疏通困难时，应视墙后地下水情况或增设泄水孔，或加做墙后排水设施。注意不能使墙后积水，否则将增大墙后土压力，甚至有挤倒、挤裂墙身的可能。

五、特殊地区的路基养护

（一）黄土地区路基养护

黄土主要分布在昆仑山、秦岭、山东半岛以北的干旱和半干旱地区，其中，以黄土高原的黄土沉积最为典型。黄土具有易溶蚀和湿陷性特征，并且土中的粉粒含量较大且无层理，较易产生路基病害，主要表现为：

①沥青面层的裂缝；

②路基边坡坡面的冲蚀、剥落；

③填方路基的不均匀沉陷。

对黄土地区路基病害的处理，主要有以下两种措施。

1. 植物防护

植物防护是指在公路的边坡上种植草皮和树木，利用其根系吸收地表的水分并固着土壤，减缓水流速度并减轻雨水对边坡的冲刷，保护边坡的稳定性。

2. 增设排水设施

对雨水冲刷频繁且作用较大，未设置足够排水设施的病害部位，应根据水量大小增设排水设施，尽量减小或消除地表水或地下水对路基的侵蚀。

（二）盐渍土地区路基养护

地表 1 m 内含有易溶解的盐类超过 0.3% 时，该地表土称为盐渍土。我国西北、东北等气候干旱地区以及沿海平原地区分布着大面积的盐渍土，其含盐量通常是 5% ~20%，有的高达 60% ~70%。由于土中含有易溶盐，使土的物理、力学性质发生变化，导致路基易发生湿陷或坍陷等病害。

盐渍土地区路基除了在设计上要优化路基高度、路基宽度及边坡坡度外，在日常养护管理中也要采取如下相应措施。

1. 加固边坡

硫酸盐渍土路基，可采用废砖、卵石、黏土平铺于路堤边坡上，起边坡加固和保护作用，防止边坡被风化侵蚀或人为破坏。

2. 保持排水畅通良好

盐渍土较易受雨水、冰雪融水的淋溶，含水率大，极易导致路基发软、强度减弱而降低承载能力，因此保持排水畅通良好尤为重要。

3. 按时保质进行路基养护

春融或秋冬季节，路肩易膨胀出现隆起，有时甚至翻浆，此类情况多是由地面水造成的，按时保质进行路基养护，及时铲去隆起部分，使地面水及时排出，也可防范病害产生。

（三）沙漠地区路基养护

沙漠地区气候干燥，雨量稀少、风沙大，地表植被稀疏低矮，容易发生边坡或路肩被风蚀而破坏，或路基被风、积沙掩埋等现象。风蚀使路基上的沙粒或土颗粒被风吹走，路基被削低、淘空和坍塌，从而使路基宽度和高度减小；风蚀的程度与风力、风向、路基形式、填料组成及防护措施有关。应在公路两侧种植植物，加强管理和维护，并有计划地补植防沙植物，做到勤检查、勤浇灌、勤修整，保证植被的完整与繁衍。

沙漠地区路基养护工作主要是：

(1)保护公路两侧原有的覆盖设施和沙障、石笼、风力减速堤、防沙栅等。

(2)对公路上的积沙要及时清除,运到路基下风侧 20 m 以外的地形开阔处摊撒开,路肩上不要堆放任何材料及杂物,以免造成沙拥堵。

(3)维护路基两侧已有植物的正常生长,并有计划地补植防沙树木等。

(四)多年冻土地区路基养护

在年平均气温低于 0 ℃的条件下,地下形成一层能长期保持冻结状态的土,这种土称为多年冻土。我国的兴安岭和青藏高原的高寒地区分布有成片的多年冻土,天山、阿尔泰山以及祁连山等地也有零星分布。低温地带的多年冻土往往含有大量水分或夹有冰层,并有一些不良的地质现象,导致路基产生病害。路基病害主要有:路堑边坡坍塌;路基底发生不均匀沉陷;由于水分向路基上部集聚而引起冻胀、翻浆;路基底的冰丘、冰堆往往使路基鼓胀,引起路基、路面的开裂与变形,而溶解后又发生不均匀沉陷。因此,多年冻土地区路基养护,应采取“保护冻土”的原则,尽量避免扰动冻土。对多年冻土地区的路基养护可以采取以下措施。

(1)公路防雪设施应维持原有状态。对倒毁残缺的,应修理加固或补充;设置不当的应纠正,使其发挥防雪作用。

(2)路基填方高度不宜小于 1 m,即除满足不同地区、气候、水文、土壤等路基填筑的最小高度外,再另加 50 cm 保护层。若受到地形限制,路基填筑高度不够时,应铺筑保温隔离层,隔离材料可采用泥炭、炉渣、碎砖等,防止热熔对冻土的破坏。

(3)加强排水,防止地表积水,保持路基干燥,减少水融,做到最大限度地保护冻土。

(4)养护材料要尽量选用沙砾等非冻胀性材料,不要选用黏土、重黏土之类毛细作用强、冻胀性大的养护材料,防护构造物应选用耐融性材料,选用防水、干硬性砂浆和混凝土时,在冰冻深度范围其强度等级应提高一级。

第二节　路面技术状况调查内容与方法

在交通荷载和自然环境的综合作用下,道路路面会逐渐变得凹凸不平,表面也会出现形形色色的破损现象。这些破损会随着时间的推移而日趋严重,到达一定程度后会影响汽车行驶速度、行车时间、行驶安全性和道路运输费用。路面管理工作者只有在准确地掌握现有路面的状况之后,并合理评估和预测,根据实际破损情况对路面使用性能和汽车运输费用及行车舒适性的影响,才能制订合理的养护对策及养护费用分配。因此对现有路面状况的数据调查和质量评价是养护管理系统中最基本,也是必不可少的一项工作。

路面技术状况的调查内容主要包括路面的损坏状况、路面平整度、路面车辙、路面抗滑性能和路面承载能力 5 个方面的内容。

一、检测与调查单元

公路技术状况检测以 1 000 m 路段为基本检测或调查单元。

公路技术状况数据按上行方向(桩号递增方向)和下行方向(桩号递减方向)分别检测,二、三、四级公路可不分上下行。

采用快速检测方法检测路面使用性能评定所需数据时,每个检测方向至少检测一个主要行车道。

二、路面损坏状况的调查内容及方法

(一)路面损坏状况的调查内容

路面损坏状况反映了路面在行车和自然因素作用下保持完整性或完好的程度。要对路面的损坏状况进行调查,须从以下三方面进行:

①损坏类型。

②损坏严重程度。

③出现损坏的范围或密度。

综合这三方面,才能对路面结构的损坏状况做出全面的估计。

1. 损坏类型

路面损坏状况是反映路面整体稳定性与其结构完整性的一个指标,按其性状可分为裂缝类、松散类、变形类、接缝类及其他5大类,每类破损所包含的内容见表8.2。

表8.2　路面损坏分类

分类	沥青路面	水泥混凝土路面
裂缝类	龟裂、不规则裂缝、纵裂、横裂	纵向、横向、斜向裂缝,断角、交叉裂缝
松散类	坑槽(含啃边)、松散(含脱皮、麻面)	露骨、剥落、坑洞
变形类	沉陷、车辙、波浪、拥包	唧泥、错台、拱起、沉陷
接缝类	—	接缝类材料破坏、接缝破碎
其他	泛油、修补损坏	修补损坏

2. 损坏分级

路面损坏都有一个产生和发展的过程,在这一过程中,处于不同阶段的损坏对路面使用性能有不同程度的影响。如水泥混凝土路面裂缝初现时,裂缝细微,边缘处材料完整,因而对行车舒适性的影响极小,裂缝间也尚有较高的传荷能力;而发展到后期,缝隙变得很宽,边缘处严重碎裂,行车出现较大颠簸,而裂缝间已几乎无传荷能力。因此,为了区别同一种损坏对路面实用性能的不同影响程度,对各种损坏须按其影响的严重程度划分为几个等级(一般2~3个等级)。

对断裂或裂缝类损坏,分级时主要考虑对结构整体性影响的程度,可采用缝隙宽度、边缘碎裂程度、裂缝发展情况等指标表征。对变形类损坏,主要考虑对行车舒适性的影响程度,可采用平整度作为指标进行分级。对表面损坏类,往往可以不分级。具体指标和分级标准,可根据各地区的特点和其他考虑,经过调查分析后确定。损坏严重程度分级的调查,往往通过目测进行。为了使不同调查人员得到大致相同的判别,对分级的标准要有明确的定义和规定。

各种损坏出现的范围,对沥青路面,通常按面积、长度或条数量测,除以被调查子路段的面积或长度后,以损坏密度计(以%或$\sum$条数/子路段长表示)。而对水泥混凝土路面,调查出现该种损坏的板块数,应以损坏板块数占该子路段总板块数的百分率计。

(二)路面损坏状况的调查方法

路面损坏状况检测,宜采用自动化的快速检测方法,条件不具备时,可人工检测。

(1)采用快速检测设备检测路面损坏时,应纵向连续检测,横向检测宽度不得小于车道宽度的70%。检测设备应能够分辨1 mm以上的路面裂缝,检测结果宜采用计算机自动识别,识别准确率应达到90%以上。

(2)采用人工方法调查时,调查范围应包含所有行车道,按表8.3和表8.4规定的损坏类型实地调查。有条件的地区,可借助便携式路况数据采集仪进行现场调查、汇总、计算与评定。紧急停车带按路肩处理。

表8.3　沥青路面损坏类型和权重

类型	损坏名称	损坏程度	权重	计量单位
1	龟裂	轻	0.6	面积 m^2
2		中	0.8	
3		重	1.0	
4	块状裂缝	轻	0.6	面积 m^2
5		重	0.8	
6	纵向裂缝	轻	0.6	长度 m (影响宽度0.2 m)
7		重	1.0	
8	横向裂缝	轻	0.6	长度 m (影响宽度0.2 m)
9		重	1.0	
10	坑槽	轻	0.8	面积 m^2
11		重	1.0	
12	松散	轻	0.6	面积 m^2
13		重	1.0	
14	沉陷	轻	0.6	面积 m^2
15		重	1.0	
16	车辙	轻	0.6	长度 m (影响宽度0.4 m)
17		重	1.0	
18	波浪、拥包	轻	1.6	面积 m^2
19		重	1.0	
20	泛油	—	0.2	面积 m^2

表8.4　水泥混凝土路面损坏类型和权重

类型	损坏名称	损坏程度	权重	计量单位
1	破碎板	轻	0.8	面积 m^2
2		重	1.0	

续表

类型	损坏名称	损坏程度	权重	计量单位
3	裂缝	轻	0.6	长度 m（影响宽度 1 m）
4		中	0.8	
5		重	1.0	
6	板角断裂	轻	0.6	长度 m（影响宽度 1 m）
7		中	0.8	
8		重	1.0	
9	错台	轻	0.6	长度 m（影响宽度 1 m）
10		重	1.0	
11	唧泥	—	1.0	长度 m（影响宽度 1 m）
12	边角剥落	轻	0.6	长度 m（影响宽度 1 m）
13		中	0.8	
14		重	1.0	
15	接缝料损坏	轻	0.4	长度 m（影响宽度 1 m）
16		重	0.6	
17	坑洞	—	1.0	面积 m^2
18	拱起	—	1.0	面积 m^2
19	露骨	—	0.3	面积 m^2
20	修补	—	0.1	面积 m^2

路面损坏检测数据应以 100 m(人工检测)或 10 m(快速检测)为单位长期保存。

三、路面平整度状况的调查内容及方法

从路面状况的角度看,影响路面行驶质量的主要因素是路面平整度。路面平整度可定义为路表面诱使行驶车辆出现振动的高程变化。

随着车辆荷载的反复作用,以及周围环境(温度和湿度)的周期变化影响和路面龄期的增加,路面平整度逐渐下降。当平整度下降到某一限值时,路面的行驶质量不能满足行车对路面的基本功能要求,便需采取改建或重建措施改善平整度,以恢复路面的功能。

路面平整度宜采用快速检测设备,可结合路面损坏和车辙一并检测。单独检测路面平整度时,宜采用高精度的断面类检测设备。路面平整度检测设备必须定期标定,每年至少标定一次,标定的相关系数应大于 0.95。条件不具备的三、四级公路,路面平整度可采用 3 m 直尺人工检测。

路面平整度测定方法可分为两大类型:断面类平整度测定和反应类平整度测定。

(一)断面类平整度测定

断面类平整度测定是直接沿行驶车辆的轮迹量测路面表面的高程,得到路表纵断面,通过数学分析后采用综合统计量作为其平整度指标。

属于这一类的方法主要有以下 3 种。

(1)水准测量:采用水准测量和水准尺沿轮迹测路面表面的高程,由此得到精确的路表纵断面。这是一种测定结果较稳定的简便方法,但速度很慢,很费工。

(2)梁式断面仪:用 3 m 长的梁(或直尺)连续测量轮迹处路表同梁底的高程差,由此得到路表纵断面。这种方法较水准测量的测定速度要快些。

(3)惯性断面仪:在测试车车身上安置竖向加速度计,以测定行驶车辆的竖向位置变化。车身同路表面之间的距离,利用激光、超声等传感器进行测定。将两方面测定的结果叠加后,便可得到路表纵断面。

(二)反应类平整度测定

反应类平整度测定系统是在主车或拖车上安装由传感器和显示器组成的仪器。可以传感和累积车辆以一定速度驶经不平路表面时悬挂系统的竖向位移量。显示器记下的测定值,通常是一个计数数值,每计一个数相应于一定的悬挂系位移量。

反应类平整度测定系统的优点是价格低廉,操作简便,可用于大范围的路面平整度快速测定。然而,由于这类测定系统是对路面平整度的一个间接度量,其测定结果同测试车辆的动态反应状况有关,也就是随测试车辆机械系统的振动特性和车辆行驶的速度而变化。因而,它存在以下三项主要缺点。

(1)时间稳定性差:同一台仪器在不同时期测定的结果,会因车辆振动特性随时间的变化而不一致。

(2)转换性差:不同部门测定的结果,由于所用测试车辆振动特性的差异而难以进行对比。

(3)不能给出路表的纵断面:反应类平整度仪测定的结果,通常以车辆行驶一段距离后的累积计数值表示。如果把每一种反应类平整度仪的计数以相应的悬挂系竖向位移量表示,则测定结果可表示为 m/km,它反映了单位行驶距离内悬挂系的累积竖向行程。这是一个类似于坡度的单位,称作平均调整坡(ARS)。

为克服上述时间稳定性差的缺点,需经常对测定仪器进行标定。标定路段的平整度采用断面类平整度测定方法测定。测定仪在标定路段上的测定结果与标准结果建立回归关系,即为标定曲线或公式。利用标定曲线或公式,可将不同时期的测定结果进行转换。

为克服上述转换性差的缺点,通常采用国际平整度指数,以便把不同仪器或不同部门测定的结果,统一转换成以这个通用指标表示的平整度值。

不同反应类平整度仪之间可以建立良好的相关关系,但这种关系只能在测定速度相同的条件下才能成立。因此,必须按速度分别建立回归方程。

国际平整度指数(IRI)是一项标准化的平整度指标。它同反应类平整度测定系统类似,但是采用数学模型模拟 1/4 车(即单轮,类似于拖车)以规定速度(80 km/h)行驶在路面断面上,分析行驶距离内悬挂系统由于动态反应而产生的累积竖向位移量,分析结果也以 m/km 表示。因此,这一指标与反应类仪器的 ARS 相似,称作参照平均调整坡。

在量测到路表纵断面的高程资料后,便可利用程序计算该段路面平整度的国际平整度指数 IRI 值。对标定路段的平整度,按上述方法用国际平整度指数表征,而后同反应类平整仪的测定结果建立标定曲线,则使用此类标定曲线便可克服反应类平整度仪转换性差的缺点。

四、路面车辙调查内容

路面车辙宜采用快速检测设备,可结合路面损坏和路面平整度一并检测。路面车辙检测设备必须定期标定,每年至少标定一次。根据断面数据计算路面车辙深度(RD),计算结果应以 10 m 为单位长期保存。

五、路面抗滑性能的调查内容以及方法

路面抗滑性能是指车辆轮胎受到制动时沿路表面滑移所产生的抗滑力。通常,抗滑性能被看作路面的表面特性,并定义为:

$$f = \frac{F}{W} \tag{8.2}$$

式中　F——作用于路表面的摩阻力,N;

W——作用在路表面的垂直荷载,N。

然而,笼统地说路面具有某一摩阻系数是不确切的,应该对轮胎在路面上的滑移条件给予规定。不同的条件和测定方法,可以得到不相同的摩阻系数值。因此,需规定标准的测定方法和条件。

抗滑性能可采用 5 种方法评定:制动距离法、锁轮拖车法、偏转轮拖车法、摆式仪法和构造深度。

(一)制动距离法

以一定速度在潮湿路面上行驶的 4 轮小客车或轻货车,当 4 个车轮被制动时,车辆减速滑移到停止的距离,可用以表征非稳态的抗滑性能,以制动距离数表示:

$$\mathrm{SDN} = \frac{v^2}{225L_s} \tag{8.3}$$

式中　v——制动开始作用时车辆的速度,km/h;

L_s——滑移到停车的距离,m。

测试路段应为路面混合料组成均匀、磨耗均匀和龄期相同的平直路段。测试前和每次测定之间,先洒水润湿路表面到完全饱和。制动速度以 64.4 km/h 为标准速度,也可采用其他速度,但不宜低于 32 km/h。

(二)锁轮拖车法

装有标准试验轮胎的单轮拖车,由汽车拖拉,以要求的测定速度在洒水润湿的路面上行驶。抱锁测试轮,通过测定牵引力确定在载重和速度不变的状态下拖拉测试轮时作用在轮胎和路面间的摩阻力,以滑移指数 SN 表征路面的抗滑性能:

$$\mathrm{SN} = \frac{F_b}{W} \times 100 \tag{8.4}$$

式中　F_b——作用于试验轮胎上的摩阻力,N;

W——作用在轮胎上的垂直荷载,N。

轮上的载重为 4 826 N,标准测试速度为 64.4 km/h。牵引力由力传感器量测,速度由第

五轮仪量测。

(三)偏转轮拖车法

拖车上安装有两只标准试验轮胎,它们对车辆行驶方向偏转一定的角度(7.5°~20°)。汽车拖拉以一定速度在潮湿路面上行驶时,试验轮胎受到侧向摩阻力的作用。记下此侧向摩阻力,除以作用在试验轮胎上的载重,可得到以侧向力系数 SFC(也称横向力系数)表征的路面抗滑性能:

$$SFC = \frac{F_s}{W} \tag{8.5}$$

式中 F_s——作用于试验轮胎上的侧向摩阻力,N;

W——作用在轮胎上的垂直荷载,N。

锁轮拖车法和偏转轮拖车法都具有测定时不影响路上交通,可连续并快速进行的优点。

(四)摆式仪法

这是一种主要在室内量测路面材料表面摩阻特性的仪器,也可用于野外量测局部路面范围的抗滑性能。

摆式仪的摆锤底面装一橡胶滑块,当摆锤从一定高度自由下摆时,滑动面同试验表面接触。由于两者间的摩擦而损耗部分能量,使摆锤只能回摆到一定高度。表面摩阻力越大,回摆高度越小。回摆高度直接从仪器上读得,以摆值 BPN 表示路面抗滑性能。

(五)构造深度

路面表面的构造深度(Texture Depth,TD)也称纹理深度,是路面粗糙度的重要指标,是指一定面积的路表面凹凸不平的开口空隙的平均深度。主要用于评定路面表面的宏观粗糙度、排水性能及抗滑性能。

测试方法采用手工铺砂法或电动铺砂法,都是将已知体积的标准细砂摊铺在所要测试路面表面的测点上,量取摊平覆盖的面积,计算嵌入凹凸不平的表面空隙中的砂的体积与所覆盖平均面积之比,从而求得构造深度。这是目前工程上最为基本也是最为常用的方法。

我国高速公路、一级公路水混凝土路面一般路段的抗滑构造深度规定为不小于 0.7 mm,且不大于 1.1 mm;沥青混凝土路面的构造深度一般不小于 0.50 mm。

六、路面结构承载能力的调查内容及方法

路面结构承载能力是指路面在达到预定的损坏状况之前还能承受的行车荷载作用次数,或者还能使用的年数。

路面结构承载能力的测定,可分为破损类和无破损类两种。破损类测定是从路面各结构层内钻取试样,试验确定其各项计算参数,通过同设计标准相比较,估算其结构承载能力。无破损类测定则是通过路表的无破损弯沉测定,估算路面的结构承载能力。

(一)弯沉测定方法

柔性路面在汽车荷载作用下的弯沉量,可以反映路面结构的承载能力。路面的结构破坏可能是由于过量的竖向变形所造成的,也可能是由于某一结构层的断裂破坏所造成的。对于前者,采用最大弯沉值表征结构承载能力较合适;对于后者,则采用路表弯沉盆的曲率半径表征其承载能力更为合适。因此,理想的弯沉测定应包含最大弯沉值和弯沉盆两方面。

目前使用的弯沉测定系统有 4 种:贝克曼梁弯沉仪、自动弯沉仪、稳态动弯沉仪、脉冲弯沉

仪(落锤弯沉仪 FWD)。前两种为静态测定,得到路表最大弯沉值。后两种为动态测定,可得到最大弯沉值和弯沉盆。贝克曼梁式弯沉仪测得的是最大回弹弯沉值,而自动弯沉仪测定的是最大总弯沉值,可连续进行弯沉测定。

轮载、轮压和加载时间是影响测定结果的三项加载条件。在测定前和测定过程中,必须认真检查是否符合标准的规定要求。

测定结果可点绘成弯沉断面图。由于影响承载能力的变量众多,可以预测各测点的弯沉值会有较大的变异。因此,通常采用统计方法对每一路段的弯沉值进行统计处理,以路段的代表弯沉值 l_0 表征该路段的承载能力。

路段的代表弯沉值 l_0 可按式(8.6)确定:

$$l_0 = (\overline{l_0} + \lambda\sigma)K_1K_2K_3 \tag{8.6}$$

式中　l_0——路段的代表弯沉值,0.01 mm;

$\overline{l_0}$——路段的各测点弯沉的平均值,即$\overline{l_0} = \sum_{l}^{n} \frac{l_i}{n}$,0.01 mm;

λ——控制保证率的系数,保证率为50%时,$\lambda=0$;保证率为90%时,$\lambda=1.282$;保证率为95%时,$\lambda=1.64$;保证率为97.7%时,$\lambda=2.00$;

K_1——季节影响系数;

K_2——湿度影响系数;

K_3——温度影响系数;

σ——该路段弯沉测定的标准偏差,计算公式为:

$$\sigma = \sqrt{\frac{\sum (l_i - \overline{l_0})^2}{n-1}} \tag{8.7}$$

其中,n——该路段的测点数。

沥青面层的劲度随温度而变,路基的模量随湿度而变。因而,弯沉测定结果同测定时路面结构的温度和湿度状况有关。通常以20 ℃为标准测定温度,以最不利潮湿或春融季节作为测定时期。对于在其他环境条件下测定的结果,应进行温度和湿度修正。

由于气候、水文和土质条件的不同,各地区路基湿度和季节性变化规律不尽相同;并且,路面结构不同,路基湿度变化对路表弯沉值的影响程度也不一样。因此,考虑湿度变化的季节影响系数随地区、土质、路基潮湿类型、路面结构等因素而变,应依据当地具体条件建立的弯沉季节变化曲线,结合经验确定之。

测定路段的弯沉值如果变化很大,需进行分段统计,分别确定各段落的代表弯沉值。按统计方法对划分的相邻路段进行显著性检验,依据是否有显著差别抉择其是该分或合。

(二)落锤式弯沉仪测定法

有条件时,采用落锤式弯沉仪(FWD)进行动态弯沉测定。落锤式弯沉仪不仅可用于评定路面承载能力,还可用作调查水泥混凝土路面接缝的传荷性能和板下的空洞等。对高速公路和一级公路的路面强度,宜采用自动弯沉仪检测。但是,由于以往我国测定路面强度多采用贝克曼梁式弯沉仪,因此,需将落锤式弯沉仪测定的动态弯沉和自动弯沉仪测定的总弯沉,在相同条件的路面结构上,通过对比试验得出回归方程式,分别换算成贝克曼梁测定的回弹弯沉值,一般标定或对比路段的长度不小于300 m。

第三节　路面技术状况评价与一般养护措施

一、路面技术状况的评价指标

我国从20世纪80年代开始接触路面管理系统,在借鉴国外相关研究成果的基础上,根据我国路面特点,建立了一系列路面评价模型。我国早期建立的路面评价模型深受美国PSI的影响,经过后续不断改进完善,形成了完善的路面评价指标体系。我国公路路面技术状况的各评价指标如图8.1所示,各评价指标的值域均为0~100。

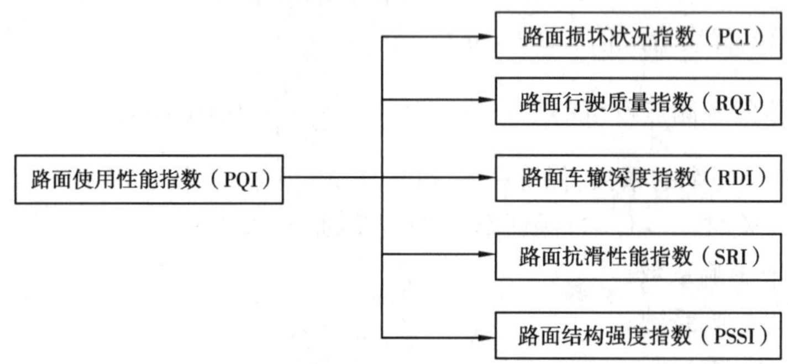

图8.1　公路路面技术状况评价指标

(一)路面使用性能指数(PQI)

沥青路面使用性能评价包含路面损坏、平整度、车辙、抗滑性能和结构强度5项技术内容。其中,路面结构强度为抽样评定指标,单独计算与评定,评定范围根据路面大中修养护需求、路基的地质条件等自行确定。水泥混凝土路面使用性能评价包含路面损坏、平整度和抗滑性能三项技术内容。

路面使用性能指数(PQI)按式(8.8)计算:

$$PQI = w_{PCI}PCI + w_{RQI}RQI + w_{RDI}RDI + w_{SRI}SRI \tag{8.8}$$

式中　w_{PCI}——PCI在PQI中的权重,按表8.5取值;

w_{RQI}——RQI在PQI中的权重,按表8.5取值;

w_{RDI}——RDI在PQI中的权重,按表8.5取值;

w_{SRI}——SRI在PQI中的权重,按表8.5取值。

表8.5　PQI分项指标权重

路面类型	权重	高速公路、一级公路	二、三、四级公路
沥青混凝土路面	w_{PCI}	0.35	0.60
	w_{RQI}	0.40	0.40
	w_{RDI}	0.15	—
	w_{SRI}	0.10	—

续表

路面类型	权重	高速公路、一级公路	二、三、四级公路
水泥混凝土路面	w_{PCI}	0.50	0.60
	w_{RQI}	0.40	0.40
	w_{SRI}	0.10	—

（二）路面损坏状况指数 PCI

路面损坏用路面损坏状况指数（PCI）评价，PCI 按式（8.9）和式（8.10）计算：

$$PCI = 100 - \alpha_0 DR^{\alpha_i} \tag{8.9}$$

$$DR = 100 \times \frac{\sum_{i=1}^{i_0} w_i A_i}{A} \tag{8.10}$$

式中　DR——路面破损率（Pavement Distress Ratio），为各种损坏的折合损坏面积之和与路面调查面积之百分比，%；

A_i——第 i 类路面损坏的面积，m^2；

A——调查的路面面积，调查长度与有效路面宽度之积，m^2；

w_i——第 i 类路面损坏的权重；

α_0——沥青路面采用 15.00，水泥混凝土路面采用 10.66，砂石路面采用 10.10；

α_i——沥青路面采用 0.412，水泥混凝土路面采用 0.461，砂石路面采用 0.487；

i——考虑损坏程度（轻、中、重）的第 i 项路面损坏类型；

i_0——包含损坏程度（轻、中、重）的损坏类型总数，沥青路面取 21，水泥混凝土路面取 20，砂石路面取 6。

（三）路面行驶质量指数（RQI）

路面平整度用路面行驶质量指数（RQI）评价，按式（8.11）计算：

$$RQI = \frac{100}{1 + \alpha_0 e^{\alpha_1 IRI}} \tag{8.11}$$

式中　IRI——国际平整度指数（International Roughness Index），m/km；

α_1——高速公路和一级公路采用 0.026，其他等级公路采用 0.018 5；

α_0——高速公路和一级公路采用 0.65，其他等级公路采用 0.58。

（四）路面车辙深度指数（RDI）

路面车辙用路面车辙深度指数（RDI）评价，按式（8.12）计算：

$$RDI = \begin{cases} 100 - a_0 RD & (RD \leqslant RD_a) \\ 60 - a_1(RD - RD_\alpha) & (RD_a < RD \leqslant RD_b) \\ 0 & (RD > RD_b) \end{cases} \tag{8.12}$$

式中　RD——车辙深度（Rutting Depth），mm；

RD_a——车辙深度参数，采用 20 mm；

RD_b——车辙深度限值，采用 35 mm；

a_0——模型参数，采用 2.0；

a_1——模型参数，采用4.00。

（五）路面抗滑性能指数（SRI）

路面抗滑性能用路面抗滑性能指数（SRI）评价，按式（8.13）计算：

$$SRI = \frac{100 - SRI_{min}}{1 + a_0 e^{a_1 SFC}} + SRI_{min} \quad (8.13)$$

式中　SFC——横向力系数（Side-way Force Coefficient）；

SRI_{min}——标定参数，采用35.0；

a_0——模型参数，采用28.6；

a_1——模型参数，采用-0.105。

（六）路面结构强度指数（PSSI）

路面结构强度用路面结构强度指数（PSSI）评价，按式（8.14）和式（8.15）计算：

$$PSSI = \frac{100}{1 + a_0 e^{a_1 SSI}} \quad (8.14)$$

$$SSI = \frac{l_d}{l_0} \quad (8.15)$$

式中　SSI——路面结构强度系数（Structure Strength Coefficient），为路面设计弯沉与实测代表弯沉之比；

l_d——路面设计弯沉，mm；

l_0——实测代表弯沉，mm；

a_0——模型参数，采用15.71；

a_1——模型参数，采用-5.19。

二、路面的养护要求

（一）公路沥青路面的养护要求

（1）对沥青路面应进行预防性、经常性和周期性养护，加强路况巡查，掌握路面的使用状况，根据路面的实际情况制订日常小修保养和经常性、预防性、周期性养护工程计划。对较大范围路面损坏和达到或超过设计使用年限的路面，应及时安排大中修或改建工程。

（2）应及时掌握路面的使用状况，加强小修保养，及时修补各种破损，保持路面处于整洁、良好的技术状况。

（3）沥青路面养护工程使用的沥青、粗集料、细集料和填料的规格、质量要求、技术指标、级配组成及大修、中修、改建工程的设计、施工和质量控制，均应符合《公路沥青路面设计规范》（JTG D50—2017）和《公路沥青路面施工技术规范》（JTG F40—2004）的有关规定。

（4）沥青路面的技术状况评定应符合《公路技术状况评定标准》（JTG H20—2007）有关规定。

对沥青路面采取中修、大修、改建时，应遵守《公路养护技术规范》（JTG H10—2009）、《公路沥青路面施工技术规范》（JTG F40—2004）、《公路路基施工技术规范》（JTG F10—2006）、《公路路面基层施工技术细则》（JTG F20—2015）的有关规定。

（5）沥青路面质量的评定等级分为优、良、中、次、差5个等级，按《公路技术状况评定标准》（JTG H20—2007）评定，并应按以下情况分别采取各种养护对策。

①在满足强度要求的前提下，当高速公路及一级公路的路面损坏状况指数（PCI）评价为优、良，或者二级及二级以下公路的路面损坏状况指数评价为优、良、中时，以日常养护为主，并对局部破损进行小修；当高速公路及一级公路的路面损坏状况指数（PCI）评价为中及中以下，或者二级及二级以下公路的路面损坏状况指数评价为次及次以下时，应采取中修罩面措施。

②在强度不能满足要求时，应采取大修补强措施以提高其承载能力。

③当高速公路及一级公路的路面行驶质量指数（RQI）评价为优、良，或者二级及二级以下公路的路面行驶质量指数评价为优、良、中时，以日常养护为主；当高速公路及一级公路的路面行驶质量指数（RQI）评价为中及中以下，或者二级及二级以下公路的路面行驶质量指数评价为次及次以下时，应采取罩面等措施以改善路面的平整度。

④高速公路及一级公路抗滑能力不足（SFC <40）的路段，或二级及二级以下公路抗滑能力不足（SFC <35.5）的路段，应采取加铺罩面层等措施提高路表面的抗滑能力。

⑤当路面不适应现有交通量或荷载的需要时，应通过提高现有路面的等级或通过加宽等改建措施，提高公路的通行能力和服务质量。

⑥大中修及改建工程的路面结构类型和厚度，可根据公路等级、交通量、当地经济条件和已有经验，通过设计确定，具体要求应符合《公路养护技术规范》（JTG H10—2009）有关规定。

对项目级的养护维修对策，可根据公路网的资金分配情况和养护工作计划安排，结合各路况分项评价结果和本地区成熟的养护经验，选择具体的养护维修措施。

（二）公路水泥混凝土路面的养护技术

（1）水泥混凝土路面应做好预防性、经常性的保养和破损修补，及早发现缺陷，查清原因，采取适当措施，保持路面处于良好的技术状况与服务水平。

（2）应保持路容整洁，定期进行清扫保洁，清扫频率按《公路养护技术规范》（JTG H10—2009）要求执行。

（3）水泥混凝土路面的接缝应保持良好，表面平顺，对填缝料的缺损或溢出，应及时填补或清除，并应防止泥土、砂石及其他杂物挤压进入缝内，影响混凝土路面板的正常伸缩。

（4）应经常检查和疏通路基路面排水设施，防止积水，以保护路面不受地面水和地下水的损害。

（5）应对路面的平整度、抗滑性能、相邻板高差、接缝填缝料凹凸等指标进行检查，凡不符合养护质量标准的，应及时维修或有计划地安排大中修或专项工程，予以改善和提高。

（6）水泥混凝土路面养护维修材料，必须具有足够的强度、耐久性和稳定性，以承受车辆的作用和抵抗自然环境的影响。

三、沥青路面的日常养护措施

（1）沥青路面的初期养护应按下列规定进行：

①摊铺、压实后的热拌沥青混合料路面，待摊铺层自然冷却，混合料表面温度低于 50 ℃后方可开放交通。开放交通初期，应控制行驶车辆限速在 20 km/h 以下，视表面成型情况，逐步恢复到设计时速。乳化沥青路面（含稀浆封层和微表处）的初期稳定性差，应设专人管理，按实际破乳情况，封闭交通 2 ~6 h。在未破乳的路段上，严禁一切车辆、人、畜通过；开放交通初期，应控制车速不超过 20 km/h，并不得制动和掉头。

②沥青贯入式路面及层铺法施工的沥青表面处治路面，应及时将行车驱散的面料回扫、扫

匀、压实,以形成平整密实的上封层。

(2)沥青路面日常养护应按下列规定进行:

①加强路况巡查,及时发现病害,研究分析病害产生的原因,并有针对性地对病害进行维修处治。

②路面清扫应按下列规定进行。

巡查过程中,发现路面上有杂物,应及时清扫,保持路面整洁;路面的日常清扫,应根据实际情况,采用机械或人工的方法进行。

高速公路和一级公路应以机械清扫为主,其他等级可以机械和人工相结合进行清扫;二级和二级以上公路路面的清扫作业频率宜不少于1次/d,其他等级公路可根据路面污染程度、交通量大小及其组成、气候及环境等因素而定,但不宜少于1次/周,路面分隔带内的杂物清理宜不少于1次/月。

长隧道内和大型桥梁的清扫频率应适当增加。

清扫时,应防止产生扬尘而污染环境,危及行车安全,并及时清除和处理路面油类或化工类等污物。

③雨后路面积水应及时排除。

④在春融期,特别是汛期,应对排水设施进行全面检查并疏通。

⑤冬季降雪天气应及时除雪除冰,并采取必要的路面防滑措施。

⑥加强经常性和预防性的日常养护,以保障路面及沿线设施良好的技术状况。

⑦严禁履带车和铁轮车在沥青路面上直接行驶,如必须行驶,应采取相应保护措施。

四、水泥混凝土路面的日常养护措施

(1)水泥混凝土路面的日常巡查。

主要是对水泥混凝土路面外观状况进行的日常巡视检查。主要检查拱起、沉陷、错台等病害,以及路面油污、积水、结冰等诱发病害的因素和可能妨碍交通的路障。

①巡查频率应不小于1次/d。雨季、冰冻季节和遇台风暴雨等灾害性气候,应加强日常巡查工作。

②日常巡查可以车行为主,采用观察、目测及人工计量,定性与定量观测相结合,重要情况应予摄影或摄像。

③发现妨碍交通的路障应及时清除,一时无法清除的,应采取相应的安全措施。日常巡查结果应及时做好记录。

(2)水泥混凝土路面的定期检查:按一定周期对水泥混凝土路面的基本技术状况进行全面检查,主要检查内容按《公路技术状况评定标准》(JTG H20—2007)执行。

(3)水泥混凝土路面的养护对策。

①高速公路及一级公路的路面损坏状况指数评价为优和良,二级及二级以下公路的路面损坏状况指数评价为中及中以上时,可采取日常养护和局部或个别板块修补措施。

②高速公路及一级公路的路面损坏状况指数评价为中或中以下,二级及二级以下公路的路面损坏状况指数评价为次及次以下时,应采取全路段修复或改善措施。

③高速公路及一级公路的路面行驶质量指数、抗滑性能指数评价为中及中以下,二级及二级以下公路的路面行驶质量指数、抗滑性能指数评价为次及次以下时,应分别采取措施,改善

路面平整度，提高路面的抗滑能力。

④路面结构承载能力不满足现有交通的要求时，应采取铺筑沥青混凝土或水泥混凝土加铺层措施，提高其承载能力。

第四节　路面管理系统(PMS)简介

一、路面管理与路面管理系统概论

路面在使用过程中，其使用性能会因行车荷载和环境因素的不断作用而逐渐变坏。路面使用性能的恶化，将增加车辆的运行费用，包括燃油、轮胎和保修材料的消耗以及行程时间等费用。因此，在路面使用期内，还需继续投入大量资金用以维护(包括养护和改建)路面，使之保持一定的使用性能。在资金充足的情况下，可以对所有不满足使用性能最低要求的路段及时采取养护或改建措施。然而，资金总是不充足的，就需要考虑怎样把有限的资金分配到最需要采取措施并能取得最佳效果的路段上，使现有的路网保持最佳的服务水平。因此，无论是新建路面或是维护现有路面，都需要进行有效的管理。

路面管理工作包括规划、设计、施工、养护、路况监测和评价、研究等方面，其主要内容和相互关系如图 8.2 所示。这些活动分属不同的管理层次，如规划活动主要关心的是路网级水平上的投资决策和计划安排，而设计或施工活动主要涉及各个工程项目的技术管理。

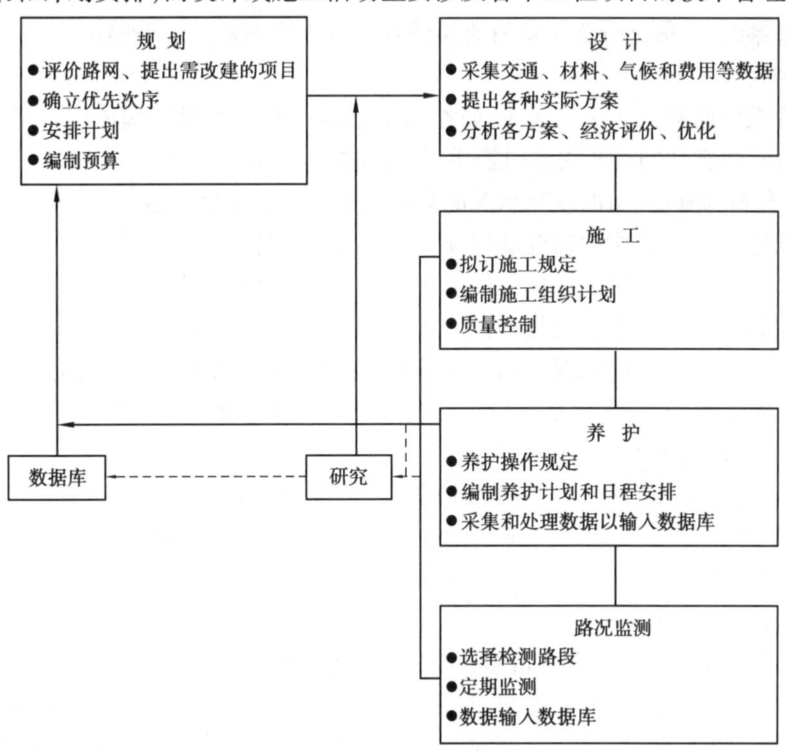

图 8.2　路面管理的组成

每个道路管理部门都必须考虑如何向上级申请投资和决定如何使用好分配到的资金。这就需要对路网内路面的使用性能进行监测,对其现状做出评价,由此确定哪些项目需要投资,在预算容许的范围内,按优先次序资助尽可能多的急需项目。项目优先次序的安排,需依据该项目的使用性能或服务水平现状决定。而路面的现状显然同其结构、荷载、环境和其他因素等历史状况有关,它是以前所做出的某些管理决策的结果,同样,目前所做出的管理决策也将对未来的路面状况产生影响。因此,做出管理决策时既要考虑它们的直接影响,也要预期它们对未来的影响,即不仅需考虑目前的需要和所需的费用,也要考虑对将来的需要和费用所带来的后果。

因此,路面管理是协调和控制同路面有关的各项活动,其目的是使管理部门通过这一过程能有效地将使用资源(资金、劳动力、机具设备、材料、能源)在预定使用期内提供并维持具有足够服务水平的路面。

路面管理系统则是通过应用系统分析的方法,综合考虑技术、经济、社会和政治等方面因素,协调各项路面管理活动,促使路面管理过程系统化,它是为管理部门的决策人提供分析的工具和方法,帮助他们考虑和分析比较各项可能的对策,定量地预估各项对策的后效,在预定的标准和约束条件下,选用费用-效益最佳的方案。因而,路面管理系统的建立和实施,可以帮助管理部门改善所作出决策的效果,扩大决策的范围,为决策的效果提供反馈信息,以积累管理经验,并保证部门内各级单位决策的协调一致性。

二、路面管理与路面管理系统分级

路面管理系统,一般划分为网级管理系统和项目级管理系统两个层次。

(一)网级管理系统

网级管理系统通常包括一个地区,如省、市的公路网或一大批工程项目。其主要任务是为管理部门在进行关键性的行政决策时提供对策,包括以下内容。

(1)路况分析:路网内路面现有状况的分析及路面状况变化预估。

(2)路网规划:确定路网内需要新建、改建和养护的项目。

(3)安排计划:确定进行上述项目的合适时间和各项目的优先次序。

(4)预算安排:确定各年度的投资额。

(5)资源分配:各行政区域或不同等级道路或养护、改建和新建之间的资源分配。

为实施上述任务,网级管理系统包含如图8.3所示的各项基本要素。

其中,管理方面的输入包括以下内容。

(1)使用性能标准和目标:为路网规定的在使用性能方面应达到的总水平。

(2)政策约束条件:事先规定投资的地区分配比例或新建、改建和养护的投资分配比例等。

(3)预算约束条件:可以用于路面工程的资金。

工程方面的输入包括以下内容。

(1)路面状况:调查、评定现有路面在结构和功能方面的使用性能状况。

(2)养护和改建对策:对不同类型和不同路况的路面拟订若干典型的养护和改建对策。

(3)使用性能预估模型:预测路面在结构和功能方面的使用性能随时间或交通量变化而变化的情况。

(4)费用模型:不同养护、改建对策的养护费用、建筑费用和用户费用等。

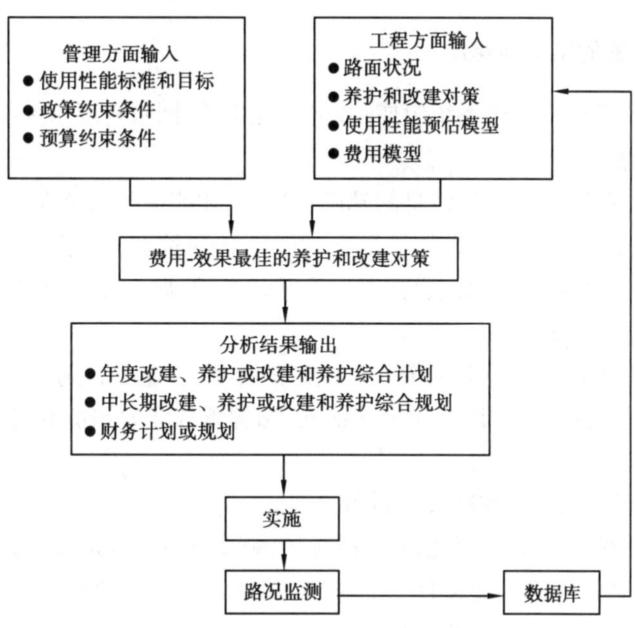

图 8.3　网级管理系统的基本要素

(二)项目级管理系统

项目级管理系统仅针对一个工程项目。它的主要任务是为管理部门对某工程进行技术决策时提供对策,以选择费用-效果最佳的方案。

项目级管理系统的基本要素及其同网级管理系统的关系,如图 8.4 所示。由网级管理系统的输出,可以得到某一工程项目的三方面目标:行动目标(采取哪一种新建、改建或养护行动)、费用目标(可分配到的投资额)和使用性能目标(在预定期限内应具有的使用性能指标)。项目级管理系统则是通过进一步采集特定的现场资料,拟订备选路面方案,并结合具体条件进行详细的结构计算和经济分析,以确定采用费用-效果最佳或者更合理的行动方案。

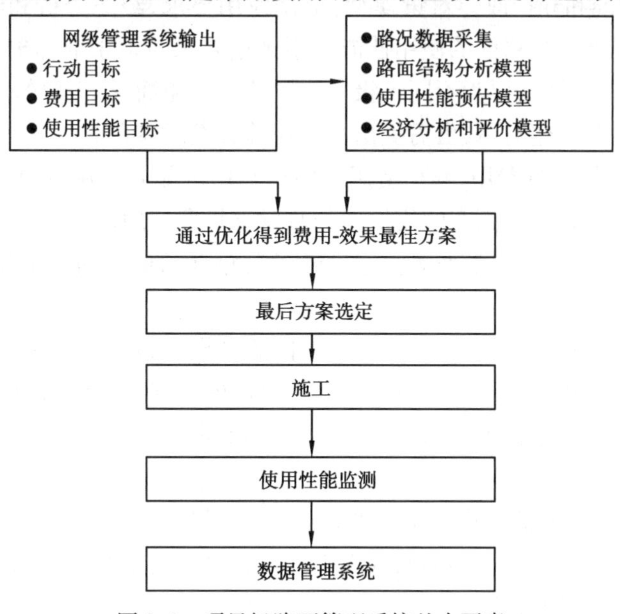

图 8.4　项目级路面管理系统基本要素

三、路面管理系统的结构与组成

路面管理系统通常由三个子系统组成:数据管理系统、网级管理系统和项目级管理系统。

(一)数据管理系统

路面管理系统必须建立在大量信息的基础支撑上,才能保证系统提出的对策具有客观性。在数据管理基础上,必须以数据作为其子系统,通常包含下述四类信息。

(1)设计和施工数据:交通参数、道路等级及几何参数、路面厚度、所用材料及性质试验结果、路基土性质及试验结果等。

(2)养护和改建数据:曾进行过的养护和改建的类型、实施的日期和费用等。

(3)使用性能数据:行驶质量、路面损坏状况、结构承载能力和抗滑能力 4 方面,通过路况监测系统定期采集得到。

(4)其他:环境降水、温度、冰冻及材料单价等。

数据管理系统由两部分组成:数据库和路况监测(数据采集)系统。数据采集是一项既费时又费钱的工作,而数据库的容量又有一定限制,因此,在采集数据前,必须先仔细分析哪些数据是必需的,避免把非必需的数据纳入系统。

(二)网级管理系统

网级管理系统通常由下述几部分组成。

(1)使用性能评价模型:对通过监测系统采集到的路况资料进行评级或评分,要由多方面的属性来表征路面所处的状态,例如损坏、平整度结构承载能力或抗滑能力等。

(2)使用性能预估模型:仅靠路况数据和评价,难以比较各种对策方案,或难以保证得到最佳对策,这是因为尚不知道采取某项对策后的效果(路况的变化)。因此,需建立使用性能预估模型,即建立处于某种状态的路面在采取某项养护或改建措施后路况的有关属性(使用性能参数)随时间或交通的变化关系。

(3)使用性能标准和养护改建对策模型:根据使用要求、经济分析和经济条件,为公路网规定路面使用性能标准。当路面的使用性能达不到这要求时须采取养护或改建措施,以恢复路况到可接受的状态。同时,要为不同等级和不同路况的路面,按当地的经验、条件和政策,制订出若干典型的养护和改建对策,供需提出各种对策方案时参考。

(4)费用模型:包括建筑费用、养护费用和用户费用三部分。建筑费用是指新建或改建时的一次投资。养护费用则是路面在使用期间的日常养护费。用户费用是指使用道路的车辆所担负的运行费、行程时间费和延误费等。它反映了公路部门提供的投资和服务水平所产生的直接社会效益。

(5)优先次序或优化:建立管理系统的主要目的是提供最佳的路网养护和改建对策。这些对策能使整个路网在预算受约束的条件下维持最高的路况(服务)水平,或者使整个路网在满足最低使用性能标准的条件下所需的投资最少,为实现这一目标,可以采用不同的优先规划或优化方法。

目前,各国和各地区所建立的网级管理系统各具不同的形式。有的包含使用性能预估模型,有的并未包含,有的简单地按路面服务水平的高低规划先后次序,有的则采用线性规划或整数规划法,以达到优化的目的。

(三)项目级管理系统

项目级管理系统的组成基本与网级系统相同。由于项目级系统的主要任务是为网级系统所确定的工程项目提供在预定分析期内的费用-效果最佳的改建方案,因此,必须采集更为详细和结合当地情况的资料,并进行具体的结构和功能分析。项目级和网级所采用的使用性能参数基本相同,但在数据采集和路况评价方面有重要差别。

四、路面管理系统的功能

路面管理系统的功能主要表现在以下几方面。

(1)通过监测系统采集到的客观数据评价道路的技术现状。

(2)利用具有一定可靠度的使用性能预估模型,预测各种养护和改建对策的后期效果。

(3)以客观的数据作为申请投资的依据,并可以论证不同投资预算水平对路网服务水平和路况的影响。

(4)为合理地和有效地分配投资与资源提供费用-效果最佳的对策。

(5)合理地评价各种设计方案。

(6)利用监测系统采集到的数据,考察和评价设计、施工和养护方法,并为修改或制定规范提供依据。

为了保持和改善现有路网的服务水平和路面状况,如何使用好有限的资金,提供尽可能高的服务水平的路面,是各级管理部门需优先解决的任务。因此,建立和完善依赖于管理科学、系统工程和计算机技术的路面管理系统是解决这一问题强有力的工具。

参考文献

[1] 毛雄师. 公路路基路面施工中的工程质量探究[J]. 工业设计,2017(12):140-141.

[2] 章饶,陈越. 路基路面排水对公路工程的重要性[J]. 城市建设理论研究(电子版),2017(35):166-167.

[3] 王月辉. 公路桥梁路基施工技术分析[J]. 交通世界,2017(16):120-121.

[4] 刘俭锐. 砾石土路基封层材料设计与施工技术研究[D]. 哈尔滨:哈尔滨工业大学,2017.

[5] 梁小军. 新形势下路基路面的施工质量控制[J]. 科技与创新,2017(6):111 + 114.

[6] 赵俊锋,舒前金. 路基路面常见水损害及防治对策[J]. 西部交通科技,2016(12):21-23.

[7] 朱庆丽. 路桥公路工程建设中路基路面施工技术探讨[J]. 科技经济导刊,2016(33):80.

[8] 袁高昂. 路基土强度对路面早期破坏的影响研究[D]. 西安:西安科技大学,2016.

[9] 陈波. 路基路面工程的压实施工技术分析[A]//《建筑科技与管理》组委会. 2016 年 5 月建筑科技与管理学术交流会论文集.《建筑科技与管理》组委会:北京恒盛博雅国际文化交流中心,2016:2.

[10] 冯晨旭. 浅谈公路工程路基路面压实施工技术措施[N]. 山西青年报,2016-04-10(013).

[11] 蒲柏帆. 高速公路路基路面施工的现场管理[J]. 建材与装饰,2015(49):278-279.

[12] 秦文奎. 道路工程路基路面病害治理措施探析[J]. 四川水泥,2015(9):324.

[13] 沙方荣. 试论公路路基检测技术[J]. 湖北科技学院学报,2015,35(3):12-13.

[14] 郝丽静. 道路桥梁工程中沉降段路基路面施工技术探讨[J]. 山西建筑,2015,41(17):126-128.

[15] 杨书霞. 关于目前公路路基路面工程质量控制问题的分析[J]. 交通世界(工程技术),2015(5):22-23.

[16] 邹冰洁. 高速公路建设期能耗计算模型研究[D]. 广州:华南理工大学,2015.

[17] 庞菊. 公路工程路基路面病害治理措施探析[A]//《建筑科技与管理》组委会. 2015 年 2 月建筑科技与管理学术交流会论文集.《建筑科技与管理》组委会:北京恒盛博雅国际文化交流中心,2015:2.

[18] 周耀启. 路桥工程中路基路面施工技术要点分析[J]. 城市建筑,2013(20):247.

[19] 常振军. 浅谈我国公路工程路基路面压实施工技术[J]. 黑龙江交通科技,2013,36

(11):53.

[20] 周振同. 高速公路路基路面工程的施工质量控制[A]//《建筑科技与管理》组委会. 2013年9月建筑科技与管理学术交流会论文集.《建筑科技与管理》组委会:北京恒盛博雅国际文化交流中心,2013:2.

[21] 张华. 路基工作状况快速检测指标研究[D]. 重庆:重庆交通大学,2013.

[22] 黄素萍. 路基路面工程课程教学探析[J]. 黑龙江教育学院学报,2012,31(12):95-96.

[23] 郑传峰,王磊,齐春玲. 基于创新能力培养的路基路面工程课程教学方法研究[J]. 高等建筑教育,2012,21(5):73-75.

[24] 黄睿. 高速公路路基路面早期病害检测及处治技术研究[D]. 西安:长安大学,2010.

[25] 徐兰钰. 路基路面质量评定系统的开发与应用研究[D]. 哈尔滨:东北林业大学,2010.

[26] 张作海. 公路路基路面工程质量控制方法研究[D]. 西安:长安大学,2009.

[27] 王宏畅. "路基路面施工与管理"课程教学实践[A]//中国土木工程学会教育工作委员会. 高等学校土木工程专业建设的研究与实践—第九届全国高校土木工程学院(系)院长(主任)工作研讨会论文集. 中国土木工程学会教育工作委员会:中国土木工程学会,2008:4.

[28] 金清平. 关于路基路面工程课程教学的几点思考[A]//土木建筑教育改革理论与实践. 武汉:武汉理工大学出版社,2008:3.

[29] 于王均. 质量管理系统在路基路面工程施工中的应用研究[D]. 武汉:武汉理工大学,2005.

[30] 刘悦臣. 公路工程质量控制监理的研究及应用[D]. 成都:西南交通大学,2002.

[31] 范励修. 现行道路工程标准体系[A]//中国土木工程学会市政工程分会. 中国土木工程学会市政工程分会2000年学术年会论文集. 中国土木工程学会市政工程分会:中国土木工程学会,2000:10.